本书出版获广西民族大学『马来西亚外商投资法研究』项目资助（项目编号：2014MDYB004）

东盟外商直接投资法律制度研究丛书

马来西亚

外商直接投资法律制度研究

鲁学武 / 编著

中国出版集团公司

世界图书出版公司

广州·上海·西安·北京

图书在版编目（CIP）数据

马来西亚外商直接投资法律制度研究 / 鲁学武编著. —广
州：世界图书出版广东有限公司，2018.3
ISBN 978-7-5192-4361-6

Ⅰ.①马… Ⅱ.①鲁… Ⅲ.①直接投资—外国投资法—
研究—马来西亚 Ⅳ.①D933.822.9

中国版本图书馆CIP数据核字（2018）第038430号

书　　名	马来西亚外商直接投资法律制度研究
	MALAIXIYA WAISHANG ZHIJIE TOUZI FALÜ ZHIDU YANJIU
编 著 者	鲁学武
策划编辑	刘正武
责任编辑	魏志华　李　婷
装帧设计	书窗设计
责任技编	刘上锦
出版发行	世界图书出版广东有限公司
	（广州市海珠区新港西路大江冲25号　邮编：510300）
电　　话	（020）84451969　84453623　84184026　84459579
网　　址	http://www.gdst.com.cn
邮　　箱	wpc_gdst@163.com
经　　销	各地新华书店
印　　刷	广州市德佳彩色印刷有限公司
开　　本	787mm × 1092mm　1/16
印　　张	17.25
字　　数	300千
版　　次	2018年3月第1版　2018年3月第1次印刷
国际书号	ISBN 978-7-5192-4361-6
定　　价	55.00元

　　近年来，在投资领域，中国和马来西亚之间的相互地位和影响力稳步提升，中马已互为对方最重要的投资来源国之一。一项成功的海外投资，离不开全面周到的法律服务，而高质量的法律服务则是建立在对东道国法律的全面了解和研究基础之上。本书的编写和出版正是基于这一主要理由，在翻译和研读马来西亚有关投资法律英文资料、著作并借鉴、吸收我国国内有关介绍和研究马来西亚投资法律制度内容的基础上，较为详细地分析和讨论了马来西亚外商投资法律制度。

　　本书在编写内容方面重点突出以下特点：

　　一是内容的综合性。投资实务所涉及的问题是多方面的，大到国家投资环境，如政治、经济、文化、法律等环境，小到投资企业的注册程序等问题，这些问题不论大小都是投资者所普遍关心的内容。本书站在投资者的角度，尽量将那些投资者们所关心的问题按照一定的次序编排并进行分析和讨论。具体而言，本书涉及的内容主要包括马来西亚投资环境、投资法律制度、外商投资企业制度、投资优惠制度、劳工法律制度、金融法律制度、环境保护制度、中马签订的有关投资协议以及仲裁法律制度等内容。

　　二是重点突出马来西亚企业法律制度。尽管投资实务是一个综合性法律问题，但其核心问题依然集中在外资进入东道国的具体企业法律问题方面。投资者以何种具体企业形式进入东道国市场，一方面受制于东道国的法律规定，另一方面取决于投资者自身的合理选择。本书花了较多篇幅较为详细地分析了马来西亚针对外资在企业实体方面所做的限制和规定，尤其重点分析和介绍了马来西亚于2016年新修订和颁布的《公司法》，以帮助投资者能够详细地了解和掌握有关投资企业的法律制度。

三是突出实用性。本书的编写不仅基于理论研究需要，而且基于为满足我国投资者熟悉和掌握马来西亚投资法律制度的实际需要。因此，在内容编写方面，本书尽量避免晦涩难懂的学术研究用语，并注重理论和实践的适当结合。

本书内容还存在一些纰漏和问题，恳请广大读者批评、指正，并提出宝贵的修改建议和意见。本书在编写过程中得到了广西民族大学东盟学院周喜梅教授的大力支持，在此深表谢意！同时感谢本书的责任编辑魏志华女士为本书顺利出版所做的大量工作。另外，在本书编写过程中，编者参阅了大量的中外有关马来西亚投资法律制度的文献资料，在此向原作者表示诚挚的谢意！

编　者

2017年7月于广西南宁

目录

第一章

马来西亚概述

第一节 自然地理

一、地理位置

马来西亚联邦(the Federation of Malaysia)简称马来西亚,俗称大马,位于亚洲大陆和东南亚群岛衔接部,是东南亚的一个岛群国,地理位置优势明显。

马来西亚处于北纬1°—7°,东经100°—119°,面积330396平方千米,国土被南海分成东西两部分,分别是位于马来半岛南部的西马和位于加里曼丹岛北部的东马。西马北与泰国接壤,南与新加坡通过柔佛海峡连接,东临南中国海,西濒马六甲海峡。东马与文莱及印尼的加里曼丹相连接,东面临近菲律宾。西马和东马隔海相望,最近处相距600海里。西马面积13.2万平方千米,是马来西亚的政治、经济、文化和交通中心,下设11个州和2个联邦直辖区。东马面积19.8万平方千米,下设2个州和1个直辖区。全国海岸线总长4192千米,陆地边界长2669千米。从马来西亚往北,可经由泰国或老挝进入中国,进而深入亚洲大陆腹地;往南,可前往澳大利亚;往东,可进入南海,进而通往东北亚各国以及太平洋沿岸的美洲各国;往西,可穿过泰国、缅甸,进而进入孟加拉和印度等南亚国家。马来西亚南北连接亚洲和大洋洲,东西通达太平洋和印度洋,是两大洲和两大洋交汇的十字中心,西马西南部濒临马六甲海峡。马六甲海峡是世界上最繁忙、航运量最大的世界航运枢纽之一。

二、地形地貌

马来西亚由东马和西马两大部分组成,二者在地形地貌方面呈现出一些不同的特点。东马主要由沙捞越州和沙巴州组成。位于加里曼丹岛的东马地势以伊班山脉和克罗克山脉为中心,从内地向沿海逐渐降低。沙捞越与印尼加里曼丹诸省以伊班山脉为界,地势由东南向西北倾斜,东南边境为森林覆盖的丘陵和山地,西部沿海为冲积平原,宽度8000—80000米,面积1.8万平方千米,是沙捞越的粮食和经济林木的主产区。克罗克山脉由沙捞越向北延伸,南北纵贯沙巴中部,将它分成东西两边。沙巴的海拔高度由中部向东西两侧递降,中西部为森林覆盖的山地,东部为冲积平原。克罗克山脉北头的京那巴鲁山海拔4095.2米,是马来西亚最高山峰，也是东南亚第四高峰，是联合国教科文卫组织指定的世界遗产。克罗克山脉东坡的8个山间盆地是沙巴内地主要耕作区，中部高地蕴藏多种金属矿。沙巴西部沿海为冲积平原，主要种植水稻，是重要的农业区。

西马地形呈现出北高南低的整体特点，中央山脉由北向南延伸，把西马分成东西两部分。西马境内有8条大体平行的山脉纵贯马来半岛。这些山脉主要包括中央山脉、大汉山脉、布诺姆山脉、滨登山脉、吉里丹山脉等。西马地区的大部分山峰海拔在2000米以下，其中大汉山脉的主峰海拔为2190米，是西马最高峰。大汉山脉地区是马来西亚的主要锡矿资源区。西马地区属丘陵地带，三面环水。南北走向的中央山脉把西马分隔成东西两部分。东部地区土地广阔，丘陵众多，海拔在50米以下，有较多的冲击平原。这些冲击平原平均宽度在20—30千米之间，是西马主要的农业种植区。其中以吉兰丹平原最为有名。西部沿海有深厚的冲积平原，地势低平，土壤肥沃，是主要的农作物产区。西部也是矿山、铁路、公路和城镇集中的地带，是全国经济发达地区。西海岸的浮罗交恰、槟榔屿是西马地区较大的岛屿。西海岸有众多的深水港口，是马来西亚自古以来为船舶躲避风暴和补给淡水的主要区域。

三、气候条件

马来西亚地处赤道，全年高温多雨，无四季之分，年温差极小，大约1℃，湿度较大，平均湿度为60%—90%。

马来西亚四季如夏，但在海拔较高的一些山地，气温凉爽，形成了一些凉爽宜人的避暑胜地。首都吉隆坡东北方50千米处的云顶高原，海拔2000米，年平均气温22℃左右，空气清新，气温凉爽，是著名的旅游避暑胜地。

马来西亚雨量充沛，东马年平均降雨量在3000毫米以上，西马为2000—3000毫米。每年10月到次年3月，受东北季风影响，降雨量大，是马来西亚的雨季。雨季几乎每天下午都有一场雷暴雨，来势迅猛，结束得干脆利落，极少有连绵阴雨。马来西亚年温差极小，但日夜温差较大，这有利于农作物生长发育。总体而言，马来西亚的气候条件有利于农业经济的发展。

由于受到赤道带风影响，马来西亚地面风速较弱，平常地面风速大致在3级以下。只有在极少数情况下，发生东北季风或者雷暴天气时，会出现风力较强的情形。马来西亚主要有季风、海陆风和苏门答腊风，基本保持一年两次的季风期：5—6月份的西南季风和10月份的东北季风。这在蒸汽船舶发明以前，对满载货物的古代船只非常有利。白天从海上吹向陆地，晚上从陆地吹向海上的海路风，也有利于出海航行。每年的4—5月和10—11月季风逐渐停滞，海陆风渐渐活跃起来，靠近海岸区域，白天风从大海吹向陆地，夜晚风则从大陆吹向大海。这种风力量轻柔，有利于帆船出海航行，因此马来西亚渔民将其称之为"出海风"和"归家风"。苏门答腊风多发生在马六甲海峡南段东岸一带，多为夜间发生的猝发性风暴，这种风暴主要来自于苏门答腊岛方向，因此，称之为"苏门答腊风"。

四、自然资源

（一）非矿产资源

1. 农业资源

马来西亚主要农产品有水稻、木薯、橡胶、棕榈油、椰子、可可、胡椒、硕莪等，其中橡胶、棕榈油和胡椒的产量和出口量居世界前列。另外，马来西亚在吉兰丹和登嘉楼地区种植烟草。马来西亚还种植多种热带水果，如菠萝、香蕉、番石榴、榴莲、杨桃等。2015年，马来西亚生产橡胶60.2万吨，生产棕榈油1923.1万吨。马来西亚是世界第二大棕榈油生产国和出口国，仅次于印度尼西亚。近年来，为了提高农业生产效率和现代化生产水平，马来西亚采取以下措施：一是鼓励农业生产部门引进国外先进的农业种植技术和农机技术，发展马来西亚本国农业机械制造业，培育适合机械化种植的农作物新品种。二是加大投入，鼓励农产品加工生产企业研究开发高附加值的产品加工和生产。三是调整农业种植和生产结构，开发多样化、综合性的现代农业生产和种植模式。马来西亚发展包括橡胶、棕榈油、水稻、椰子、可可等多种类的农业种植，同时发展与农业相关的休闲农业、旅游农业、养生农业等多样化产业。

2. 林业资源

马来西亚常年高温潮湿天气非常适合大型树木生长，这也造就了马来西亚在林业资源方面的天然优势。马来西亚位处热带雨林地带，境内国土面积的3/4为热带雨林，拥有大片珍贵的热带雨林资源，是世界上主要的生物多元化国家之一。2015年马来西亚生产木材1478.7万立方米。马来西亚森林按照用途可以划分为永久保存林、保护区、转化林、人工林和经济林。永久保存林的主要用途在于有效保护马来西亚生态环境，确保马来西亚野生动植物资源、水源等资源不受破坏。目前，马来西亚划定的永久保存林约为1400万公顷[①]。1993年修订的《1984年马来西亚国家森林法》将永久保存林划分为可持续经营用材林、土壤改良林、土壤保护林、野生生物保护区、防洪林、水源涵养林、原始林保护区、休憩林、研究林、教育林和综合用途林。马来西亚将把约为180万公顷的森林划分为国家森林公园和野生动植物保护区。转化林约为290万公顷，转化林的划分主要是为了满足马来西亚日益增长的人口需要，包括农业种植、工业生产、学校、住房、医院等，被列入转化林范围的森林将按照国家规定的开发计划，每年按照一定的数量将其转化为其他用途的用地。为了有效减轻大量砍伐原始森林后造成的生态破坏，以及补充天然林木的不足，马来西亚从20世纪50年代开始在部分州开展人工造林。目前，马来西亚人工林面积约有20万公顷，主要分布在马来西亚半岛、沙巴州和沙捞越州。为了提高林业经济效益，马来西亚大力发展和种植经济林。

马来西亚约有490万公顷的经济林，主要包括油棕桐、橡胶、椰子、可可等。这些经济林是马来西亚重要替代木材资源，可用来加工生产家具、建筑材料等。

3. 野生植物资源

由于地处热带雨林地带，马来西亚有着丰富的野生植物种类，被列为世界12个最大生物多元化国家之一。热带雨林主要是常绿阔叶树，常见的树种有龙脑香属、青梅属、异萼翅属等。另外，马来西亚有丰富的热带花卉资源，有8000多种开花植物。其中尤以兰花最为有名。马来西亚热带兰花品种繁多，共计有800多种兰花品种。马来西亚有野生兰花和人工种植兰花，兰花是马来西亚出口最多的花卉，为马来西亚带来了巨大的经济效益。

4. 野生动物资源

马来西亚动物资源丰富，种类多样。据统计，马来西亚境内的哺乳类动物有286种，两栖动物和爬行动物有406种，鸟类736种，鱼类300多种，蝴蝶2000多种。除了常见动物外，马来西亚有多种珍稀野生动物，如指猴、独角犀牛、树蛇、岩羊、巨猿等。蝴蝶是马来西亚的三大国宝之一。其中，红颈鸟翼蝶是马来西亚的国蝶。

① 1公顷=0.01平方千米

（二）矿产资源

马来西亚已探明的矿产有30多种，其中代表性矿产资源有石油、天然气、锡、铁、金、铜、铝土、稀土、煤等。

马来西亚石油储量丰富，截至2015年，已探明原油储量40亿桶，世界排名第27位。马来西亚石油主要分布在马来盆地、沙捞越盆地和沙巴盆地。马来盆地南部为一些背斜型油田，北部为一些气田，总面积约为22.4万平方千米。这一地区的主要油田有赛利基油田、杜兰油田。沙捞越盆地的主要储油层分布在南部的巴兰河三角洲地区和中央鲁康尼亚区域，总面积约为22万平方千米；沙巴盆地储油层为三角洲砂岩，总面积约为3.4万平方千米，石油储量在10亿桶以上。

马来西亚具有世界最高品位的锡矿，锡储量居世界前列。霹雳州和首都吉隆坡地区的锡储量最为丰富。马来西亚铁矿石储量超过1亿吨，铁矿石主要储藏区分布在彭亨州、登嘉楼州和柔佛州。马来西亚铁矿种主要包括磁铁矿、赤铁矿、褐铁矿、砖红壤铁矿。马来西亚的铝土矿资源储量约为1400万吨，主要分布在沙捞越州、沙巴州和柔佛。马来西亚金矿在东马、西马均有分布，已知储量10吨以上规模的金矿有18处。这些金矿主要分布在半岛中部、沙捞越西部的巴乌和武吉涌以及沙巴州的马穆特与塞加马河谷。马来西亚钨的储量不大，主要分布在霹雳州和登嘉楼州。马来西亚铜矿矿石储量约为2亿吨，主要分布在东马沙巴州基纳巴卢山南坡的马穆地区。除了上述主要矿产资源外，马来西亚稀土、黏土、高岭土、灰岩等矿物的储量也比较大。

第二节　人口与政治制度

一、人口

马来西亚每10年举行一次全国性的人口和住房普查活动。马来西亚成立后，分别于1970年、1980年、1991年、2000年和2010年举行过5次普查活动。截至2015年底，马来西亚总人口约3099万。其中，男性有1599万，女性有1500万。2015年马来西亚人口平均增长率为1.3%。马来人约1523.9万，华人约660.1万，印度人约199.5万，其他种族约26万。人口的年龄结构如下：0—14岁居民约770万，占总人口的25.7%；15—64岁的居民约2080万，占总人口的68.7%；65岁以上者约170万，占总人口的5.6%。

人均寿命男性为72.5岁，女性为77.4岁。根据联合国统计，马来西亚人类发展指数（HDI）为0.769（2013年统计），全球排名第64名，处于高水平。

2015年，马来西亚劳动力约1451.8万，就业人数约1406.77万，失业人数约4.5万。劳动力人口占总人口的67.9%，失业率约3.1%。

二、最高元首

马来西亚曾受英国长达100多年的殖民统治，因此，马来西亚现行政体制度受到英国影响而采取议会君主制。和其他英联邦成员国有所不同的是，马来西亚是唯一一个拥有自己君主的独立英联邦成员国。马来西亚现行宪法规定马来西亚国家最高元首应从各个州的苏丹中挑选。因此，马来西亚国家最高元首的产生不同英国传统的君主制度：英国君主是从英国王室家族中产生，实行的是家族世袭制，而马来西亚的国家君主则由9个州的苏丹召开统治者会议选举担任，每届任期为5年，且不得连任。统治者会议选举产生的君主是马来西亚的最高元首，是国家权威的象征，是马来西亚国家的最高代表。马来西亚现任最高元首是哈利姆（Tuanku AI-Haj Abdul Halim）。哈利姆任前为吉打州苏丹，2011年12月13日成为马来西亚第14任最高元首，2012年4月11日正式登基。

在选举马来西亚国家最高元首时，统治者会议应当从马来西亚玻璃市、吉打、雪兰莪、霹雳、森美兰、柔佛、彭亨、吉兰丹和登嘉楼州的世袭苏丹中，按照世袭苏丹年龄以及担任各州苏丹年代的先后顺序选举产生。统治者会议在选举国家最高元首时，同时选举国家副最高元首，选举采用秘密投票方式。副最高元首的主要职责是辅助最高元首工作，在最高元首告假或者出现其他特殊情形不能任职时代理其职位。如果现任最高元首在位期间过世，或者发生其他原因不能继续担任最高元首情形的，应当选出新的最高元首，新当选的最高元首任期重新计算，其任期仍为5年，且不受前任最高元首任期的影响。

最高元首拥有名义上的最高立法、司法和行政权力。最高元首在征求内阁意见的前提下，有权召集、取消和解散国会，有权任命总理，联邦法院的首席大法官、大法官及高级法院的法官，任命审计长和总检察长，任命沙巴、沙捞越、马六甲和槟榔屿4个州的州长。最高元首是马来西亚武装部队最高统帅，有权委任武装部队参谋长、警察总监和武装部队委员会成员。另外，最高元首是其所在州、联邦直辖区、沙巴、沙捞越、马六甲和槟榔屿州的宗教领袖。尽管国家元首拥有至高无上的权力，禁止法院对其提起诉讼，但国家元首在行使宪法和联邦法律赋予的各项职权时，应当听取内阁或者内阁部长的意见。同时，禁止最高元首担任营利性职位，禁止从事商业活动，除进行国事访问，未经统治者会议同意，离开马来西亚的时间不得超过15日。

马来西亚玻璃市、吉打、雪兰莪、霹雳、森美兰、柔佛、彭亨、吉兰丹和登嘉楼9个州有自己的苏丹，苏丹是这些州的最高统治者。这些州将苏丹的诞生日规定为本州的公共假日，州政府要为苏丹举行隆重的庆典仪式，册封有功臣民。沙巴、沙捞越、马六甲和槟榔屿4个州没有自己的苏丹，但这些州也要在本州州长的诞生日举行庆典仪式，册封有功臣民。

三、统治者会议

根据《1948年马来亚联合邦协议》的规定，马来亚应当成立统治者会议。最初的统治者会议由玻璃市、吉打、雪兰莪、霹雳、森美兰、柔佛、彭亨、吉兰丹和登嘉楼9个州的世袭苏丹和槟城、马六甲两个州的州长共同组成。马来西亚成立后，沙捞越州和沙巴州的州长也成为统治者会议的成员。

马来西亚最高元首或3名以上的会议成员可以要求召开统治者会议。马来西亚联邦宪法第38条详细规定了统治者会议的主要职权：在玻璃市、吉打、雪兰莪、霹雳、森美兰、柔佛、彭亨、吉兰丹和登嘉楼9个州的世袭苏丹中轮流选举产生马来西亚最高元首和副最高元首（由于沙巴、沙捞越、马六甲和槟榔屿4个州没有自己的苏丹，这4个州的州长由选举后的最高元首任命，因此，这4个州的州长没有选举权和被选举权）；审议并决定是否批准国家法律、法规；决定是否将任何宗教活动、仪式、典礼推广至全联邦；对全国性的伊斯兰教问题有最终裁决权；在最高元首任命联邦法院院长、首席大法官、大法官、审计长、检察长、选举委员会委员、公务委员会委员等职位时的商议建议权；有权审议涉及马来族和沙巴、沙捞越土著民族的特权地位等重大问题；未经统治者会议同意，国会不得通过直接影响统治者特权、地位、荣誉与称号的任何法律；审议国家有关政策，此种情形下，最高元首需要内阁总理陪同，其他苏丹和地区行政长官需要由其相应各州的州务大臣或首席部长（无苏丹的州）陪同。

统治者会议议事方式原则上采取过半数表决制，对于表决的事项在经过出席会议的过半数成员同意后，再由执印者加盖印章即可完成并生效。

四、马来西亚国会

（一）国会组成和职责

马来西亚政体受英国影响，实行立法权、司法权和行政权三权分立。马来西亚国会又称议会是马来西亚最高立法机构，由上议院、下议院组成。最高元首和联邦上议院、下议院共同行使联邦立法权。马来西亚国会承袭了英国国会制度，上议院和下议院的功能和组成方式有所不同。国会下议院享有立法权，下议院应当将制定的法律草案交予上议院审议。如果上议院审议通过了下议院提交的法律草案后，将法律草案交由最高元首签署发布。如果上议院通过审议后，没有通过该法律草案的，应当将该草案直接发回下议院重新修改，修改后再提交给上议院审议。当然，下议院也可以直接将该法律草案直接交予最高元首审议并签署发表。

上议院共有70名议员，其中26名议员由全国13个州议会选举产生，每州各选举产生2名议员。其余44名由最高元首根据内阁总理推荐委任，其中从吉隆坡联邦直辖区推荐2名，从纳闽、布城联邦直辖区各推荐1名。上议院议员一般是在公共服务领域或在商业、农业、企业、职业、文化、社会服务等领域作出卓越贡献，或者是代表少数种族的人士。上议院议员应当为居住在联邦境内的马来西亚公民，年龄30周岁以上。上议院议员任期为3年，连任不得超过两届，且不受国会解散与否的影响。上议院设议长1名和副议长1名，从上议院议员中选举产生。现任上议院议长阿布扎哈（Tan Sri Abu Zahar bin Dato' Nika Ujang），2010年4月26日就任，2013年5月21日获得连任。在议长和副议长都缺席上议院会议时，应当按照规定选出一名临时议长来履行议长的职责。

马来西亚下议院是普通民众表达意见和意愿的专门机构，也是重要的立法机构。下议院由222位民选议员组成，通过每5年一届的大选产生，是由选民直接选举产生。下议院议员选举采取选区制，每10万人为一个选区，每个选区选举产生一名议员。议员年龄须在21周岁以上，每届议员任期为5年。当选的议员发生在任期内死亡、辞职或者被解职情形的，选举该议员的选区应当随时进行补充选举。下议院获得多数席位的政党取得组阁权。下议院设一名议长和两名副议长，议长可以从议员或非议员中选举产生。如果非议员被选举为议长的，则应当被追认为议会增补议员。下议院副议长只能从下议院议员中选举产生。现任下议院议长班迪卡阿敏（Tan Sri Datuk Seri Panglima Pandikar Amin bin Haji Mulia），2008年4月28日就职，2013年6月在国会选举中获得连任。在议长和副议长都缺席下议院会议时，应当按照规定选出一名临时议长来履行议长的职责。

（二）国会立法程序

马来西亚上议院和下议院都有权力提出法律议案，但在实践中，法律议案主要是由下议院提出，上议院很少提出法律议案。一项法律议案在下议院通过三读阶段并获得通过后，将被呈交上议院。上议院在收到下议院提交的法律议案后将进行审议。如果上议院对提交的议案提出修正案并将其返回下议院时，下议院应当确定一个对该修正案进行研究的时间。下议院可以修改、赞同和否决上议院提出的修正案。如果下议院否决该修正案，下议院议长应当任命一个三人委员会起草一份否决原因说明并递交上议院。如果上议院不接受下议院提交的否决说明，下议院将再成立一个三人委员会起草另外一份否决说明再次呈送提交上议院。上议院可以接受下议院对修正案的否决，也可以搁置该议案。上议院搁置下议院已通过议案的时间不能超过1年，如果是预算法案，则搁置的时间不能超过1个月。

若该法律议案在上议院通过三读阶段并获得通过后，将被呈交最高元首予以核准。最高元首应当在议案提交后的30日之内给予答复。如果最高元首审核通过该议案，则由执印官员在该议案上加盖御印并予以公布；如果审核通不过，则将该议案发回提出的委员会，并附上驳回的原因及存在的问题。收到被驳回议案的委员会应当重新审议该议案。在重新审定后，若国会2/3的委员同意对该议案作出修正，则将该议案发回进行修改，经过相同的程序后再提交最高元首审核。最高元首核准议案，并在议案上盖印后，该议案就成为正式法律，随后将在政府公报上予以公告。除非法令本身规定了具体生效时间，法令一经公告即产生效力。

五、联邦政府

马来西亚采取联邦制体制，联邦层面设有中央政府，各州则设有各州政府。联邦政府就是指中央政府。联邦政府行使宪法赋予的行政权力。马来西亚联邦政府实行内阁制。内阁制政府又称之为议会制政府或责任内阁制政府。内阁为马来西亚最高行政机构，并向议会负责。在议会中占半数以上席位的多数党组成内阁政府。内阁由总理、副总理和各部部长、副部长级政务次长组成，内阁总理是联邦政府的领导者。最高元首任命下议院多数党领袖担任总理。所有内阁成员必须是国会议员，最高元首根据总理建议委任内阁部长和副部长。内阁应当定期向议会报告工作，他们一方面在内阁担任行政工作，一方面在议会参加立法工作。本届内阁产生于2013年5月，纳吉布连任马来西亚总理。新内阁从原有的25个政府部门减至24个，正副部长减少11人。2015年7月，纳吉布总理宣布改组内阁，任命内政部长扎希德接替毛希丁为新任副总理，并更换多名部长和副部长。

内阁的主要职责：制定和执行国家政策和法律，领导联邦公共行政事务；参与立法和司法工作；决策和实施国家对内、对外政策，任免高级官员；掌管和指挥军队、警察、法院、监狱等暴力机关；组织选举等其他职责。

六、马来西亚主要政党

根据宪法规定，马来西亚实行多党制的政党制度。但是，从本质来看，马来西亚的多党制不是典型的西方式的多党制，而是一种由几个政党联合组成政党联盟执政的制度。1969年"5·13"事件以前，政党联盟叫做"联盟党"，1974年以后叫做"国民阵线"。国民阵线的最高领导机关是最高执行委员会，每个成员党至少有3名代表。

目前，马来西亚境内注册的政党有40多个，其中14个政党组成执政党联盟即"国民阵线"，另外还有反对党联盟"人民联盟"。国民阵线（National Front,

简称"国阵")成立于1974年6月1日，前身是马来亚联盟党，主要由马来民族统一机构（The United Malays National Organization，简称"巫统"）、马来西亚华人公会（Malaysian Chinese Association，简称"马华公会"）和马来西亚印度人国大党（Malaysian Indian Congress，简称"印度人国大党"）等14个政党组成。国民阵线的成员党具有相对独立的地位，国民阵线各党在大选时采取统一的竞选标志和宣言，候选人席位由内部协调分配。反对党联盟，即人民联盟，主要由人民公正党、民主行动党、伊斯兰教党组成。

第三节　经济概况

一、2015年马来西亚经济发展现状

马来西亚统计局编写的《2015年马来西亚经济数据》显示，马来西亚2015年的主要经济发展数据为：国内生产总值8772亿林吉特（马来西亚货币单位），国内生产总值增长率为4.5%—5.5%。其中农业国内生产总值942亿林吉特，增长率为1.3%；采矿业国内生产总值为938亿林吉特，增长率为3.5%；制造业国内生产总值为2434亿林吉特，增长率为4.5%；建筑业国内生产总值470亿林吉特，增长率为8.8%；服务业国内生产总值为5718亿林吉特，增长率为5.7%。进出口贸易总额为1.464万亿林吉特，其中出口贸易总额为0.779万亿林吉特，进口贸易总额为0.685亿林吉特。主要出口机械和运输设备、石油、天然气、化学制品、棕榈油、纺织品、橡胶等，主要出口市场为东盟、东北亚、日本、欧盟和美国；主要进口市场为东北亚、东盟、欧盟、日本和美国。人均收入336397林吉特（约合9914美元），通货膨胀率为2.0%—2.3%；劳动力人口为1440万，其中就业人口为1370万，失业人口为70万，失业率为3.0%。

近年来，马来西亚政府采取多种举措，不断改善国内经济发展环境，深化政府管理改革和经济改革，提高政府管理效率和竞争力，加大基础设施建设，国家经济发展整体竞争能力得到明显提高。世界经济论坛编写的《2015—2016年全球竞争力报告》显示，马来西亚在全球最具竞争力的140个国家和地区中，排第18位，比上一年的排位上升了2个位次。在亚洲发展经济体中保持最高排名。美国2015年7月《外交政策》公布的基准盈利能力指数（Baseline Profitability Index，简称"BPI"）显示，在全球100个经济体中，马来西亚排名由2014年的第11位跃升至2015年的第6位。在国内营商环境方面，世界银行《2016年营商环境报告》显示，马来西亚2015年度营商环境在全球189个经济体中排名第18位，尽管比2014年度的排名下降了1位，但在亚洲地区仍然保持领先地位，仅次于新加坡和中国香港。

二、马来西亚主要经济发展政策

马来西亚在获得独立后，根据国内社会和经济现状，积极采取措施，制定了符合马来西亚社会经济发展需求的政策和计划，并根据不同时期出现的问题，不断修正和补充经济政策和发展目标。经过近60年的努力，马来西亚从一个传统的农业国家跻身于中等偏上收入的工业化国家。

1957年建国之初，由于受到英国长期殖民统治的不利影响，马来亚（马来西亚前身）经济发展以传统农业为主，经济结构单一。马来亚呈现出外资企业较为发达和本地民族企业发展落后的二元经济结构特点。针对上述不利局面，马来亚政府结合当时国内发展实际需求实施了一系列经济发展政策。

为了及时总结过去几年国家在经济领域取得的发展经验，合理规划未来几年国家经济发展目标和发展计划，马来亚自1956年开始制订并实施"五年计划"。由于当时国家名称为"马来亚联合邦"，因此，马来亚实施的前两个五年计划，即"1956—1960年五年计划"和"1961—1965年五年计划"为马来亚五年计划。1963年9月，马来西亚联邦成立，此后实施的五年计划，称之为马来西亚五年计划。自1956年至2015年，马来西亚一共制订和实施了2个马来亚五年计划和10个马来西亚五年计划。每个五年计划的主要目的是根据马来西亚过去五年经济发展状况，总结国家在经济发展中取得的成果，分析经济发展中出现的问题，在汲取经验教训的基础上调整国家未来五年的经济发展目标，安排具体的土地、自然资源开发利用计划，缩小社会不同种族之间的收入差距，改善国家基础设施建设，努力提高国民收入和生活水平。

1956—1970年期间，马来亚（1963年后为马来西亚）实施了2个"马来亚五年计划"和1个"马来西亚五年计划"。考虑到马来亚独立后"殖民经济"特点，再加上当时马来亚国内经济结构严重失衡，这一时期3个五年计划的主要内容是以调整经济结构为核心目标，并采取"农业发展为基础，工业发展为主导"的多元化经济发展政策。为了进一步促进工业结构调整和发展，马来亚政府于1958年颁布了《新兴工业法》，规定了以税收优惠为主导的工业投资鼓励措施。《新兴工业法》具体规定了新兴企业的范围、认定标准，并规定符合《新兴工业法》规定条件的企业经审核可获得新兴工业企业证书，并依法享受企业自生产符合条件的新兴工业产品之日起2至5年内40%的企业所得税减免优惠。《新兴工业法》同时保证私人企业的非国有化，允许私人资本自由流通，不限制利润的汇出。该法经过近8年的实施，马来西亚的工、农业经济得到了较快发展，很大程度上减少了马来西亚对外国产品的依赖，马来西亚国内的替代进口产业初步形成，同时也有效改观了制造业在国民经济中占比过低的情况。

1960年，马来亚政府设立了工业发展金融公司，为私人制造业提供中长期贷款。这些措施初步解决了马来亚建国之初存在的经济发展问题，以农业为基础的工业体系初步形成，并逐步向多样化的工业体系发展。在马来西亚第一个五年计划期间（1966—1970年），马来西亚工业年平均增长率达到了9%。各项经济指标都得到大幅提升，如国内生产总值从1966年96.2亿林吉特，增长到1970年的118.2亿林吉特；人均国民收入从1966年的960林吉特，增长到1970年1070林吉特；货物进出口总量从1966年的72.2亿林吉特，增长到1970年94.5亿林吉特，且始终保持货物进出口顺差地位。同时，经过十多年的发展，马来西亚的工业结构得到了有效改善，初步建立起了包括木制品、家具、橡胶制品、有色金属制品、印刷品、食品、服装、鞋类产品等在内的工业体系，基本改变了过去消费品严重依赖进口的不利局面。工业的正常发展，也提供了大量就业岗位，在一定程度上解决了国内失业问题。在农业领域，政府鼓励农民垦荒，发展多种作物种植和经营策略。这些举措逐步改变了独立前农业种植单一、粮食供应严重不足的问题。

1971—1990年期间的20年时间内，马来西亚制订并实施了第2到第5个五年计划。与其同时，马来西亚确定了《第一个远景计划纲领》（1971—1990年），这是马来西亚实施的一个长期发展计划，即新经济政策计划。新经济政策的基本宗旨是发展经济，消灭贫穷，通过实施经济重组和社会重组，解决马来西亚种族之间的收入差距问题，实现社会财富的相对均衡。这一时期的五年计划在内容制订方面贯彻了上述新经济政策基本宗旨。第2个五年计划的主要内容是加大对马来西亚各地土著人的扶持力度，采取多种措施消灭贫穷，重建社会经济秩序。第3到第5个马来西亚五年计划仍然延续了马来西亚先前所确定的"消灭贫穷，重建社会经济秩序"的目标。政府进一步加大在农业领域的扶持力度，并投入大量资金建设灌溉系统、运输系统等基础设施。通过投资优惠、股权限制等方式，激励包括马来族在内的原住民积极参与现代工业建设和发展，进一步缩小马来西亚种族之间的收入差距。一系列有力措施的实施和执行，促进了马来西亚经济的快速发展，有效缓解和改善了马来西亚国内种族之间的贫富分化问题。马来西亚国民生产总值从1971年的129.55亿林吉特，增加到1990年的1190.81亿林吉特，20年间增加了8倍。年均国内生产总值增长6.89%。这一时期，马来西亚经济发展速度持续性地排在东南亚国家前列。1985年马来西亚国内生产总值达到774.7亿林吉特，人均国民生产总值为3841林吉特，人均国民收入为2548林吉特，被世界银行列入中等收入国家行列。

1991—2000年期间，马来西亚制订并实施了《第二个远景计划纲领》（1991—2000年）和第6及第7个五年计划。1991年，马来西亚政府还宣布了要在2020年步入发达国家行列的"2020年宏愿"计划。《第二个远景计划纲领》在延续过去新经济政策的基础上，确定了新发展政策，并确立了以下新的发展内容：逐步解决社会最贫困群体的发展问题；重视人力资源开发，促进基础工业的多元化发展；通过多种渠道扶持马来人经济发展，通过经济发展平衡来实现社会公正的目标。第6个五年计划主要内容是促使马来西亚经济增长方式从劳动密集型向资本密集型尤其是技术密集型方式转变。为顺利实现经济增长方式的转变，马来西亚采取以下主要措施：一是加大科学技术研究投资力度，并陆续建立了马来西亚科学与工艺资讯中心、国家科学中心等机构；二是政府通过税收优惠措施，鼓励企业建立技术密集型和资本密集型企业，限制劳动密集型企业；三是政府加大教育投资，鼓励外资企业设立技术培训机构和技术开发机构，做好人才培养工作。马来西亚第6个五年计划取得圆满成功，被认为是过去所有五年计划当中执行得最成功的一个五年计划。马来西亚国内生产总值从1991年的1351.1亿林吉特，增长到1995年的2224.7亿林吉特，年均国民生产总值增长率达到8.6%，超出原计划7.5%的预定目标。人均收入从1991年6919林吉特，增加到1995年的10251林吉特，也超出了原定计划目标。马来西亚第7个五年计划主要解决"六五"期间出现的经济发展问题，并将改善国际收支平衡、促进社会重组以及改变各种族收入平衡问题作为重点发展目标。由于1997年从泰国引发的东南亚金融危机严重影响了马来西亚的经济发展，1998年马来西亚实际GDP严重衰退6.7%，制造业衰退10.2%。为了有效应对金融危机引发的经济危机，马来西亚政府先后采取宽松货币政策、扩张性财政政策等一系列刺激经济增长和恢复经济活力的措施。1999年，随着全球经济的逐步复苏，马来西亚经济开始逐步好转。2000年，马来西亚各项经济基本恢复到金融危机爆发前的水平。

2001—2010年，马来西亚先后制订并实施了第8和第9个五年计划。2001年4月，马来西亚政府还颁布了《第三个远景计划纲领》和第8个五年计划。《纲领》规划了未来十年的经济发展战略，确定了下列重点发展内容：发展知识型经济和社会，通过知识来提高各产业的竞争力；扶贫济弱、缩小社会各阶层收入差距；增强土著居民对经济活动的参与和利益分享；促进人力资源发展，培养知识型的熟练工人。第8个五年计划的核心内容主要有：一是促进马来西亚经济从传统经济模式向知识经济发展；二是加速农业、制造业和服务业的转型；三是进一步完善收入和国家财富分配方式，提高社会稳定性。马来西亚国内生产总值从2001年的2104.8亿林吉特，增加到2005年2597.3亿林吉特。在"八五"期间，马来西亚经济发展平稳，经济竞争力和生产力进一步提升，已经走出了亚洲金融危机影响的阴影。第9个五年计划进一步延续了过去五年计划中推进马来西亚向发达国家迈进的发展目标，分析了新形势下马来西亚经济发展面临的挑战。"九五"计划确定了下列重点发展内容：一是将信息、太空、能源、生物科学、服务业等知识型行业确定为重点发展行业；二是制订和出台多项优惠措施促进中小型企业发展，鼓励私有部门在经济发展中起主导作用；三是继续加大教育投资，改善义务教育体系，强调人才的全面发展；四是加强包括交通、医疗、水电、居住等在内的基础设施建设，提高国民生活质量和水平；五是推进马来西亚新农业经济发展，鼓励利用生物科技等技术促进农业经济发展。

2011年，马来西亚政府开始执行第10个五年计划。"十五"计划的主题是"经济繁荣与社会公正"。"十五"计划将私营经济和创新行业作为推动经济发展的主要动力，采取多种措施提升政府服务效率及政府工作的透明度，促进人才培养方式改革，多渠道、多途径为社会各界培养高素质人才，进一步改善社会环境，提高生产力和国家竞争力，以确保社会整体经济的可持续发展，从而实现2020年使马来西亚成为高收入国家的"2020宏愿"。

三、2015年马来西亚投资现状

2015年，马来西亚在制造业、服务业和初级产业领域批准的投资总额为1867亿林吉特，其中国内直接投资总额为1506亿林吉特，占当年总投资额的80.7%；外国直接投资总额为361亿林吉特，占当年总投资额的19.3%。由于受到油价、消费品价格下跌以及美元升值的严重影响，2015年投资总额与2014年2359亿林吉特的投资总额相比，下降了21%。尽管2015年马来西亚投资总额出现下滑，但这一年度的投资总额仍然超出了马来西亚第10个五年计划所确定的1480亿林吉特的年均投资总额目标。这也是对马来西亚经济结构以及经济发展适应能力的有力验证和检测，进一步说明了政府实施促进投资前瞻性发展策略的重要性。

2015年，将近4887个投资项目获得批准，这些项目为全社会创造了近18万个新的就业岗位。

（一）服务业投资现状

2015年，马来西亚服务业是吸收投资最多的领域。服务业获准投资的项目有4150个，投资总额为1082亿林吉特，占2015年总投资额的57.9%。其中，国内直接投资总额为958亿林吉特，国外直接投资总额为124亿林吉特。

在私人医疗服务领域，2015年共批准26个投资项目，投资总额为36.8亿林吉特。其中一项令人瞩目的医疗项目是东南亚心脏和血管吉隆坡中心。这项私人投资项目设有74个床位，能够创造300个工作岗位，其中230个岗位是技术或者半技术岗位，如心脏和血管领域的专家和护理岗位，同时提供了其他如心脏超声检查师和放射线摄影师等医疗岗位。

在信息通信技术领域，有249家获得多媒体超级走廊公司地位的新公司获准设立。这些公司将会提供12850个IT工作岗位。多媒体超级走廊公司地位是马来西亚政府为促进信息通信技术及其基础设施发展而给予投资者可以享受一定优惠待遇的地位。

2015年，多家跨国公司在马来西亚具有竞争优势的行业和领域建立地区和国际运营中心。截至2015年12月31日，马来西亚投资发展局批准了全球3683个建设项目。其中，有2042个项目是设立代表处，1035个项目是设立地区办事处，271个项目是设立运营总部。其他获批的项目包括252个国际采购中心、32个全球运营中心和35个地区分销中心。这些投资项目提供了广泛的银行和金融服务，有利于提高马来西亚银行和金融业的服务水平，从而促进马来西亚经济持续稳定发展。

自2015年5月实施总中心鼓励项目以来，马来西亚投资发展局已经批准了6个涉及电子、航空、造纸、棕榈油、食品和饮料行业的跨国公司总中心项目。这些项目的投资总额为13亿林吉特，将会为马来人提供320个工作岗位。这些新的投资项目将会带动马来西亚当地包括金融、物流等多个服务业的发展。

为了进一步提升马来西亚服务业的竞争能力和适应能力，马来西亚政府将会继续促进服务业的改革，并将其打造成知识密集型和以创新发展为基础的新兴发展行业。马来西亚于2015年3月制定了马来西亚服务业发展蓝图。同时，在马来西亚国际贸易和工业部成立了协调和合作促进办公室。协调和合作促进办公室为投资者提供包括业务合作、鼓励措施、跨界代理等一站式的服务。协调和合作促进办公室也可以建议政府如何采取鼓励措施和协助政府实施监督和进行价值评估等工作。

（二）制造业投资现状

制造业发展在马来西亚具有重要的地位。2015年制造业领域新设立的投资项目有680个，投资总额达到747亿林吉特。这些新批准的投资项目将会提供66490个工作岗位。其中，13950个工作岗位为管理、技术和监督岗，约占总岗位的21%；10230个工作岗位为技术工作岗，约占总岗位的15.4%。

截至2015年年末，在制造业领域批准的资本密集型项目，人均雇员资本额达到112万林吉特。值得注意的是，自1990年开始注册资本密集型投资项目以来，人均雇员资本额每年呈现逐步递增的发展趋势。2015年，共计有63个人均雇员投资额超过100万林吉特的制造业投资项目获批。这些项目的投资总额达到647亿林吉特。这也进一步说明马来西亚在吸引资本密集型、高附加值和高技术投资项目方面取得了成功。

制造业领域，外国直接投资总额为219亿林吉特。其中，投资最多的国家是美国，批准投资的项目共有19个，投资总额达到42亿林吉特；日本在马来西亚的投资总额仅次于美国，批准投资的项目共有60个，投资额达到40亿林吉特；中国在马来西亚制造业的投资总额为14亿林吉特，排在第四位。

第四节　法律制度概述

一、宗教法和世俗法并行的独特法律体系

马来西亚是一个多种族、多宗教信仰和多元文化的国家，马来西亚曾经是英国的殖民地。在马来西亚的总人口中，马来人占总人口的70%，马来人信仰穆斯林。在马来西亚，由于这种民族和宗教的独特性，决定了马来西亚特有的宗教法（the Religious）和世俗法（the Secular）并行的独特的法律制度和体系。其中马来西业宗教法主要是指伊斯兰教法，伊斯兰教法律仅仅适用于信奉伊斯兰教的穆斯林教徒。马来西亚的宗教法律制度是建立在回教法或者伊斯兰教法基础上，并由马来西亚各州和联邦地区设立的各个回教法庭（Syariah Courts）或者伊斯兰教法庭来保证执行。马来西亚的回教法或者伊斯兰教法一般用来解决伊斯兰教徒的家庭婚姻问题，如举行婚姻仪式、离婚、家庭继承和未成年人的监护等法律问题。

马来西亚伊斯兰教法并不适用于马来西亚非穆斯林居民。马来西亚非穆斯林居民则要遵循马来西亚的一般法（世俗法Secular Legal System），马来西亚世俗法是在英国殖民者将英国传统的法律移植到马来西亚并在此基础上形成和发展起来的普通法体系。除了专属于回教法庭管辖的事项，以及其他的回教法没有规定的事项，穆斯林教徒还应遵守世俗法。因此，马来西亚的法律体系是由回教法和世俗法同时适用的双重法律体系和制度构成。

二、世俗法的分类

尽管有关马来西亚联邦法律制度的法律体系划分并未形成一个普遍和广泛的接受标准，但马来西亚联邦的法律制度可以划分为公法和私法两大类型。其中公法包括宪法、行政法和刑法，私法主要包括财产法、家庭法、公司法、合伙法、合同法、侵权法等法律。

三、法律渊源

（一）马来西亚联邦宪法

1. 马来西亚宪法制度形成历史

现行马来西亚宪法制度的形成应追溯于英国对马来西亚的殖民统治时期。在18世纪中后期，英国为了进一步拓展对华贸易通道，建立对外海军军事基地，逐步把殖民地建立的目光转向地理位置优越的马来半岛。1785年，吉大苏丹和英国东印度公司委托的代表佛朗西斯·莱特（Sir Francis Light）谈判，同意英国管辖马来半岛的槟榔屿。1786年，佛朗西斯·莱特（Sir Francis Light）带领英军占领了槟榔岛。从此，槟榔岛成为马来西亚第一个受到英国法律影响的地区。1795年，英军从荷兰人手中夺取马六甲，但是1801年又归还于荷兰人。1807年到1818年又重新占领。1824年英国根据当年英国和荷兰签订的《伦敦协议》，重新占领了马六甲。从此，英国正式占领了马六甲，一直到1957年马来西亚获得独立。1819年，英国东印度公司驻印度尼西亚古连的总督莱佛士（Sir Stamford Raffles）开发新加坡并将其建立为英国的殖民地。

1874年，英国人进入马来西亚的霹雳州（Perak）和雪兰莪州（Selangor），此后，英国人开始逐步建立对马来西亚的控制权。英国人逐步把他们的控制权扩展到马来西亚的另外7个州，这个时期，这些州是受英国的保护，并非是英国的殖民地。每个州享有自己的主权，拥有自己的统治者和独立的立法机构，英国国会对这些州并不享有立法权。

在第二次世界大战爆发前，彭亨（Penang）、马六甲和新加坡3个殖民地合并为单一的海峡殖民地。海峡殖民地由一名总督和具有有限立法权的立法机构统治和管理。

马来西亚的其他4个州（霹雳、雪兰莪、森美兰州和彭亨）共同组成了马来联邦（the Federated Malay States，即 the FMS）。而其他的5个州（玻璃市、吉打、吉兰丹、登嘉楼和柔佛）拒绝加入马来联邦，这些州后来组成了马来属邦（the Unfederated Malay States，即the UMS）。

第二次世界大战后，英国重新将彭亨、马六甲和其他9个马来西亚邦组成单一的马来亚联盟，而新加坡则仍然为一个独立的殖民地。马来人则非常强烈地反对这个所谓的马来亚联盟。因为，马来人清楚地知道这就像先前英国人对海峡殖民实施的统治一样，马来亚联邦仍然摆脱不了殖民地的厄运，仍然被英国人牢牢地控制在他们的手中。1948年，英国人因马来人的强烈反对，放弃了继续建立以殖民统治为目的的原马来亚联邦的计划，依据1948年《马来亚联合邦协定》，决定建立新的马来亚联合邦。1948年2月1日，新的马来亚联合邦正式成立。原来由英王委派的总督担任新联合邦的高级专员，并担任联合邦行政议会和立法议会的主席。马来亚联合邦有新的宪法，由彭亨、马六甲和9个马来亚邦组成。新的联合邦的成立并未改变马来亚受英国殖民统治的性质，仅仅是保存了苏丹宫廷的统治。马来亚联合邦成立后的将近十年期间，马来亚人并没有停止摆脱英国殖民统治的各种努力和斗争。

20世纪50年代初，马来亚人民成立了多个政党，英国政府迫于马来亚社会各层的压力，开始同意在马来亚实施部长制，并在市镇一级推行地方议会选举制。其后，马来亚的政党力量得到快速发展，后来形成了联盟党，联盟党通过自己的努力，逐步获得在马来亚联合邦政府部门的相关职位。20世纪50年代，国际社会掀起了殖民地区人民摆脱殖民统治、获取独立的浪潮。迫于这样的世界潮流影响以及马来西亚国内政党和民众的的压力，英国政府于1956年3月同意马来亚联合邦于1957年8月31日在英联邦内独立。同时，双方签订了有关制定宪法、国防制度、财政制度、公务员制度等内容的双边协议。为了新宪法顺利完成，英国政府和马来亚政府双方成立了一个专门负责新宪法起草工作的宪法委员会。宪法委员会由来自英国、澳大利亚、巴基斯坦和印度的有关专家组成。经过将近半年的工作，宪法委员会完成了宪法草案的拟定并被马来亚立法机关接受。1957年5月，英国政府和马来亚政府双方就《马来亚联合邦宪法》的基本内容和形式达成基础协议，并讨论了宪法草案的通过程序问题。此后，宪法草案通过程序在马来亚全国启动。在马来亚各州苏丹议会和联合邦行政议会顺利通过宪法草案后，7月11日联合邦立法议会通过审议也顺利通过了宪法草案。最后，宪法草案顺利通过英国国会上下两院。至此，宪法草案通过程序顺利完结。新的《马来亚联合邦宪法》于1957年8月27日正式公布，并于1957年8月31日马来亚联合邦独立日生效。

根据《马来亚联合邦宪法》的规定，马来亚联合邦实行君主立宪制，联合邦的最高元首由统治者会议选举产生。最高元首应从各个州的苏丹中挑选，任期为5年，不得连任。最高元首是马来亚联合邦国家政治、军事和宗教的最高领袖，具有名义上的最高行政权、立法权和司法权。但马来亚最高元首并不拥有实际权力，最高元首应当按照议会和内阁的意见行事。马来亚联合邦的国会由上议院和下议院组成。上议院由38名议员组成（后来扩至69名），其中16人由最高元首任命，22人由11个州（后沙巴和沙捞越加入马来西亚扩至13个州）的议会选举产生，每个邦各选举产生2名议员。上议院议员的任期为6年，每3年选举产生半数的议员。下议院议员直接由各地选区选民直接选举产生，任期为5年。马来亚联合邦的11个州由苏丹或者州长担任各州首脑。各州政府则由首席部长或州务大臣和数名行政议员组成。各州拥有自己的宪法、立法机构和行政机构。马来亚联合邦的司法机构主要由法院组成，主要包括一名首席法官、联邦法院、高等法院以及经议会确认的各下级法院。联邦法院的主要职权有解释宪法、法律审查权、受理并审理对高等法院判决的上诉案件、咨询管辖权等。《马来亚联合邦宪法》同时规定马来亚联合邦国语为马来语，马来亚联合邦国教为伊斯兰教。

1963年9月16日，英国同意沙巴州和沙捞越州获得独立。同一天，英国政府同意新加坡获得独立。同时，这三个原属英国殖民地宣布加入马来亚联合邦，并改名为马来西亚。马来西亚联邦成员包括马来半岛的11个州、沙巴、沙捞越和新加坡。原马来亚联合邦宪法也通过修正改名为马来西亚联邦宪法。1965年8月9日，新加坡脱离马来西亚联邦独立，成立新加坡共和国。

作为一个联邦制国家，马来西亚由13个州和3个联邦直辖区组成。13个州分别为西马来西亚的吉打、吉兰丹、柔佛、马六甲、彭亨、森美兰州、槟榔屿、玻璃市、霹雳、登嘉楼、雪兰莪州，以及东马来西亚的沙巴和沙捞越州。3个联邦直辖区分别为首都吉隆坡（Kuala Lumpur）、联邦政府行政中心布特拉加亚（Putrajaya）以及东马的纳闽（Labuan）联邦直辖区。组成马来西亚联邦的13个州有各自独立的宪法、立法机构（称之为州立法议会Legislative Assembly）以及行政机构。每个州的宪法授予各州立法议会立法权。3个联邦直辖区首都吉隆坡（Kuala Lumpur）、布特拉加亚（Putrajaya）和纳闽（Labuan）则直接受制于马来西亚联邦政府的管理，联邦立法机构行使联邦直辖区的立法权。除了各州的立法议会和行政机构外，马来西亚联邦有联邦一级的联邦政府和全国立法机构国会。联邦宪法具体规定马来西亚联邦的政府组成和机构。

2. 马来西亚联邦宪法的主要内容

马来西亚联邦宪法整体结构上由编（"Parts"）组成，其中一些篇幅长的编又分为章（Chapters）。编和章则由条（Articles）组成，条由一款（Paragraphs）或者几款组成，款是联邦宪法的最小结构单位。联邦宪法总共由15编（共计183条）和13个附表组成，全文约10万字。马来西亚联邦宪法规定了马来西亚的基本国家制度、国家政体性质、国家机构设立和活动原则、公民基本权利和义务、立法基本原则和程序等内容，明确了不同联邦政府之间的权力界限和相互之间的关系。联邦宪法第4条明确规定了马来西亚联邦宪法是马来西亚的根本大法，具有至高无上的最高法律效力，该条明确规定联邦立法机构和各州立法议会制定的任何与联邦宪法相冲突的法律均为无效。现将联邦宪法的各编内容做一简要介绍。

第一编规定联邦各州、宗教和法律，共有4条。主要内容为：联邦的名称、各州组成、联邦领土；有关新领土加入联邦的规定；规定伊斯兰教为联邦国教；联邦宪法的最高效力。

第二编规定基本自由权（公民的基本权利），共有9条。主要内容为：人身自由权；禁止奴役和强迫劳动；刑事犯罪不得溯及既往和不得重复审判的保障；平等权；禁止驱逐和公民的迁徙自由权；言论、集会和结社自由；宗教信仰自由；受教育权利；各种财产权利。

第三编规定了公民制度，共3章18条。主要内容为：公民身份的具体取得途径（依照法律规定取得；因与马来西亚公民具有夫妻、孩子身份关系经依法登记取得；其他因申请入籍、新地区加入联邦等其他法律规定的情形而取得公民身份）；公民身份的丧失（如自动放弃公民身份；因符合法律规定而被剥夺公民身份等情形）；公民享有和英联邦国家公民同等权利等内容的公民福利。

第四编规定了联邦组织机构，共6章38条。主要内容为：马来西亚联邦最高元首；统治者会议；联邦行政权及行政机构；联邦立法权及立法机构；联邦立法程序；联邦政府有关财产、合同以及诉讼的权利行为能力。

第五编规定了联邦各州制度，共有3条。主要内容为：遵从各州元首传统先例制度；联邦对各州宪法的保障；各州立法议会享有的特权。

第六编规定了联邦和各州之间的关系，共7章23条。主要内容为：联邦和各州立法权的分配；联邦和各州行政权的分配；联邦和各州财政赋税权的分配；土地制度；联邦发展制度；联邦对各州的调查、建议和监督权；国家地方政府理事会组织；有关沙巴州和沙捞越州的适用规定。

第七编规定了财政制度，共2章17条。第一章为总则，主要内容为：非经法律授权不得征税；统一基金制度；联邦统一基金支出管理制度；年度财政报告制度；供应法案；补充和超支费用制度；应急基金；统一基金的收回；总审计长制度；总审计长的权力和职责；总审计长报告；国家财政理事会；对各州的授权；分配于各州的税、费收入；借贷限制。第二章分则规定适用于沙巴州和沙捞越州的特别规定。

第八编规定了选举制度，共有9条。主要内容为：选举活动；选举委员会的成立；联邦选区；各州选区；选举回避制度；无回应选举申诉的质询制度；选民资格；上议院直接选举制度。

第九编规定了司法权和司法机构制度，共有12条。主要内容为：联邦司法权；联邦法院、上诉法院、高等法院的组成；司法官员、联邦法院、上诉法院、高等法院法官的任命以及高等法院法官的相互调任；联邦法院、上诉法院、高等法院法官的任命以及高等法院法官的任职条件、宣誓、任期、薪酬、权力行使；联邦法院管辖权和咨询权；首席大法官、首席法官资格的丧失。

第十编规定了公共服务制度，共有18条。主要内容为：公共服务的界定、服务内容、服务人员；联合服务；对取消或降低级别的限制；联邦雇员的平等待遇；武装部队理事会；司法和法律服务、公共服务、警察部队以及教育服务委员会制度；各服务委员会委员服务条件；各服务委员会的作用；总检察长制度；各委员会报告制度；养老金保障制度。

第十一编规定了关于针对颠覆、有组织暴乱、危害公众安全犯罪行为的特别和应急处置权制度，共有3条。主要内容为：针对规制颠覆、危害公众秩序犯罪行为的立法；紧急状态宣布制度；对预防性拘留行为的限制。

第十二编规定了总则和附则制度。共3章18条，主要内容为：官方语言；有关马来人、沙巴州和沙捞越州土著居民特殊地位和权利；国家首都；英联邦互惠制度；联邦、州财产提供公共服务的契税免除制度；与文莱的关系；联邦宪法的修正；马来西亚暂行法案的制定；宪法解释；联邦宪法文本重印和官方文本。

第十三编规定了暂时和过渡性条款，共有20条。主要内容为：现有法律；财产继承；权利、自由和义务；马来西亚日以前签订的国际条约；官员调任；依据本宪法官员任职宣誓的放弃和延迟。

第十四编规定了统治者君主权保留，共有1条。主要内容为：各州统治者继续享有在其管辖领土内的君主权、特权等。

第十五编规定了关于最高元首和统治者的诉讼程序，共有2条。主要内容为：成立特别法庭；非经总检察长个人同意不得对最高元首和统治者提起任何诉讼。

联邦宪法13个附表的主要内容有：申请入籍的宣誓；不同情形下公民身份的获得；国家正、副最高元首的选举、宣誓；统治者会议；宣誓形式；上议院议员选举；各州宪法应补充的条款；立法机构列表；赋予各州的税收权和税源范围；宪法解释和总则条款等内容。

马来西亚联邦宪法是马来西亚法律体系的主要渊源。主要表现在以下几个方面：一是针对一些特定的事项，只能由宪法加以规定；二是宪法规定哪些机构具有立法权，同时，立法机构制定的法律不得和宪法相冲突。

（二）联邦议会、联邦各州制定的法律

马来西亚联邦议会依照宪法规定行使联邦立法权，其依法制定的法律是马来西亚法律体系的重要组成部分。同时，依照马来西亚联邦宪法规定，马来西亚各州议会具有立法权，各州议会有权制定在本州领域内实施的宪法，各州制定的宪法是联邦宪法的补充。马来西亚联邦宪法第73条明确了联邦议会可就联邦全部或部分制定法律，各州议会可就各州全部或部分制定法律；第74条例举了联邦议会和各州的立法事项范围，具体指明哪些事项属于联邦议会立法范围，哪些事项属于州议会立法范围，哪些事项可同时有联邦议会和各州议会共享立法权。根据本条立法权限的划分规定，如有关马来西亚对外事务（对外签订条约）、马来西亚国家安全事务等由联邦议会制定法律；有关土地以及各州节假日只由各州议会来立法。而在有关文化、体育等事项方面联邦议会和各州议会均具有立法权。一般来说，联邦议会和各州议会除了亲自制定法律外，还可以在特定情形下，授权其他人或机构立法。这种授权立法越来越多，也是马来西亚法律制度的重要组成部分。

在马来西亚，除了联邦国会制定法律外，联邦最高元首在宣布国家进入紧急状态的情况下，有权颁布其认为必要的法令。联邦宪法第160条赋予联邦最高元首在其确认国家出现严重紧急状态，并危害联邦或其他任何地区的公共安全、经济生活、公共秩序时，可以宣布国家进入紧急状态。如果在宣布国家进入紧急状态的情况下，联邦国会无法及时行使权力，最高元首有权颁布法令。最高元首的这种法令颁布权直到联邦国会行使相关职权时为止。1969年，马来西亚国内发生严重种族冲突时，联邦最高元首在宣告国家进入紧急状态期间颁布了《1969年紧急法令》。

（三）英国普通法和衡平法

马来西亚曾经作为英国的殖民地之一，在英国占领了马来西亚的部分地区后，就开始受到英国传统法律制度的影响。在殖民统治的早期，英国传统的普通法和衡平法规则稍加修改，便直接适用于马来西亚的英国殖民区。在马来亚联合邦时期，英国普通法和衡平法被作为制定马来亚成文法的基础。根据马来西亚

《1956年民事法案》第三条的规定，在马来亚半岛、沙巴州、沙捞越州均可适用英国普通法和衡平法，只是不同的州在适用英国法的具体日期有所不同。

在合伙、公司、银行、航空运输、海事保险、人寿和火灾保险等商事领域，如果马来西亚成文法没有相关规定的，也可以直接适用有关的英国普通法和衡平法。另外，英国普通法和衡平法被马来西亚当地人口较多的原住民当做习惯法来使用。

（四）伊斯兰教法

马来人占了马来西亚总人口的70%，马来人信仰穆斯林。根据马来西亚联邦宪法的规定，伊斯兰教是马来西亚的国教。因此，马来西亚伊斯兰教法具有很大的影响。根据联邦宪法的规定，伊斯兰教法律仅仅适用于信奉伊斯兰教的穆斯林教徒，并且一般仅用来解决伊斯兰教徒的家庭婚姻问题，如举行婚姻仪式、离婚、家庭继承和未成年人的监护等法律问题。为了保证伊斯兰法的有效实施，马来西亚在各州和联邦地区设立了回教法庭（Syariah Courts）或者伊斯兰教法庭。马来西亚的回教法或者马来西亚伊斯兰教法并不适用于马来西亚非穆斯林居民。马来西亚非穆斯林居民则要遵循马来西亚的一般法（世俗法secular legal system），马来西亚世俗法是在英国殖民者将英国传统的法律移植到马来西亚并在此基础上形成和发展起来的普通法体系。除了专属于回教法庭管辖的事项，以及其他的回教法规定的事项，穆斯林教徒还应遵守世俗法。

（五）其他习惯法

早期的马来亚由于不同种族混居在一起，形成了不同种族的传统习惯法。至今有一定影响的习惯法主要有马来人习惯法、华人习惯法、印度民习惯法以及沙巴和沙捞越当地习惯法。如马来人主要居住区的森美兰州和马六甲地区，人们奉行母系后裔制的习惯法。一般来说，这些习惯法多用于调整民事领域的婚姻、分居、财产继承、家属抚养、婚生子女地位、土地纠纷等问题。

第五节　法院体系概述

一、司法权和法院体系

（一）司法权

司法权是法院根据宪法和法律规定，听审案件并对争议依法做出裁决的权力。自然人和联邦政府、自然人和各州政府、自然人之间、各州政府之间以及州政府和联邦政府之间发生的争议可以由法院加以解决。同时，马来西亚依照联邦宪法规定设立了特殊法院。特殊法院对马来西亚最高元首或各州统治者实施的刑事犯罪案件和马来西亚最高元首或各州统治者以个人主体资格起诉或应诉的民事案件享有专属管辖权。但是，对马来西亚最高元首或各州统治者个人发起刑事或民事诉讼必须遵循取得马来西亚总检察长同意的先例。

（二）马来西亚联邦法院等级体系

马来西亚联邦法院及其法官具有一定的等级之分。法院的等级主要是依照各级法院行使的审判管辖权来进行划分或确定。

马来西亚司法权由各级法院按照法律赋予的范围行使。马来西亚的法院体系分为联邦法院和各州法院。前者主要审理或处理联邦法律调整的案件和事务，后者主要审理或处理各州法律调整的各州案件和事务。根据马来西亚联邦宪法的规定，伊斯兰宗教事务属于各州立法管辖的州事务。因此，马来西亚各州设有处理伊斯兰信徒事务的宗教法院。各州宗教法院仅对信仰伊斯兰教的信徒具有管辖权。另外，在马来西亚沙巴州和沙捞越州设有土著法院，专门处理当地土著居民之间因违反本地习惯法而产生的各类纠纷。马来西亚联邦宪法第121条至131条就马来西亚联邦司法权的分工和行使作了规定。除此之外，《1964年马来西亚法院法》用来规范马来西亚高级法院的权力和管辖权；《1948年马来西亚下级法院法》用来规范马来西亚下级法院的权力和管辖权。

马来西亚最高法院为联邦法院，是马来西亚终审法院。联邦法院作出的判决为终审判决，并受理对上诉法院判决不服提起的上诉案件。上诉法院处于联邦法院第二等级，受理对高等法院判决不服提起的上诉案件。上诉法院之下是高等法院，主要受理对地方法院、治安法院、各类专门法庭作出的判决不服提起的上诉案件。同时，高等法院行使有限的刑事案件和民事案件初审管辖权。高等法院在等级上高于地方法院、治安法院和各类专门法庭。联邦法院、上诉法院和高等法院都是上级法院，在等级上高于下级法院。在马来亚半岛、沙巴州和沙捞越州，下级法院是地区法院和治安法院。

（三）司法先例原则

因受到英国法律制度的影响，马来西亚也形成了案例法制度。遵循司法先例原则是案例法制度的核心内容。先例是指法院早期所作的判决。遵循先例原则是指法院在审理现有的案件时应当遵循法院先前审理同样或类似案件的方式或规则。如果正在审理的案件在事实和法律适用方面与过去已判决的案件相类似，依照遵循先例原则的规定，法庭必须遵循先前判决来审理该案。法院等级中的低级法院应当遵循高级法院所作的判决。

并非先例中的所有判决内容都会对后来的法院类似案件审判产生拘束力。一份判决通常有案件事实、判决法理依据、法官附带意见和判罚四部分组成。其中判决法理依据部分是判决中必须具备的核心内容，它是法官能够形成特定判决的直接法理依据，是判决的理由部分。因此，先例中的判决法理依据将会对下级法院审理类似案件产生法律约束力。法官附带意见是在审理案件过程中，法官附带提到的某些看法或意见。法官附带意见并非是法官形成判决的直接依据。因此，先例中法官附带意见不会对下级法院审理类似案件产生法律约束力，下级法院法官可以将其作为一种参考意见。

遵循先例原则要满足两个基本条件：一是作出判决的法院在等级上应当高于将来遵循该判决的法院。如果两个法院都是同一级法院，那么一个法院作出的判决对另一个法院没有拘束力。譬如，马来亚高等法院作出的判决对沙巴州和沙捞越州高等法院不会产生拘束力；沙巴州和沙捞越州高等法院的法官对于马来亚高等法院法官先前作出的判决有权决定是否遵循，并非是必然遵循。二是形成先例的法院和遵循先例的法院应当属于同一法院体系中。譬如，马来西亚和英国都采用普通法体系，但是马来西亚法院等级体系和英国法院等级体系不是同一个法院等级体系。因此，英国法院形成的先例不会对马来西亚法院产生拘束力。

依照遵循先例原则的要求，上级法院法官形成的先例将会对下级法院法官产生拘束力，这也说明上级法院法官作出的判决要比下级法院法官作出的判决更有分量。因此，正确识别法院级别和法官等级身份非常重要。在马来西亚，通常在法官姓名后用字母来表示法官所具体从事的某级法院的何种职位。譬如：Tan Sri Dato' Seri Md Raus Sharif Cj，其中Tan Sri Dato' Seri Md Raus Sharif是法官姓名，CJ表示Chief Justice of the Federal Court，Malaysia（马来西亚联邦法院首席大法官）。

二、法院管辖权

法院管辖权是法院审理具体案件和纠纷的直接依据和权力来源。无管辖权，无审判权，这是法院必须遵循的一项基本原则。在马来西亚，法院和特别法庭的管辖权由立法机构制定的成文法加以规定。刑事管辖权赋予法院对被指控犯罪的被告人进行审问的必要权力，从而决定被告人是否真正实施了犯罪行为，并在此基础上作出适当的刑事判决。民事管辖权则赋予法院对自然人之间或自然人和州政府之间发生的有关原告主张被告侵权并承担对原告损失进行赔偿等纠纷的审判权。法院仅具有刑事管辖权或民事管辖权或同时具有刑事管辖权和民事管辖权取决于该法院设立所依据的制定法规定。法院的管辖权可以是初审管辖权或者是上诉管辖权。初审管辖权是指法院第一次就案件进行审理并作出判决的权力。因为法院审理具体的案件或纠纷，所以行使初审管辖权的法院又被称之为"审判法院"。审判法院还可以被称之为初审法院。当事人对初审法院作出的判决不满意时，就会向上一级法院提出上诉企图推翻初审法院已作出的判决。受理上诉案件的法院就应当具有高于初审法院的管辖权。有权对上诉案件进行审理和作出判决的法院被称之为上诉法院。初审法院在案件审理过程中，要查明案件事实，并根据查明的案件事实正确适用有关法律。而上诉法院则重点关注初审法院对其查明的案件事实适用的法律是否正确或恰当。上诉法院可以维持、改判或撤销初审法院作出的判决。从这个意义上来说，上诉法院具有比初审法院更高一级的管辖权。因此，上诉管辖权由上级法院行使。马来西亚上级法院包括联邦法院、上诉法院和高级法院；下级法院包括行使初级管辖权的法院或隶属于上级法院的下级法院。

法律对刑事案件的处罚范围作了明确规定，法庭应当按照法律规定的刑罚范围对犯罪被告人作出判决。但是，刑法仅是规定了对犯罪处罚的最大限度，在具体案件中，法官需要结合案件的具体案情在法律规定的刑罚范围内作出具体的判决。法院对刑事案件的管辖权由制定法加以明确规定。譬如，一级治安法官可以审理可能对刑事被告人被判处5年以下监禁或处于12次的鞭刑或判处不超过一万林吉特罚金或并处以上刑罚的简易审判的行使案件。如果案件中对刑事被告人可能判处的刑罚超出上述标准的，则应当由更高级别管辖权的法院进行审理。

在民事案件领域，法院的管辖权往往根据诉讼标的金钱价值大小来划分不同法院之间的诉讼管辖权。如《1948年马来西亚下级法院法》规定：一级治安法院可以审理诉讼标的数额10万林吉特以下的民事案件；地方法院可以审理诉讼标的数额100万林吉特以下的民事案件。如果法院对某个案件没有管辖权，该案件或者被法院驳回，或者被移送至有管辖权法院审理。

（一）联邦法院管辖权

马来西亚法院体系制度受到英国法院体系制度的深深影响。在英国殖民时期，英国枢密院司法委员会充当马来西亚最高法院的角色。马来西亚获得独立后，马来西亚联邦仍然保留了这一做法。从1978年1月1日起，马来西亚法院审理的刑事和违宪案件不再上诉到英国枢密院，但是民事案件仍然需要上诉到英国枢密院。1985年1月1日起，马来西亚所有案件都不再上诉到英国枢密院审理，马来西亚最高法院成为终审法院。1948年马来亚联合邦成立时，马来西亚国内最高法院为上诉法院，但是法院最高机构是英国枢密院。1963年9月16日联邦法院成立。后来，联邦法院成为马来西亚国内的最高法院，但是马来西亚法院最高机构仍然是英国枢密院。直到1985年，英国枢密院作为马来西亚终审法院的制度被废除后，马来西亚联邦法院更名为马来西亚最高法院，并成为马来西亚终审法院。1994年通过的马来西亚宪法修正案就法院组织体系作了部分修正。依照宪法修正案的规定，1994年6月24日，马来西亚最高法院又重新命名为联邦法院，并在高级法院和联邦法院之间增设了上诉法院。

马来西亚联邦法院是依照马来西亚联邦宪法第121条第2款建立的。根据马来西亚联邦宪法第128条第2款的规定，联邦法院对上诉法院和高级法院判决的上诉案件具有管辖权。联邦法院是马来西亚法院体系的最高机构和终审法院。马来西亚联邦宪法第128条赋予联邦宪法就联邦法律和州法律是否合法以及审理各州之间或州与联邦之间纠纷的专属管辖权。联邦宪法第130条赋予联邦宪法"咨询管辖权"，即对马来西亚国家元首提交的任何宪法问题，必须宣布自己的立场和意见。联邦法院除了审理各州之间或州与联邦之间发生的纠纷以及给国家元首提交的宪法问题给予解答外，不受理任何其他初审案件。联邦法院的主要任务是审理对上诉法院作出的民事和刑事判决提起的上诉案件。

在民事领域，对上诉法院作出的判决不服的可以上诉到联邦法院。但是，只有那些得到联邦法院许可或准许的案件才能被联邦法院受理。根据《1964年马来西亚法院法》规定，联邦法院有权按照一定的标准对上诉案件进行筛选，并拒绝受理那些不符合标准的案件。《1964年马来西亚法院法》第96条规定了联邦法院受理民事领域上诉案件的条件要求：一是上诉法院对高等法院初审裁判的有关一般性原则问题或者重大问题的民事争议案件所作的上诉判决和裁定，如果联邦法院受理后所作的判决将会涉及到公共利益的上诉案件；二是任何涉及宪法条款以及其他制定法条款效力问题的案件。

在刑事领域，刑事案件一方当事人对上诉法院针对高级法院判决作出的上诉判决不服的，可以向联邦法院提起上诉。联邦法院对该上诉案件有权审理并依法作出判决。上诉的案件可能涉及到事实问题，或者是法律问题，也可能同时涉及到法律和事实问题。

联邦法院授权可设的法官职位15名，实际现任职位有11名法官，包括1名首席大法官、1名上诉法院院长、2名高等法院首席法官和7名联邦法院法官。联邦法院的审判法庭至少由3名法官组成，对于案情重大的案件也可以由首席法官决定组成3人以上的单数审判法庭。法庭判决以多数法官意见为准。

（二）上诉法院管辖权

上诉法院具有民事和刑事案件管辖权。在民事领域，上诉法院受理对高等法院判决提起的上诉案件。在刑事领域，一是上诉法院受理对高等法院初审判决提起的上诉；二是受理对高等法院就地方法院判决行使上诉审管辖权所作判决提起的上诉。上诉法院受理对高等法院判决提起的民事争议标的超过25万林吉特的上诉。对于民事争议标的不到25万林吉特的上诉案件，如果高等法院所作的相互矛盾的两个判决将会涉及到公共利益时，上诉法院可以决定受理并审理该上诉案件。上诉法院共设职位32个，但现任法官为25人。上诉法院的审判法庭至少由3名及3名以上的单数法官组成。上诉法院判决以参加庭审的多数法官意见为准。

上诉法院有权对上诉的民事案件重新审理，既可以审查上诉案件事实，也可以审查案件所适用的法律。上诉法院在审理民事上诉案件时，有权重新接受新证据，并根据案件实际情况撤销或改判高等法院判决或者指令高等法院重新作出判决。

（三）高等法院管辖权

马来西亚有两个共同行使管辖权的高等法院，一个是马来亚高等法院，另外一个是沙巴州和沙捞越州高等法院。高等法院是根据马来西亚联邦法院第121条第1款建立的，《1964年马来西亚法院法》规定了有关高等法院的权力和职责。高等法院的管辖权主要有：一是初审案件管辖权；二是对下级法院刑事、民事判决提起上诉案件的审判管辖权；三是案件审判监督权和修正权。高等法院对民事案件和刑事案件均享有初审管辖权。高等法院享有无限制的民事案件管辖权，但是，高等法院一般只审理案件标的金钱价值超过100万林吉特的合同或民事侵权案件。而案件标的金钱价值100万林吉特正好是地方法院受理民事案件的上限。在高等法院只有一名法官负责审理民事案件。在马来半岛各州，死刑案件由法官与陪审团一起审理。在马六甲和槟榔屿州，各种刑事案件均可由法官与陪审团一起审理。在沙巴州和沙捞越州没有陪审团，死刑案件由法官和两个以上的法官顾问一起审理。在刑事案件方面，高等法院审理如谋杀、贩卖毒品等重罪。高等法院受理对治安法院、地方法院以及消费者索赔法庭等机构所作判决提出上诉的案件。

《1964年马来西亚法院法》第26条到30条规定了高等法院的上诉管辖权。高等法院受理当事人不服下级法院判决的民事和刑事上诉案件。高等法院不受理民事争议标的金额低于1万林吉特的上诉案件。所有上诉到高等法院的民事都要复审。

作为上级法院，高等法院对各类法庭、委员会、其他行使司法权或准司法权的机构行使司法监督权。高等法院的司法监督权和上诉管辖权在权力行使方式上有着很大区别。在行使上诉管辖权时，高等法院可以对受理的上诉案件进行实体审查。但是，在行使司法监督权时，高等法院不得对监督的案件进行实体审查，只能监督有关案件审理是否遵循规定的法律程序。如果下级审判机构审理案件时严格遵循了法律规定的程序，即使高等法院对该案件会作出不同于低级法院所作的判决，高等法院也不能干涉低级法院所作出的判决。

为了使案件得到公平审理，高等法院可以依自身动议或者利害关系人发起的动议，对下级法院审理过程中的民事和刑事案件行使案件审判修正权。高等法院在行使案件审判修正权时，有权调取存在争议的审判程序记录，或者为了案件公平审理的需求，可以将案件移送至高等法院，或者对下级法院处理案件给予指导。高等法院经常通过阅读报纸上登载的或者被告知存在程序瑕疵的案件，自我发起行使案件审判修正权的动议。高等法院的上诉管辖权和案件监督权只有在当事人提起相关申请时才能行使。相反，高等法院可以自行发起动议行使案件修正权，并且可以指示下级法院的审判行为。在行使上诉管辖权和审判监督权时不允许高等法院指示下级法院的审判行为。不服高等法院所作判决的，当事人可以向上诉法院提出上诉。

（四）地方法院管辖权

地方法院属于马来西亚初级法院，是根据《1948年马来亚下级法院法》设立的。地方法院具有有限的刑事和民事管辖权。地方法院刑事管辖权主要是通过其能实施的最大刑罚来确定的。地方法院可以审理除了可能会判处死刑之外的任何刑事案件，并可以作出除死刑之外的任何法定刑罚判决。

地方法院的民事管辖权主要有：一是对民事性质的机动车辆事故、地主与租户纠纷和扣押财产纠纷等民事诉讼拥有无限管辖权；二是对索赔金额或标的金额不超过100万林吉特的民事侵权或合同案件具有管辖权；三是对不动产追索案件具有审判管辖权。在此类诉讼中，当事人可以主张非法侵占财产期间所遭受的损失；四是在当事人同意的情况下，可以审理有关不动产所有权争议的案件，若当事人不同意，地方法院应当将此类案件移交于高等法院审理；五是对出租扣押财产利益纠纷案件具有管辖权；六是对请求实际履行、解除合同、取消和修改票证或金额限额为100万林吉特的财产禁令或诉讼案件具有管辖权。

地方法院法官对治安法院履行有限的司法监督权，有权要求治安法院提交案件审判记录以确定治安法院审理的案件程序合法和作出的判决是否正确。地方法院法官在履行监督权的过程中认为治安法院法律程序适用和作出的判决存在错误的，应当将该案件移送到高等法院。除了上述管辖事项外，地方法院还对下列事务具有特定管辖权：一是有关信托事务的强制执行；二是对拒绝提供账目的信托人提起的诉讼；三是死者遗产处理；四是婚生地位的认定；五是未成年人监护问题；六是婚姻效力或解除事务。

地方法院只有一名法官审理民事和刑事案件，对地方法院作出的判决不服的，可以向高等法院提出上诉。

（五）治安法院管辖权

治安法院是根据《1948年马来亚下级法院法》设立的。马来西亚所有的治安法官是由马来西亚联邦最高首领或各州统治者或各州最高首领任命的。治安法院由一级和二级治安法官组成。一级治安法官应当具备法定的任职资格，并且应当是联邦司法和法律服务委员会的成员；二级治安法官是从不具备法律资格的行政官员中任命。一级和二级治安法官均可依法签发传票、令状、逮捕令、询问或临时指令，也可以就案件延期审理、重审、保释、判决执行以及案件移送地方法院等事务发布相关指令。治安法官还可以履行青少年法庭和死因调查法庭的职责。

一级和二级治安法院均可行使民事案件和刑事案件管辖权。但是，一级治安法院的司法管辖权远远大于二级治安法院的司法管辖权。一级治安法院可以管辖最高判处10年监禁刑罚或者仅判处罚金的刑事犯罪案件。另外，根据《1948年马来亚下级法院法》第85条规定，一级治安法院可以管辖两类最高判处14年监禁刑罚的犯罪：一是马来西亚刑法第392条规定的抢劫罪；二是马来西亚刑法第457条规定的破门入室或潜伏以实施破门入室犯罪的行为。

一级治安法院可以作出下列刑事判决：5年以下监禁刑罚；1万林吉特以下罚金刑；12次以下的鞭刑；或者并处上述各类刑罚。《1948年马来亚下级法院法》第87条详细规定了一级治安法院的判决权。由于一级治安法院判决权的具体内容往往由制定法确定，当制定法增加新的犯罪内容时，一级治安法院判决权的内容也会超出原来所规定的范围。为了有效解决这一问题，《1948年马来亚下级法院法》第87条第1款规定：一级治安法院可以行使其他法律赋予的超出其原具有的刑事管辖权。

二级治安法院仅可以管辖最高判处12个月的监禁刑罚或者仅判处罚金的刑事犯罪案件。一级治安法院可以作出下列刑事判决：6个月以下监禁刑罚；1000林吉特以下罚金刑；或者并处上述各类刑罚。《1948年马来亚下级法院法》第89条详细规定了二级治安法院的判决权。

一级治安法院对民事争议金额或标的金额不超过10万林吉特的所有民事案件具有管辖权。二级治安法院的民事管辖权非常有限，仅能对金额不超过1000林吉特的债务纠纷或破产纠纷案件行使管辖权。根据《1964年马来西亚法院法》第26条和27条的规定，对治安法院作出的刑事或民事判决不服的，可以向高等法院提起上诉。根据《1964年马来西亚法院法》第28条规定，除了因法律适用问题提起上诉外，高等法院不受理对下级法院就民事诉讼标的金额1万林吉特以下的纠纷所作判决提出的上诉案件。

（六）小额诉讼制度

马来西亚建立了小额索赔快速处理司法救济机制。这种小额索赔程序是建立在现有的治安法庭司法程序基础上。马来西亚通过立法制定的小额诉讼程序是1988年颁布的名为"二级治安法院程序法"的第54号令。第54号令是《1980年马来西亚下级法院条例》的补充和完善。第54号令规定了马来西亚二级治安法院依照简易小额诉讼程序对民事争议金额不超过3000林吉特的小额索赔案件享有专属管辖权，不论是否存在利息之争。马来西亚立法机构于1990年对第54号令进行了修订。修订的部分于1991年7月1日起生效。修订后的第54号令新命名为"小额诉讼程序"。第54号令修改后，小额诉讼不再是二级治安法院的专属管辖权，一级治安法院也可以审理小额诉讼案件。其他重要的修订还有：将小额诉讼争议标的数额从原来的3000林吉特提高为5000林吉特；将提起小额诉讼的当事人限定为"个人原告"；将公司的代理限定为法律授权的公司代理。经过这次修改后，马来西亚小额诉讼程序制度基本成型。2012年，马来西亚原《1980年高等法院条例》和《1980年下级法院条例》被新颁布的《2012年马来亚法院条例》所替代。原来依附于《1980年下级法院条例》的第54号令也被《2012年马来亚法院条例》中的第93号令所替代。现今，对于清算、损害赔偿或民事债务标的金额不超过5000林吉特的所有索赔案件均可适用小额诉讼程序审理。对于依照小额诉讼程序审理案件作出的判决不服的，当事人只能就案件的法律适用问题向高等法院提起上诉。

三、专门法庭

马来西亚建立了不同的专门法庭。专门法庭一般只负责对法律规定的特定事项行使管辖权。跟普通法院不同的是，专门法院的管辖范围较小。专门法庭往往是由该领域的专家组成。专门法庭一般由一名具有法律资格的人员负责和领导。由于专门法庭成员具有争议案件领域的专业知识，因此审理中不再另行需要专家证人。专门法庭提供快速和费用低廉的纠纷解决机制，专门法庭审理案件不允许当事人聘请法律代理人。当事人只能自己向专门法庭提起诉讼。另外，专门法庭适用的程序也要比普通法院简单很多。马来西亚常见的专门法庭主要有消费者索赔法庭、合作社法庭、工业法庭等。

（一）消费者索赔法庭

消费者索赔法庭是根据《1999年马来西亚消费者保护法》成立的，专门解决就消费者针对产品生产商、产品或服务提供商就产品或服务提出的索赔案件。消费者法庭仅受理标的金额不超过2.5万林吉特的消费争议案件。当消费者将索赔请求提交于法庭后，原告事先或审理过程中提出的争议问题不应当是审理程序的主题，除非该索赔请求被撤回、放弃或者除去。另外，在消费索赔请求提交于法庭后，法庭不能对索赔请求进行审理，除非该索赔请求被撤回、放弃或者除去。在消费者索赔案件中，被告人可以提出反诉。如果被告提出了反诉或者确认债务时，法庭将会对其进行审理，即使在原来的索赔请求被撤销或者放弃的情况下。法庭审理将会由一名具有法律资格的人士主持审理。如果可能的话，法庭将会协助当事人双方达成纠纷解决协议。庭审中当事人不能聘请法律代理人。法庭应当在审理开始之日起60日之内作出裁决。法庭作出的裁决是终局裁决。依照法律规定，法庭应将庭审中遇到的法律问题提交给高等法院，法庭在作出裁决时应当遵循高等法院就该法律问题所作的决定。当事人在法庭作出裁决后14日之内没有执行该裁决的，将会构成犯罪。未执行裁决的当事人将被判处不超过5000林吉特的罚金或2年以下的监禁刑，或者并处不超过5000林吉特的罚金和2年以下的监禁刑。如果当事人被处以刑罚后还不执行该裁决的，在不执行该裁决期间，将会进一步受到每天不超过1000林吉特罚金的刑罚。

（二）合作社法庭

合作社法庭是依照《1993年马来西亚合作社法》成立的，专门审理和解决合作社成员之间以及成员和合作社之间发生的纠纷。合作社法庭通过具有该领域专业知识和丰富经验的专家人士为此类纠纷提供快速裁决。法庭审理由3名人员组成，包括1名具有法律资格的庭长和其他2名审判人员。其他2名审判人员是从审判人员专家库里选出的曾供事于合作社管理部门的前官员，他们具有该领域丰富的法律知识和经验。合作社法庭审理案件时，允许当事人聘请法律代理人。法庭对庭审费用有自由裁量权。对法庭作出的裁决不服的，可以上诉到高等法院。

（三）工业法院

工业法院是依照《1967年马来西亚工业关系法》第21条规定成立的。工业法院尽管以"法院"命名，但工业法院并不行使普通法院享有的管辖权，仅对特定事项行使管辖权。工业法院被定位为仲裁庭。依照《1967年马来西亚工业关系法》第30条的规定，工业法院不局限于法律技术和形式，而是基于公平、良好道德和案件的特性解决发生的纠纷。同时，工业法院在作出具体裁决时，应当整体考虑裁决所涉及的公共利益、财政执行状况以及裁决对国家经济和类似工业可能产生的影响。

工业法院解决雇主和雇员以及雇主和工会之间的纠纷和矛盾。当事人如果不能通过协商方式解决纠纷的，应当将该纠纷提交于工业关系局局长进行调节。如果工业关系局局长无法促使当事人达成调节协议的，应当将该纠纷提交于部长进行调节。如果部长无法促使当事人达成解决方案的，应当将该纠纷提交于工业法院进行处理。部长对该纠纷是否提交于工业法院裁决享有自由裁量权。需要注意的是，不允许争议当事人直接将发生的争议提交于工业法院进行裁决，他们之间的争议必须由部长提交于工业法庭进行裁决。工业法院就工人提起的有关不公平解雇索赔纠纷或雇主和工会之间的纠纷进行裁决。工业法院也可以就集体雇佣合同纠纷进行解释和作出裁决。当事人在获得法庭许可后，可以聘请法定代理人，并且所获许可在整个纠纷解决过程中一直有效。工业法院由1名主席和2名成员共同解决劳资纠纷。在不公平解雇索赔纠纷中，如果部长为工人指定了法定代理人，该纠纷则可以由主席一人裁决。在裁决作出后，可以向高等法院提交有关裁决的法律问题。但不允许就案件裁决提出上诉。未执行裁决或者法庭已认可的集体雇佣合同的当事人将被判处不超过5000林吉特的罚金或2年以下的监禁刑，或者并处不超过5000林吉特的罚金和2年以下的监禁刑。

第二章

马来西亚外商投资法

第一节　外商投资管理机构

为了促进马来西亚国内经济的发展，到2020年实现马来西亚进入发达国家行列的目标，近年来，马来西亚努力改善投资环境，逐步放宽对外资的限制，积极采取包括税收在内的多种措施鼓励外商在其国内投资。在外资管理方面，马来西亚采取多机构、分行业管理模式。因此，针对不同行业的外商投资，由不同的政府部门进行具体管理。马来西亚负责外资管理的主要机构包括马来西亚国际贸易和工业部（Ministry of International Trade and Industry，简称MITI）、马来西亚外商投资委员会（Malaysia Foreign Investment Committee，简称FIC）以及马来西亚国际贸易和工业部下属的马来西亚投资发展局（Malaysian Investment Development Authority，简称MIDA）和马来西亚对外贸易发展局（Malaysia External Trade Development Corporation，简称MATRADE）。

在外资管理分工方面，马来西亚国际贸易和工业部主要负责马来西亚国际贸易和投资政策的制定，具体管理马来西亚国内重大的外商投资工业项目审核工作。马来西亚投资发展局全面负责马来西亚制造业和服务业领域的外资项目管理工作。马来西亚对外贸易发展局主要负责马来西亚产品出口管理工作。2009年，马来西亚废除了外商投资委员会制订和实施的外商投资指引规则，规定有关马来西亚地方公司的股份交易、兼并和收购业务不再需要外商投资委员会的审批。外商委员会仅负责审核外国投资者从马来人及其他马来西亚土著人处并购资产价值超过2000万林吉特以上的项目。在服务领域的投资，往往需要通过马来西亚相关领域主管部门的审核和管理。如在交通运输领域内的投资需要交通部的管理和参与，在旅游领域内的投资需要马来西亚旅游与文化部的参与和管理。马来西亚国内其他参与国际贸易与投资有关活动的机构还包括马来西亚总理府下属的生产力合作局（负责监督、提高生产力和经济竞争力）、经济计划署（负责马来西亚5年经济计划的制订和实施以及审批涉及外资与土著持股比例变化的投资申请）等机构。以下较为详细地介绍上述马来西亚国际贸易和工业部、马来西亚国际贸易和工业部下属的马来西亚投资发展局与马来西亚对外贸易发展局3个主要外资管理机构。

一、马来西亚国际贸易和工业部

（一）背景介绍

马来西亚国际贸易和工业部（Ministry of International Trade and Industry）主管马来西亚对外贸易事务。马来西亚国际贸易和工业部源于1956年4月成立的马来西亚商业和工业部，1972年更名为马来西亚贸易和工业部。1990年8月27日，马来西亚贸易和工业部划分为国际贸易和工业部（Ministry of International Trade and Industry，简称MITI）与国内贸易和消费者事务部（Ministry of Domestic Trade and Consumer Affairs，简称KPDN）。

宗旨：计划、制定和执行各项国际贸易和工业政策，促进马来西亚经济快速发展，确保2020年马来西亚国家远景目标的实现。

使命：通过生产高附加值的货物和提供高质量的服务，提升马来西亚的国际贸易竞争力，使马来西亚成为全球最理想的投资目的地和具有国际竞争力的贸易国。鼓励国内工业发展，加快马来西亚经济发展，力争2020年实现马来西亚成为发达国家的目标。

（二）机构设置

马来西亚国际贸易和工业部机构设置：部长、副部长、贸易政务次长、工业政务次长和秘书长各1名。马来西亚国际贸易和工业部下设贸易处、工业处与战略发展和监督处3个处。3个处各设1名副秘书长负责管理工作。其中，贸易处下设多边贸易及政策司、区域及国际关系司、双边经济及贸易关系司和东盟经济一体化4个司；工业处下设地区政策司、贸易和工业支持司、投资政策及贸易促进司、服务发展司、贸易及工业新型产业司、马来人企业发展司6个司；战略发展和监督处下设战略谈判司、监督及评估司、AKI and OUTREACH司和信息管理司4个司。

为了便于提供服务和管理，马来西亚国际贸易和工业部在国内的彭亨、柔佛、吉兰丹、霹雳、槟榔屿、沙巴和沙捞越7个州设有分支机构。7个州的分支机构各有一名机构主管。分支机构受贸易合作及工业协调局的监督并负责向贸易和工业支持司的司长报告。分支机构的全部工作人员为84人，各个分支机构工作人员为12人。州分支机构促进和协调各州贸易和工业发展，分支机构负责人在协调和解决联邦政府和州政府问题方面起着关键作用。他们一方面和各州当地的商会、社团、企业等合作以促进州贸易和工业的发展；另一方面，他们监督各州的贸易和工业发展状况，并向马来西亚国际贸易和工业部及时汇报各州对有关政策的执行情况。除此之外，各州分支机构为各州的公司、企业、投资者和个人提供有关贸易和工业发展方面的咨询、建议服务，提供水、电、土地、许可证等基础设施方面的服务。具体业务方面，各州分支机构主要承担所在州的许可证和原产地优惠证书的审核和发放工作。

马来西亚国际贸易和工业部在马来西亚驻印度尼西亚、瑞士、泰国、美国、印度、中国、比利时、新加坡和越南等国家内的使馆内设有海外分支机构，用于协调和促进马来西亚和上述国家之间的经贸和投资发展。

（三）基本职能

马来西亚国际贸易和工业部的基本职能：计划、制定和执行有关工业发展、国际贸易和国际投资的各项政策；鼓励各种国际和国内投资；通过加强发展双边、多边、区域贸易关系和合作，提升马来西亚工业产品和服务的对外出口；提升国家工业生产力和工业产品的国际竞争力。具体包括以下内容：

（1）拟定国家和地区工业发展战略政策；

（2）制定马来西亚国家和地区外商投资、对外贸易以及工业发展计划和执行有关的政策；

（3）监督各州对外商投资、对外贸易以及工业发展计划和政策的执行和实施；

（4）负责双边、区域和多边贸易、投资合作的促进工作；

（5）制订措施，促进、协调各州中、小型工业企业的发展；

（6）采取措施有效促进和提升各州私人企业和土著居民的经营管理能力；

（7）促进国家贸易和工业的整体、协调发展，提升国家工业企业在国际贸易中的竞争能力。

（四）工作业务

（1）依照马来西亚《1967年海关法》的相关规定，负责发放钢铁产品、重型机械等制定商品的进出口许可证；

（2）依照马来西亚《1967年海关法》的相关规定，负责分配糖、汽车等制定商品的进出口配额分配；

（3）负责马来西亚企业出口到挪威、瑞士、俄罗斯、白俄罗斯和日本等国普惠制产品审核及普惠制原产地产品证书（GSP FORM A）的认定和发放工作；

（4）负责东盟自贸区共同有效优惠关税协议产品出口（Form D CEPT）审核及其原产地产品证书的认定和发放工作；

（5）负责马来西亚企业出口到加拿大、欧盟、挪威和土耳其纺织品原产地证书审核和发放工作；

（6）依照马来西亚《2010战略贸易法》的相关规定，负责制定军工产品及军、民两用产品的出口许可证发放；

（7）审核私人有限公司股份的转让申请；

（8）根据马来西亚相关国内产业申请，依照马来西亚《1993反倾销税法》和《1994反倾销税条例》的相关规定，负责反倾销调查工作；

（9）负责马来西亚企业海外投资合资企业合作协议和谅解备忘录登记工作；

（10）依照马来西亚《1975年工业协调法》的规定，负责审批和发放总投资超过250万马币或者全职雇工人数75人以上的投资项目的工业执照，且需要每年申请更新。

二、马来西亚投资发展局

（一）背景介绍

马来西亚投资发展局（The Malaysian Investment Development Authority，简称MIDA）的前身是依照《马来西亚工业发展局1965年法案》成立的马来西亚工业发展局，该机构于1967年正式成立。为了吸引更多的外国投资进入马来西亚，给外国投资者提供更好、更快的投资服务，提高外资管理和服务效率，马来西亚政府于2010年决定将原马来西亚工业发展局更名为现在的马来西亚投资发展局。马来西亚投资发展局建立了外资一站式服务中心，缩短对外资的审批时间，提高对外资的服务效率，从而吸引更多的外资进入马来西亚，提高马来西亚在地区乃至全球的外资吸引力。同时，马来西亚政府安排移民局、皇家关税局、劳动局、环境保护局、TNB电力公司、TM电信公司等部门的高级代表常驻马来西亚投资发展局，以便为投资者提供有关海关、移民、劳务、基础设施、环境保护、职业安全和卫生等方面的信息。

（二）机构设置

马来西亚投资发展局直接负责外资在马来西亚制造业和服务业的投资和合作事项，其总部设在马来西亚首都吉隆坡。马来西亚投资发展局采取委员会的管理模式，委员会设主席1名、首席执行官1名、助理首席执行官2名、高级执行官1名和执行官8名；委员会下设27个处和2个办公室。其中法律及政府联络处、内部审计和管理改革办公室直接由首席执行官领导，投资奖励协作办公室由助理首席执行官领导。其他的25个局根据工作性质和管理职能的不同分别划分到8种不同的业务模块中，并分别由8名执行官负责管理。这8种不同的业务模块分别是：生态投资业务，包括外资许可处、投资奖励审核及监管处、关税处、基础设施及工业支持处和工业人才管理处；管理服务业务，包括公司管理处、财政处和人力资源管理处；服务发展业务一，包括油汽服务处，卫生、医疗及教育处，清洁技术和生态环境管理服务处；服务发展业务二，包括地方投资服务管理处和商业研发服务处；战略计划业务，包括战略计划及政策支持处、投资统计处、前沿技术发展处、信息技术发展处和国家投资秘书处；资源型工业发展业务，包括化工及高级材料处、食品技术及可持续资源处和生命科学及医学技术处；非资源型工业发展业务，包括电力及电子业务处、机械及金属材料处、交通技术处；投资促进业务，包括外商投资合作处、国内投资处及信息和公报处。

为了给投资者提高便利、高效的投资服务，马来西亚投资发展局在海外和国内设立了多个办事处。截至2016年4月底，马来西亚投资发展局在北美洲、欧洲、亚太地区（11个）设立了23个海外办事处，其中美国6个，中国（含台湾地区）4个，日本、德国各2个，法国、英国、意大利、瑞典、韩国、澳大利亚、印度、阿联酋和新加坡各1个。海外办事处为这些地区旨在马来西亚建立企业进行投资的投资者提供各种帮助和咨询。在马来西亚国内，马来西亚投资发展局在槟榔屿、吉打、霹雳、马六甲、柔佛、彭亨、吉兰丹、登嘉楼、森美兰、沙捞越、沙巴和雪兰莪州成立了12个地区业务分支机构，协助投资者在各州的具体投资和合作项目。

（三）基本职能

马来西亚投资发展局的基本职能主要有：

（1）促进内、外资在工业和服务业领域内的发展；

（2）执行马来西亚工业发展计划；

（3）向马来西亚国际贸易和工业部提供促进工业发展的政策和战略建议；

（4）通过和联邦、各州管理部门协调、沟通，协助投资者落实和实施投资项目；

（5）为促进工业发展有关的各类部门提供信息交换和合作方面的便利。

（四）工作业务

（1）依据马来西亚《1975年工业协调法》和《1986年投资促进法》相关规定，撰写马来西亚制造业外资审批和奖励执行情况年度报告。

（2）依据马来西亚《1975年工业协调法》相关规定，负责制造业领域的所有工业执照许可审核工作。但是，企业投资总额超过250万林吉特或者企业全职雇工达到75人以上的项目申请，应当由其受理并将该申请提交其上级管理机构马来西亚国际贸易和工业部许可审核。

（3）负责制造业、旅游业、研究与开发业、机构培训业、软件发展行业的奖励审核工作。

（4）负责原材料、零配件、农业机械设备和制定服务业的关税豁免审核工作。

（5）负责研究与开发公司外籍员工地区职位审核许可工作。

（6）通过马来西亚投资发展局在联邦和地区设立的办事机构，为投资者提供有关土地、企业选址、水电、通讯、项目审批、执照申领等方面的咨询、协助和合作工作。

（7）安排与投资密切相关的移民局、皇家关税局、劳动局、环境保护局、TNB电力公司、TM电信公司等部门的高级代表常驻马来西亚投资发展局，为投资者提供有关海关、移民、劳务、基础设施、环境保护、职业安全和卫生等方面的信息，进一步提升马来西亚国际贸易和工业部在帮助投资者方面的作用。

（8）为马来西亚国内外投资者提供在线免费投资合作信息查询服务。具体包括：各类合资项目和合资人信息服务；各类制造业项目合同信息；技术合作信息。

三、马来西亚对外贸易发展局

（一）背景介绍

马来西亚对外贸易发展局（Malaysia External Trade Development Corporation，简称MATRADE）于1993年3月依照马来西亚《1992年对外贸易发展局法案》成

立的官方对外贸易管理部门，隶属于马来西亚贸易和工业部。马来西亚对外贸易发展局成立的最初目的是促进马来西亚国内产品的出口，提升马来西亚产品在国际市场上的竞争能力，进而促进马来西亚国内经济的快速发展。经过20多年的努力，马来西亚对外贸易发展局在全球五大洲30多个国家建立了46个海外办事机构，为推动马来西亚全球贸易发展做出了卓越贡献。

（二）机构设置

马来西亚对外贸易发展局采取董事会的管理模式，董事会由13名成员组成。董事会成员具有广泛的社会代表性，他们由国家有关部委代表、关键行业负责人、商会以及协会领导人组成。马来西亚国际贸易和工业部部长依法任命所有董事会成员。董事会设主席1人、首席执行官1名、助理首席执行官2名。董事会下设6个处和2个办公室，这6个处分别是战略计划处、管理服务处、产品及服务改进处、市场准入及国际合作处、知识信息处和出口商业务培训处，2个办公室分别为综合办公室和内部审计办公室，直接由董事会首席执行官领导和负责。

为了促进马来西亚全球贸易发展，提升马来西亚产品在国际市场竞争能力，多年来马来西亚对外贸易发展局致力于海外办事机构的建立和发展。截至2016年4月底，马来西亚对外贸易发展局在全球五大洲35个国家设立了46个海外办事处，其中美国3个，中国大陆4个，越南、日本各2个，中国台湾、中国香港、韩国、柬埔寨、印度、尼西亚、菲律宾、泰国、缅甸、沙特阿拉伯、乌兹别克斯坦、卡塔尔、荷兰、匈牙利、土耳其、乌克兰、俄罗斯、波兰、埃及、肯尼亚、法国、英国、意大利、澳大利亚、印度、阿联酋、南非、尼日利亚、加拿大、巴西、智利、墨西哥和阿根廷各1个。在马来西亚国内，马来西亚投资发展局在东部地区、南部地区、北部地区、沙巴州和沙捞越州5个地区设立业务分支机构，协助各地企业做好产品出口贸易工作。

（三）基本职能

（1）拟定工业发展战略，促进双边、区域和全球贸易合作；

（2）促进和协调中小企业发展，提升私人企业界和地方企业的管理和经营水平，增强中小企业和地方企业产品出口能力；

（3）促进、协调和发展马来西亚对外贸易，尤其是促进和提升马来西亚国内制造业成品和半成品的对外出口，以及促进国内必需品的进口；

（4）制定和实施国家产品出口市场战略计划，促进制造业成品和半成品的对外出口；

（5）为进一步改善和促进贸易发展，做好商业情报收集、市场调研以及贸易信息综合数据库建设工作；

（6）组织培训以提高马来西亚出口商国际市场营销水平；

（7）保障马来西亚海外国际贸易利益；

（8）代表马来西亚参加有关贸易事务的国际性论坛活动；

（9）发展、促进、完善和协助与贸易有关的服务工作；

（10）为政府提供有关贸易事务方面的各类咨询服务，代理政府、私人、机构和其他组织参加各类商业活动。

（四）工作业务

（1）根据业务需求，并依法经国际贸易和工业部部长批准与财政部部长同意，在海外设立办事机构；

（2）经国际贸易和工业部部长批准与财政部长同意，在国内外建立马来西亚贸易展览中心，以促进产品出口；

（3）向马来西亚进、出口商提供多种形式的援助；

（4）建立包含市场、产品、购买者和供应商的综合贸易信息数据库；

（5）从事以促进和发展贸易和服务为目的的商业活动，通过组织企业参与贸易展销会、派遣贸易代表团等商业活动，促进马来西亚国际贸易发展；

（6）收集马来西亚进、出口商除商业秘密外的贸易信息；

（7）定期出版或者赞助出版有关国际贸易信息的期刊和手册；

（8）制作或赞助制作有关贸易宣传的纪录片和其他视听资料；

（9）组织相关贸易活动方面的培训，并颁发相应的资质证书；

（10）为促进马来西亚国际贸易发展，开展不同形式的宣传活动，承办政府交办的贸易促进活动；

（11）促进、协调商品制造商、出口商和进口商之间的合作和信息交流。

第二节　外商投资法律体系概述

一、马来西亚外商投资立法模式

马来西亚并无一部统一的专门规范外商投资行为和活动的法典。对于外商投资行为和活动，马来西亚在立法模式上主要采取分散式立法模式。这种模式的主要特点是：无统一法典，多头立法，不同的业务适用不同的法律，多部法律共同规范和调整外商投资行为和法律关系。同时，马来西亚在法律制度适用方面，除持股比例、经营范围、土地使用等内容，并没有明显区分内资和外资，大部分情况下，外资和内资遵循和适用相同的法律制度。分散式的立法模式既有缺点又有优点。其缺点是法律适用较为混乱，极易产生多头管理和相互之间产生矛盾冲突的现象，并导致管理效率低下的不良后果，从而整体影响吸引外资的效果；其优点是灵活多变，可以根据东道国国内经济发展的整体情况和需求，及时调整对外资的管理制度和内容，从而有利于东道国国内企业的发展和东道国本身经济的稳定。

二、马来西亚外商投资法律体系

一般来说，马来西亚调整外商投资行为的法律体系包括以下两个层次：一是马来西亚国内法。主要包括《1986年马来西亚投资促进法》、《1975年马来西亚工业协调法》、《2016年马来西亚公司法》、《1993年马来西亚反补贴和反倾销法》、《2006年马来西亚保障措施法》、《2010年马来西亚战略贸易法》、《1967年马来西亚海关法》、《1953年马来西亚外汇管理法》、《1967年马来西亚破产法》、《1966年马来西亚解决投资争端法》等法律。这些法律制度调整和规范外资进入马来西亚的各个环节，包括审批、设立、经营、管理、税收、外汇、进出口、破产、投资争端解决等内容。二是马来西亚参加和适用的国际条约。这些条约包括马来西亚签订的双边投资条约、区域性投资条约和国际性条约。其中和我国投资者利益相关的国际条约主要有：

（1）中国和马来西亚签署的双边条约：1988年11月21日在马来西亚吉隆坡签署的《中华人民共和国政府和马来西亚政府关于相互鼓励和保护投资协定》，

1985年11月23日在中国北京签署的《中华人民共和国政府和马来西亚政府关于对所得避免双重征税和防止偷漏税的协定》。

（2）中国和马来西亚共同签署和适用的区域性条约：2002年11月签署的《中华人民共和国政府与东南亚国家联盟成员国政府全面经济合作框架协议》，2004年11月签署的《中华人民共和国政府与东南亚国家联盟成员国政府全面经济合作框架协议货物贸易协议》和《中华人民共和国政府与东南亚国家联盟成员国政府全面经济合作框架协议争端解决机制协议》，2007年1月签署的《中华人民共和国政府与东南亚国家联盟成员国政府全面经济合作框架协议服务贸易协议》，2009年8月签署的《中华人民共和国政府与东南亚国家联盟成员国政府全面经济合作框架协议投资协议》。

（3）中国和马来西亚共同签署和适用的国际性条约：《多边投资担保机构公约》，WTO框架下的《与贸易有关的投资措施协议》、《服务贸易总协定》等。

三、马来西亚外商投资法律内容简介

有关中国和马来西亚之间签署的双边协议和共同签署并适用的国际性协议将在后面相关章节中详细谈到，因此，此处只介绍和讨论马来西亚国内有关外商投资的主要法律内容。

（一）外商投资促进法律制度

1. 马来西亚投资促进法

马来西亚自1957年8月获得独立后至今，有关外商投资促进方面的法律有四部，分别是《1958年马来西亚新兴工业条例》、《1965年马来西亚新兴工业法》、《1968年马来西亚投资鼓励法》和《1986年马来西亚投资促进法》。四部法律的先后更替充分反映了马来西亚在不同时期所采取的不同外资政策，体现了马来西亚对外资的开放从严格限制到逐步放宽再到遵循世界主流投资规则的做法。

（1）《1958年马来西亚新兴工业条例》

《1958年马来西亚新兴工业条例》是马来西亚摆脱英国殖民统治、取得国家独立后制定的首部规范马来西亚内外资投资活动的专门法律制度。尽管该法律存在内容简单、法条粗略等缺陷，但在当时的背景下，该法的颁布和实施为马来西亚建立国内工业体系、改变国家经济结构和促进国家经济健康发展奠定了法律基础。就内容而言，1958年新兴工业条例重点界定了新兴工业认定及范围、新兴工业企业证书管理制度以及新兴工业企业应享受的所得税优惠制度。根据该条例的规定，新兴企业须通过法定申请程序经审核才能获得，并依法颁发新兴企业证书。获得新兴企业地位的基本条件有：一是须满足马来西亚国内工业市场需求，能够促进马来西亚国内经济发展，且在国内未经开发或者处于初步发展阶段的产业；二是目前马来西亚国内企业生产设备无法充分满足国内经济发展需求的产业；三是能够生产马来西亚社会公益事业急需产品的工业；四是能够促进马来西亚国内产业的建立。符合上述条件的企业经审核可获得新兴工业企业证书，并依法享受企业自生产符合条件的新兴工业产品之日起2至5年内40%的企业所得税减免优惠。新兴工业法同时保证私人企业的非国有化，允许私人资本自由流通，不限制利润的汇出。该法经过近8年的实施，马来西亚的工、农业经济得到了较快发展，很大程度上减少了马来西亚对外国产品的依赖，马来西亚国内的替代进口产业初步形成。同时也有效改观了制造业在国民经济中占比过低的情况。

（2）《1965年马来西亚新兴工业法》

为了有效解决1958年新兴工业条例在实施中暴露出的缺陷和问题，马来西亚于1965年颁布了修订版的新兴工业法。除了在所得税免税制度实施条件方面及增加新兴企业股息、红利所得税免除制度，1965年新兴工业法并无大的改动。因此，1965年新兴工业法并未完全解决马来西亚国内当时所存在的经济结构失衡、所有制单一、贫富分化严重等社会问题。

（3）《1968年马来西亚投资鼓励法》

1965年新兴工业法细枝末节的修改并未实质上解决马来西亚独立后10年期间所面临的工业发展和国内经济困境。1965年新兴工业法颁布实施不到3年时间，马来西亚政府于1968年重新制定和颁布了《投资鼓励法》，取代了原新兴工业法。该法的颁布和实施是以当时马来西亚确定和实施的第一个"马来西亚五年计划"为背景的。当时的马来西亚政府面临以下核心问题：农业方面，基础设施落后，农业经营单一，农产品生产成本高；工业方面，马来西亚传统的初级工业产品锡、橡胶贸易出现衰退，国内经济发展受到影响。国内工业投资来源国较为单一，多集中于英国、日本、美国、新加坡等少数国家。外商企业中外资持股比例过高，导致马来西亚对外资过分依赖等问题。在居民生活方面，马来西亚国内不同种族居民收入差距加剧，矛盾激烈，并引发严重的种族冲突事件。为有效解决上述问题，马来西亚结合第一个"马来西亚五年计划"规划内容，重新制定和颁布了《1968年马来西亚投资鼓励法》。同时，为了加强对外资的管理工作，马来西亚设立了外商投资委员会。

1968年马来西亚投资鼓励法充分体现了以出口导向为基础的工业发展投资政策。为了吸引更多、更广范围的国际资本在马来西亚投资，1968年马来西亚投资鼓励法在沿用以前的新兴工业企业制度的基础上，增加了多种形式的税收优惠制度。这些税收优惠内容主要有：一是新兴工业企业地位税收优惠制度。依申请获得此类地位的企业可享受免除2至5年企业所得税、发展税和超额利润税的优惠待遇。新兴工业企业在所享税收优惠期满后，在考虑该企业固定资本投资总额的基础上，若该企业满足一定的标准和条件后，经申请仍可继续享受3年以上的免税期。二是劳动力使用税优惠制度。为了鼓励企业雇用大量的马来西亚本地人，扩大就业机会，在考虑企业聘用马来西亚专职雇工人数规模基础上，允许企业可享受2至5年的免税期。三是地方税收优惠制度。为了促进国内不同地区工业的均衡发展，马来西亚鼓励投资者在工业较落后的地区投资，允许符合条件的企业可享受5至10年的免税期。这些地区主要有柔佛州、吉兰丹州和登嘉楼州。除此之外，该法还规定了符合条件的企业在加速设备折旧、出口信贷、再投资折让等方面所享受的优惠措施。

（4）《1986年马来西亚投资促进法》

1971年至1980年期间，由于马来西亚实施新经济政策，采取多种形式的投资鼓励措施，马来西亚经济得到了快速发展。这10年间，马来西亚国家经济机构得到了较好调整，大量外资进入国内，进入出口导向型企业和劳动密集型企业，增加了劳动就业岗位，并有效促进了马来西亚土著经济的快速发展，缩小了不同种族间尤其是马来人和华人之间的收入差距，缓和了社会矛盾。20世纪80年代以后，马来西亚受到国际整体经济不景气和国内产品出口受阻等因素的影响，经济发展开始出现波动，工业增速放缓，某些年份甚至出现负增长。同时，马来西亚自1971年实施的扶助土著人计划，从一定程度上限制了外资的大量流入，甚至出现大量外资撤离马来西亚的不利局面。基于这样的背景，马来西亚政府于1986年10月制定并颁布了《投资促进法》，原《1968年投资鼓励法》被废除。

2. 1975年马来西亚工业协调法

《1975年马来西亚工业协调法》的主要宗旨是保障马来西亚国内制造业的有序、健康和快速发展，以提高马来西亚企业在国际市场上的竞争力。《1975年马来西亚工业协调法》分别于1977年、1979年和1980年进行了3次修订。《1975年马来西亚工业协调法》的主要内容包括：

其一，核心概念的界定。《1975年马来西亚工业协调法》就与该法有关的工业咨询委员会、部长、审核官、许可证、制造业活动、雇员、制造商、产品等核心概念作了明确界定。

其二，工业执照申请制度。依照马来西亚《1975年工业协调法》的规定，凡在马来西亚从事有关制造业活动的人须依本法申请取得有关工业执照。工业执照申请应当向马来西亚投资发展局提出。对违反本法规定无证从事制造业相关活动的，处2000林吉特以下罚款，或处6个月以下的有期徒刑。另外，总投资超过250万林吉特或者全职雇工人数75人以上的投资项目的工业执照申请，应当提交于隶属于马来西亚国际贸易和工业部的马来西亚投资发展局，并由马来西亚国际贸易和工业部负责审批和发放。申请人应将填好的符合格式要求的工业执照申请书提交给工业执照审核官。审核官在审核该工业执照申请是否符合国家经济社会发展目标、促进国家制造业有序发展的基础上，有权决定是否颁发工业执照。取得工业执照应按规定缴纳一定的费用。在本法生效前已从事相关制造业活动的人，应当自本法实施之日起一年内，依法提出工业执照申请。对已颁发的工业执照，如果制造商未按照执照载明的条件从事活动，或者不再从事与执照规定有关的活动，或者发现申请人在申请本执照时做虚假陈述等情况的，审核官有权依法撤销已颁发的工业执照。工业执照转让须以书面形式提请审核官批准方可进行。未经工业执照审核官的事先批准，生产商不得生产任何不属于被许可范围内的产品，且此类申请应以书面形式向审核官提出。在书面通知执照审核官后，制造商可以中止或终止生产被许可产品。

其三，成立工业咨询委员会。为了更好地贯彻和执行马来西亚工业协调法，依法成立工业咨询委员会。其基本宗旨是向部长提供有关工业协调法事务的各种咨询意见和建议。工业咨询委员会委员由马来西亚国际贸易工业部、财政部、总理府经济计划处、投资发展局、沙巴州政府、沙捞越政府、商会等机构组织委派的各个代表担任。工业咨询委员会设主席1名。工业咨询委员会主席和委员均由部长依法任命。

其四，针对马来西亚土著居民实施新经济政策。为了有效解决马来西亚独立后初期所存在的土著居民收入低、社会经济发展不平衡等问题，规定了有关扶持土著居民发展的法律制度。主要内容为：凡是规模达到拥有25名专职雇工的制造业企业或者资本达到25万林吉特的制造业，必须让马来西亚土著人享有该类企业不少于30%的股权。同时，该类企业所雇佣的土著人应占该企业雇工人数的50%。

其五，其他内容。除了上述重要内容外，马来西亚工业协调法就工业执照的申诉、续展、撤销公开、法律责任、纠纷管辖等事项作了明确规定。

（二）企业法律制度

在马来西亚有关企业设立、注册、经营管理和清算破产方面的法律制度主要包括《1961年马来西亚合伙法》、《2010年纳闽有限合伙及有限责任合伙法》、《2012年马来西亚有限责任合伙法》、《2016年马来西亚公司法》、《1956年马来西亚商业注册法》、《2001年马来西亚公司注册委员会法》和《1967年马来西亚破产法》等。在马来西亚可以通过不同的企业形式从事商业活动。其中最为常见的商业组织形式有个人独资企业、合伙企业和公司等三种形式。此处，仅简要介绍个人独资企业和合伙企业法律制度。有关公司企业、商业注册、企业破产等内容将在后文相关章节中详细介绍。

1. 马来西亚个人独资企业制度

在所有的商业经营组织形式中，设立个人独资企业最为简便。这主要是因为法律对个人独资企业的设立和管理都要比其他形式的商业组织形式宽松。一般来说，设立个人独资企业无严格的资金要求，不需要设立复杂的企业内部管理组织机构。另外，法律对个人独资企业的财务会计管制也较其他形式的商业组织形式宽松。个人独资企业更适合资金规模小、经营范围单一的投资者选用。投资者在创业之初可采用个人独资企业形式，便于积累经验和资金。在出资方面，个人独资企业的出资人只有一人，法律并无明确要求个人独资企业的最低出资额，实际出资数额往往由出资者自行决定，出资的形式也灵活多样，可以是现金、房产、设备或者其他形式的财产；可以是出资者自有的财产，也可以是由出资者通过借贷、租赁等方式合法取得其他形式的财产。个人独资企业的出资人可以自己经营管理企业，也可以委托他人经营管理企业。个人独资企业依法使用企业名称，并以登记注册的企业名称开展对外经营活动。由于个人独资企业宽松的出资制度，因此，出资人要对企业的所有债务承担无限责任，以保障债权人的合法权益。依照《1956年马来西亚商业注册法》的规定，独资企业须依法向马来西亚公司委员会登记注册。

2. 马来西亚合伙法

相对于公司而言，成立合伙不需要苛刻的资金条件和复杂的组织机构。依照《1961年马来西亚合伙法》的相关规定，合伙的各个合伙人要对合伙对外经营期间发生的各类债务承担共同连带责任，不允许合伙人承担有限责任。《1961年马来西亚合伙法》是在仿效《1890年英国合伙法》的基础上制定的。由于马来西亚的法律体制受到普通法系制度的影响，因此，在合伙事务方面，除了受本法调整外，还受普通法、衡平法相关规则的规范。跟公司不同，合伙一般不具备独立的法人资格。依照《1956年马来西亚商业注册法》的规定，成立合伙须依法向马来西亚公司委员会登记注册。

（1）合伙概念

《1961年马来西亚合伙法》第3条第1款明确规定了合伙的概念。合伙是指数个自然人之间为了盈利而共同经营和管理一项商业事务所形成的法律关系。下列公司股东之间的关系和社团成员之间的关系不是合伙法律关系：一是依据《1965年马来西亚公司法》注册成立的公司，二是依照有关马来西亚合作协会法律成立的各类合作协会；三是依据马来西亚任何有关社团的制定法而成立的各类社团；四是依据英国议会法案、皇家特许状、专利许可证而成立的各类社团。合伙人可以是自然人也可以是像有限责任公司这样的法人组织。因此，有限责任公司和自然人之间或不同的自然人之间或者不同的有限责任公司之间均可以设立合伙。设立的合伙可以成为商行，合伙以商行的名义从事经营和管理。

（2）合伙的法律属性

合伙关系的本质是一种合同协议关系，其法律关系同时受合同法、民事代理制度的调整。如同委托人和代理人之间的法律关系，合伙人之间的关系是一种信托法律关系。合伙往往是通过明示或者默示的合伙协议而形成。明示合伙协议可以是书面形式、口头形式或者密封形式。当然，合伙人也可以通过实际行为而形成合伙关系。自然人因自愿将自己置于或者同意别人将其置于一定的合伙关系而产生相应的合伙责任。当事人可以参与合营企业、辛迪加、财团等多种类型的合作企业。在判断这类企业组织形态中当事人之间形成的协议法律关系是否构成合伙关系，不仅要仔细考虑外在签订的协议，同时要考虑当事人之间实际形成的法律关系。如果当事人签订的协议否定了相互之间存在合伙关系，但是，当事人在具体经营管理、责任承担等实际操作方面却证实了实际合伙关系的存在，那么就可以认定为合伙。

（3）合伙的构成条件

判断是否构成一项合伙关系应当同时具备三个条件：一是从事商业经营事务。《1961年马来西亚合伙法》的第2条规定：本法所指的商业是任何贸易、生意或者职业。合伙所从事的商业事务应当是连续且有规则系统地进行。因此，有关商业行为的重复发生才能形成合伙，而那些一次性的交易显然不属于合伙关系。二是须有合伙人共同从事商业经营事务。共同从事意味着合伙事务应当由全体合伙人共同执行完成，或者由全体合伙人的代理人执行完成。合伙人是否参与日常合伙事务并不影响合伙关系的存在。在同一商业事务中数个自然人各自从事一定的商业行为，尽管他们最终从该商业事务中一起获利，但由于他们之间缺乏共同管理和经营，因而，他们之间也不存在合伙关系。三是须具有盈利的目的。形成合伙的基础之一便是盈利，因此，那些为非盈利目的设立的各类企业和组织均不属于合伙。如慈善机构、社会俱乐部等。

（4）合伙人数的上限规定

尽管《1961年马来西亚合伙法》并没有明确规定设立合伙的人数限制，但依照《1965年马来西亚公司法》第47条第2款的规定：除非依据公司法第14条第3款a项或d项规定而设立的职业性合伙，否则人数超过20人的此类组织须依照公司法设立公司。由此可知，合伙的最高人数为20人。

（5）合伙对外关系

依据《1961年马来西亚合伙法》第7条的规定，基于管理和经营合伙商业的目的，任何合伙人均可为合伙商行或其他合伙人的代理人。任何合伙人因履行合伙商行商业经营义务而产生的法律后果应由合伙商行和全体合伙人共同承担。除非该合伙人在特定事项上并无事实上的代理权，并且与该合伙人交易的第三人知道该合伙人无代理权或者不知道或不相信其是合伙人。依照普通法理论观点，合伙属于一种代理法律关系。因此，就合伙而言，每个合伙人均是其他合伙人的代理人，且可代理合伙起诉或者被起诉。

另外，合伙人应当在合伙协议约定的商业范围内代理合伙商行和其他合伙人对外交易。若合伙人超出合伙协议约定的商业范围，其行为后果应由该合伙人自行承担。在此种情况下，与该合伙人交易的第三人除非证明该合伙人有实际授权或者该合伙人的行为是经过其他合伙人批准的，否则，该第三人不能向合伙商行和其他合伙人主张法律责任。

（6）合伙人之间的共同连带责任

依据《1961年马来西亚合伙法》第11条的规定，每个合伙人对合伙商行经营期间产生的所有债务承担共同连带责任，即使合伙人死亡，仍就其作为合伙人期间产生的债务以其遗产为限承担连带责任。同时，合伙法第12条和13条分别规定了滥用合伙商户现金和财产而产生的侵权责任问题。

（7）合伙的期限

合伙人可以通过合伙协议具体约定合伙的存续期限。如果合伙人没有明确约定合伙存续期限的，则任何一个合伙人均有权利随时通知其他合伙人终止该合伙。

（8）入伙和对开除合伙人的限制

未经全体合伙人的同意，任何人不得加入合伙。同时，多数合伙人无权开除任何其他合伙人，除非合伙协议明确规定了此项权利。开除权的行使应遵循诚信原则，不得基于非正当目的而行使该权力。

（9）合伙的解散

《1961年马来西亚合伙法》第34条至47条具体规定了合伙的解散情形及其后果。合伙解散的情形主要有：一是因合伙期满或合伙人通知而解散；二是因合伙破产或合伙人死亡或合伙人个人债务负担累及合伙财产而解散；三是因合伙商行实施违法行为而解散；四是因合伙人精神障碍不能履行义务或合伙人故意连续违反合伙协议等情形，合伙人申请法庭依法裁定解散合伙。

在发生上述合伙解散情形后，合伙人有权利要求对合伙进行清算。在此情形下合伙人仅可从事与合伙清算相关或者合伙解散时尚未了结的事务。合伙人应按合伙协议依法清偿合伙债务，并分配合伙剩余财产；若合伙协议没有规定清算内容，则合伙人依照本合伙法相关规定进行清算。

（三）知识产权保护法律制度

马来西亚知识产权保护法律制度包括《专利法》、《商标法》、《工业设计法》、《著作权法》、《地理标志法》和《集成电路布图设计法》等。马来西亚是世界知识产权组织成员国，同时也签署了保护国际知识产权的《巴黎公约》和《伯尔尼公约》。在WTO框架体系下，马来西亚签署了《与贸易有关的知识产权协议》（TRIPS）。马来西亚政府通过完善的知识产权法律制度为国内外的投资者提供充分的知识产权保护。为了高效解决有关知识产权方面的争议，提高知识产权保护水平，马来西亚成立了专门的知识产权法院。马来西亚知识产权保护法律制度严格遵循国际知识产权保护标准，其知识产权法律制度定期接受《与贸易有关的知识产权协议》委员会的复审。

1. 马来西亚专利法

关于专利保护的法律主要有《马来西亚1983年专利法》和《马来西亚1986年专利条例》。依照马来西亚《专利法》的相关规定，凡是在马来西亚境内有住所或是马来西亚居民均可直接申请专利。马来西亚不允许外国申请者直接申请专利，外国申请者只能委托马来西亚国内依法注册的专利代理机构完成专利申请。一项发明若满足新颖性、创造性和工业实用性就可申请专利。马来西亚专利分为发明专利和实用新型两种。对于符合条件的申请发明，可依法授予发明专利权，对于符合条件的申请实用新型，可依法颁发实用新型保护证书。马来西亚《专利法》遵循了《与贸易有关的知识产权协议》的相关规定，发明专利的保护期限为从提交申请专利之日起计算满20年。实用新型的首个保护期为从提交申请专利之日起计算满10年。在10年期限届满前，权利人对每一项实用新型专利权可以申请续展2个连续5年的保护期。专利所有人对其专利享有使用、转让和许可的权利。

在平行进口问题上，马来西亚《专利法》和《与贸易有关的知识产权协议》的相关规定保持一致。马来西亚允许进口已在其他国家市场销售的专利产品。马来西亚政府因基于公共秩序和道德原因，禁止专利的商业性使用。马来西亚政府于2006年正式加入了《专利合作公约》，并于当年8月16日起生效。因此，申请人可通过马来西亚知识产权合作机构完成专利的国际申请。

2. 马来西亚商标法

有关商标保护的法律有《马来西亚1976年商标法》和《马来西亚1997年商标保护条例》。《商标法》保护依法注册的商标和服务标识。商标一旦获得注册，任何人包括注册前所有人、注册前授权使用人均不得使用该注册商标。注册商标所有人对滥用其所注册商标者可以提起侵权诉讼，以维护其合法权益。注册商标的保护期限和续展期均为10年。续展申请应在注册商标期满前的1年内提出，并交纳一定的费用。注册商标所有人有权使用、转让和许可其注册商标。马来西亚履行《与贸易有关的知识产权协议》的相关义务，禁止非驰名商标权利人在马来西亚境内对该驰名商标进行注册，采取必要关境措施，禁止假冒商标产品进口到马来西亚境内。马来西亚于2007年6月加入了《商标注册用商品和服务国际分类尼斯协定》和《建立商标图形要素国际分类维也纳协定》，并于2007年9月生效。马来西亚加入上述协议，为在马来西亚国内申请商标注册提供了更多的便利和法律保护。马来西亚不允许外国申请者直接申请注册商标，外国申请者只能委托马来西亚国内依法注册的商标注册代理机构完成商标注册申请。

3. 工业设计法

有关工业设计的保护法律主要有《马来西亚1996年工业设计法》和《马来西亚1999年工业设计保护条例》。工业设计是指通过工业方法或工业处理技术，表现于产品中且需要外观判断的形状、配置、式样或装饰等产品特性。可获得申请登记的工业设计应当具备新颖性，且不包括建筑方法及产品功能所唯一决定的外形，工业外形不能依靠另一产品某一整体组成部分的外形而存在，不得违反公共秩序和道德。依照工业设计法的规定，依法获得保护的工业设计属于权利人的个人财产，权利人有权依照法律规定出售和转让其工业设计。马来西亚不允许外国申请者直接申请工业设计，外国申请者只能委托马来西亚国内依法注册的工业设计申请代理机构完成工业设计申请。依法获得注册的工业设计，其首个保护期限为自申请之日起算5年，期满后，可续展两次，每次续展保护期为5年。

4. 著作权法

《马来西亚1987年著作权法》为各类作品提供了全面保护。该法明确规定了能够获得著作权保护的作品条件（含计算机程序）、保护的范围，以及保护的方法。作品获得著作权保护无需登记注册。受著作权保护的对象包括作品和演绎作品。作品主要包括文学、音乐、艺术、电影、录音和广播；演绎作品主要有翻译作品、改编作品、以机读或其他形式存在的作品集或数据集等。文学作品、音乐作品和艺术作品的著作权保护期限为作品作者有生之年和死后50年；电影、录音和广播作品的著作权保护期为作品首次公开出版或制作后50年。马来西亚著作权法同时规定了表演者对其实况表演享有权利，具体保护期限为表演者首次实况表演后第2年起计算50年。马来西亚著作权法于2003年进行了修订，修订案于同年10月1日生效。2003年著作权法修订案的一显著特点是在著作权法中增加了相关强制执行的内容。该法案在赋予马来西亚国内贸易、合作及消费事务部官员逮捕权（包括无批捕证的逮捕权）的同时，还规定马来西亚国内贸易、合作及消费事务部官员有权进入涉嫌藏有侵权作品场所，有权搜查和收缴涉嫌侵权作品和侵权设施。这些制度为保护著作权作者的合法权益发挥了重要作用。

5. 《地理标志法》和《集成电路布图设计法》

《马来西亚2000年地理标志法》明确规定地理标志的判断标准：一是商品名称以该商品生产地命名；二是该商品的特有质量、声誉和其他品质是因为该商品的地理产地而形成。受地理标志法保护的商品主要包括葡萄酒、烈酒、天然产品、农产品、手工产品和工业产品等。但是违反公共秩序或道德的地理标志不受法律保护。地理标志商品的保护期限为10年，期满后可以续展10年保护期。

关于集成电路布图设计保护的法律是《马来西亚2000年集成电路布图设计法》。受该法保护的集成电路布图设计应当具有原创性，是作者自己的创造且该创造是自由做出的。集成电路布图设计无须登记和注册。集成电路布图设计的保护期为自该设计商业开发之日起算10年；未进行商业开发使用的，保护期为自该设计创造之日起算15年。集成电路布图设计的权利人对其设计有权通过转让、许可、遗嘱、法律执行等方式允许他人全部或部分使用其权利。集成电路布图设计的权利人在其相关权利受到侵害时，有权诉讼或采取其他形式的保护措施。马来西亚履行了《与贸易有关的知识产权协议》的相关义务，为在马来西亚从事电子工业的外国投资者提供了充分的保护，以促进马来西亚国内电子技术的快速发展。

第三节　外商投资准入制度

一、外商投资准入制度概述

东道国通过立法规定外资市场准入制度，并据其筛选符合条件的外国资本进入本国市场是国际社会的通行做法。所不同的是：有的国家不严格区分内资和外资，规定适用于所有资本的统一市场准入制度；有的国家则在区分内资和外资的基础上，规定内外有别的差异性资本市场准入制度。有的国家在市场准入环节规定了很多限制条件并采取严格的审批制度；有的国家则限制较少，采取较为宽松的市场准入制度。由于资本本身的盲目性、趋利性以及无序性等缺陷，以及东道国基于国家经济安全、国民利益保障等实际因素的考虑，在国际社会，无论是发达国家还是发展中国家，并不存在完全开放的国际投资市场，几乎所有的国家都会在市场准入环节设置一定的外资准入条件。在国际投资实践中，对于外商市场准入制度的关注主要集中于东道国通过不同形式所设置的种种限制。关于此种限制的合法性问题则是国际社会讨论的核心内容之一。相比国内投资者设立企业所具备的条件而言，东道国对外商进入其国内市场在准入方面规定了更多和更高的条件，往往对外资进入东道国采取的商业组织形式和经营业务范围加以不同程度的限制。此种限制提高了外资进入东道国市场的门槛，影响了外资进入东道国市场的数量和规模。

对外资实施管辖权则是东道国经济主权的一项基本内容。外商投资准入制度则是东道国外资管辖权的核心内容之一。通常，各国法律都会根据本国的利益和实际情况作出关于外商投资的规定，即明确宣布列为鼓励、允许、限制、禁止的领域和项目。以传统产业为例，如马来西亚限制外资经营本国人寿传统业务，并对人寿业务实施特殊的监管，其原因在于人寿业务体现了更强的社会性和公共性。由于人寿传统业务经营是否稳健，不仅关系到投资者的利益，更会影响到广大社会成员的生活福利、养老保障等足以影响社会稳定和安全的国计民生问题，因此种原因而设的限制已得到国际社会的普遍认可。东道国关于外商投资市场准入制度是一个不断调整和变化的过程：东道国在某一个时期，对某些领域和项目加以控制；而到了另一个时期，又逐步发生松动。东道国为了保障本国特定业务经营的稳健性，为了维护本国消费者和经营者合法权益，有理由对外资规定严于、高于内资的准入条件，并依据本国国内产业发展层次和水平，逐步开放外资进入的区域和扩大外资经营的特定行业业务范围。如果外国投资者以分支机构的形式进入东道国产业市场，其资信和总资产必须满足特定要求，东道国这样规定的目的在于提升外国分支机构的经营能力，保证分支机构的偿债能力，因为这种在东道国设立的外国企业分支机构不具有独立的法律人格，它仍是外国企业机构的一个组成部分，其资产大小、经营策略、偿债能力高低等更易受到外国企业机构的影响和支配。如果东道国假借保障市场正常运营和维护投保人利益为名，从而对外资申请人在市场准入环节上设置障碍，限制外资进入本国市场的数量和规模，从法律制度上保证本国企业的既得利益。这种性质的限制是被国际社会所禁止和反对的，因为此种限制人为地破坏了市场经济赖以存在的基础——公平竞争。对于此种情况，国际社会往往通过签订双边协议或多边条约等方式来约束东道国对外资的过多限制，从而促进国际资本的自由配置和流动。实践中投资者或投资者母国可根据东道国在有关国际条约中所承担的义务加以分析和判断。如果，此种针对外资申请人的限制缺乏国际法依据或者违反其在国际条约中所承担的义务，投资者或投资者母国可认定此种限制属于非法，从而可通过东道国司法程序、双方协商、仲裁等方式加以消除或解决。

二、马来西亚外资准入领域

（一）马来西亚工业领域的对外开放

马来西亚自1957年获得独立以来，采取多种经济政策和法律制度促进其国内工业的快速发展。马来西亚工业领域的对外开放往往和马来西亚不同时期所采取的法律制度和经济政策紧密相关。马来西亚独立后的第2年颁布了《马来西亚新兴工业条例》。这是马来西亚摆脱英国殖民统治、取得国家独立后制定的首部规范马来西亚内外资投资活动的专门法律制度。该法的颁布和实施为马来西亚建立国内工业体系、改变国家经济结构和促进国家经济健康发展奠定了法律基础。1958年新兴工业条例重点界定了新兴工业认定及范围、新兴工业企业证书管理制度以及新兴工业企业应享受的所得税优惠制度。在保护投资者利益方面，新兴工业法规定限制对私人企业的国有化，允许私人资本自由流通，不限制利润的汇出。马来西亚独立初期，在工业领域对外开放的基本方针是尽快建立马来西亚国内进口替代产品工业体系，从而减少马来西亚国内市场对外国产品的依赖。经过几年的发展，马来西亚国内工业发展虽然取得一定成绩，但并未完全达到政府最初的预期。

为了有效解决初期阶段暴露出来的问题，马来西亚政府采取了一系列新的经济政策，以吸引大量的外资进入马来西亚。这些经济政策包括：1966年后开始实施的马来西亚五年计划（该计划至今已实施至第11个）和1970年实施的马来西亚第一个远景计划纲要（又称新经济政策）。在法律制度方面，马来西亚政府于1968年和1975年分别制定和颁布了《投资鼓励法》和《工业协调法》。从1968年到1986年期间，马来西亚政府在工业领域采取了以出口为导向的外资开放政策。对外资开放工业领域从独立后的食品、家具、橡胶制品、服装印刷等领域扩展到包括录像机、彩电、电子计算机、钢铁制品等现代工业领域。由于马来西亚国内长期面临种族经济不平衡问题，为了有效缓解这一问题，马来西亚政府通过制定经济政策和颁布《工业协调法》来限制马来西亚非土著居民在投资企业中的持股比例，通过行政手段提高马来人在企业中的资本占有率，并限制外国资本不能超过30%。

将近20年新经济政策的实施，在促进马来西亚工业发展的同时，带来很多问题：种族经济平衡政策限制了非马来人的投资积极性，限制了外资在马来西亚国内的发展，甚至导致大量国内资本外流；国家投资国有企业形成部分行业垄断，阻碍了市场的公平竞争。

马来西亚政府很快意识到问题的严重性，并着手采取新的经济政策和颁布新的投资法律以解决上述问题。1986年10月，马来西亚政府制定并颁布了《投资促进法》。该法更为全面地规定了多项外资优惠制度。经济政策方面，马来西亚于1990年开始实施第2个远景计划纲要和马来西亚第6个经济发展计划等一系列经济政策。此后的10年中，马来西亚在工业领域采取的主要外商投资政策有：一是鼓励外资从劳动密集型产业向技术密集型产业转变，尤其是向电子工业、航空工业、环保设备工业的领域投资；二是逐步淡化马来人在投资项目中占股比例，通过建立投资园区、贸易自由区等方式吸引外资；三是升级产业结构，放松政府对某些领域的管制。在外资准入申请环节方面，采取多种形式减少申请环节，提高申请效率。其中较为典型的做法是马来西亚在工业发展局（今改为投资发展局）内设立投资中心，并于1988年10月1日起，由该投资中心全面负责马来西亚联邦层次的所有外资申请，从而减少申请环节。

2001年，马来西亚制订第3个远景计划纲要。进一步放宽对外资的限制，增加外资进入的领域，放宽外商投资企业的股东构成限制。2001年至2015年期间，马来西亚政府多次在小范围内调整外资在工业领域内的投资制度。如从2003年6月开始，除纸类包装、塑料包装、塑料射出模具组件、金属冲压与金属铸造、电线、印刷以及钢铁片剪切等7个行业外，马来西亚取消外商在制造业领域内的持股限制，外商投资者投资新项目可以持有100%的股权。2009年，马来西亚废除了外商投资委员会制定和实施的外商投资指引规则，规定有关马来西亚地方公司的股份交易、兼并和收购业务不再需要外商投资委员会的审批。

（二）马来西亚服务领域的对外开放

在新经济模式框架下，马来西亚以创新机制、高附加值资源发展为基础，促进马来西亚从中等收入国家向高收入国家迈进。经过多年的发展，马来西亚的教育培训、生态旅游、养生旅游、绿色技术、金融服务、创新服务等服务业得到了快速发展。发达国家服务业发展经验告诉我们，一个国家成熟经济离不开服务业的健康发展。马来西亚在迈向发达国家的过程中，应当更加重视和提升服务业的发展。根据马来西亚第10个五年发展计划（2011年至2015年）的规划，服务业5年的年增长率应达到7.2%，到该计划的末期时，服务业对国家GDP的贡献率应达到61%。为实现这一目标，马来西亚在服务领域将会需要总额约446亿林吉特的新投资，这将进一步加大外资在马来西亚服务业的投资力度。

为了吸引更多的外资投资马来西亚服务业，2009年4月22日，马来西亚政府进一步采取宽松政策，扩大服务领域的对外开放范围和开放程度。通过吸收更多的先进技术和管理经验，促进马来西亚服务业在国际社会的整体竞争能力和水平。考虑到服务业经济发展对马来西亚国民经济的重要性，马来西亚政府决定开放27个具体服务业务，并取消这27个服务业务中对外资股权的限制，允许外资可以拥有完全股权。这些具体服务业务分别属于健康和社会服务、旅游服务、交通服务、商业服务和计算机及相关服务。

为了促进马来西亚服务贸易的发展，马来西亚政府在马来西亚投资发展局设立了国家投资促进委员会。马来西亚国家投资促进委员会中心工作是接受并推进在服务业的投资申请，但不包括金融、航空运输、公用事业、经济发展走廊、多媒体超级走廊和Bionexus地位公司和分销贸易服务。除此之外，马来西亚设有服务业发展理事会（MSDC），具体负责服务领域分支业务开放监管工作，审查服务业限制领域发展的有关制度。

2011年马来西亚进一步放宽7个服务业领域共计18个具体服务行业的对外限制，允许外资在这些行业的持股比例达到100%。这些行业主要是：

（1）电讯服务业：网络服务和网络设备供应商执照申请与电讯业服务提供商执照申请。

（2）卫生服务业：私人医院服务、医药专科服务和牙科专科服务。

（3）职业服务业：会计与税务服务、建筑业、工程服务以及法律服务和工料测量服务（Quantity surveying services）。

（4）环境服务业务：焚化服务。

（5）分销贸易服务：百货商场和专卖店服务。

（6）教育服务：高等私立大学、国际学校、技术及职业学校、特殊技术与职业教育、技能培训中心等服务。

（7）旅游服务：导游服务。

三、马来西亚外商市场准入基本要求

马来西亚对进入本国的外国投资者在投资范围、商业投资形式以及持股比例均有不同的要求。

（一）准入领域的限制

考虑到服务行业的特殊性，马来西亚在敏感服务行业的对外开放方面，仍然采取谨慎态度。除了马来西亚国内较为成熟的服务行业外，很多服务行业对外资规定了严格的限制条件。这种限制主要表现在：一是较为苛刻的审核批准程序。外资在申请进入被马来西亚列为限制的领域的服务行业时，往往会经过多个不同部门的审核。二是业务范围的限制。如在法律服务领域，马来西亚法律不允许外国律师从事有关马来西亚法律事务的服务活动，不能通过马来西亚当地律师事务所或使用其所在国律师事务所名称提供法律服务，外国律师只能通过经依法注册成立的合资律师事务所向当事人提供国际法或者其国籍国的相关法律咨询服务。三是持股比例受到限制。即是外国投资者获准可以投资马来西亚加以限制的服务行业，其持股比例也往往受到一定的限制。如在金融、保险、电信、直销及分销等服务领域，一般外资持股比例不能超过50%或30%。

（二）商业形式方面的要求

一般来说，外资进入东道国的机构形式主要有独资公司、合资公司以及外国公司分支机构等形式。对于外国投资者而言，他们将被允许以何种机构形式进入东道国市场，会影响到外资投资者在东道国的市场主体资格以及行为能力和权利能力范围；对于东道国而言，不同的准入机构形式对其本国市场的发展所带来影响的程度不一样，监管的要求和重点也有所不同。如依照马来西亚保险法的相关规定，除了再保险领域外资可以通过外资分公司的形式进入外，在其他保险业务领域外资只能采取合资公司的形式从事业务经营，同时规定，未经中央银行的规定，外资公司不得设立代表处。根据马来西亚相关法律规定，外国投资者在马来西亚从事任何性质的商业活动均须向马来西亚公司注册委员会（Company Commission of Malaysia，简称CCM）进行登记注册并设立符合法律规定的商业主体。同时，投资者要在马来西亚境内拥有依法注册的办公室，并且要在该办公室显著位置展示该商业主体的名称、号码、印章和必要文件及证书。外国投资者在马来西亚国内市场可以选用的商业主体形式主要有以下几种：

1. 合伙

马来西亚合伙分为合伙和有限责任合伙。两种合伙分别由不同的法律调整。合伙由《1961年马来西亚合伙法》调整，有限责任合伙由《2012马来西亚有限责任合伙法》调整。依照《1961年马来西亚合伙法》的相关规定，合伙的各个合伙人要对合伙对外经营期间发生的各类债务承担共同连带责任，不允许合伙人承担有限责任。和有限责任合伙不同，合伙一般不具备独立的法人资格。依照《1956年马来西亚商业注册法》的规定，成立合伙须依法向马来西亚公司委员会登记注册。

《2012年马来西亚有限责任合伙法》第6章第44条至48条专门就外商有限责任的合伙作了明确规定。根据该法第3条的规定，有限责任合伙具有独立的法人资格和行为能力，可以永久存续，有权取得、拥有、持有、经营和处置财产，有权起诉和应诉。合伙人的变化不影响有限责任合伙本身的存续、权利和责任。外资有限责任合伙非经依法注册不得从事商业经营活动。未经注册却以有限责任合伙名义从事商业经营的，若构成犯罪，应处2.5万林吉特罚金或者判处3年以下有期徒刑，或者并处2.5万林吉特罚金和3年以下有期徒刑。合伙人个人并不直接承担有限合伙对外产生的合同、侵权等责任，也不承担有限合伙其他合伙人的不当行为或过失造成的损失。

2. 外商独资公司

针对不同的投资领域，马来西亚对外国投资者规定了不同的持股要求。对外资持股比例有限制的投资行业或领域，一般不允许外商设立独资公司。在服务领域，马来西亚对外商设立独资公司有较多的限制，如前面所提到的银行、保险、电信等服务行业。在制造业领域，从2003年6月开始，除纸类包装、塑料包装、塑料射出模具组件、金属冲压与金属铸造、电线、印刷以及钢铁片剪切7个行业，马来西亚取消外商持股限制，外商投资者投资新项目可以持有100%的股权。因此，在制造业的大部分领域，马来西亚允许外商设立独资公司。外商独资公司应当按照马来西亚《2016年公司法》规定的方式、条件和程序申请、登记和注册，只有依法取得相应的经营执照之后，才能以公司名义从事商业生产和经营。

3. 合资公司

在所有的外商投资商业组织形式中，合资公司是东道国政府最受欢迎的商业组织形式。这主要是因为合资公司不仅能达到解决东道国资本不足的目的，而且能实现引进技术、学习外商先进管理经验、实现东道国本国投资者经济利益等多种目的。自1957年至1980年期间，外商多以合资公司的形式进入马来西亚国内市场。随着马来西亚对外资持股比例的逐步放开，这种情况才发生改观。外商在马来西亚设立合资公司时应注意几个问题：一是寻求合适的马来西亚投资者。因为马来西亚的种族经济平衡计划，马来西亚政府对外资吸收马来人或当地土著人参与企业设立有各种优惠或者强制性规定。二是做好包括出资协议、知识产权协议等在内的各类合资协议的签订工作，明确合资各方的权利义务，做好对中小股东的利益保护工作。三是按照马来西亚《2016年公司法》规定的方式、条件和程序申请、登记和注册，依法获得经营执照。

4. 外国公司分支机构

《2016年马来西亚公司法》第561条至579条详细规定了外国公司分支机构在马来西亚境内有关设立、注册、管理、职责等方面的内容。一个外国公司如果在马来西亚境内拥有营业地或者从事商业经营应当依照马来西亚公司法登记注册。外国公司在马来西亚申请设立分支机构，应当向马来西亚公司注册委员会提交13-A类申请表，并支付30林吉特的注册费。投资者在马来西亚境内设立外国公司分支机构时，必须要在马来西亚境内拥有依法注册的办事处或业务处，并且要在办事处或业务处显著位置展示该外国公司的名称、号码和注册地。外国公司应当对其分支机构在马来西亚境内实施的所有活动、事务、商业经营以及违法行为承担责任。外国公司分支机构必须按照规定向公司登记官提交年度公司财务报告。如果外国公司在马来西亚境内依法设立的分支机构停止相关业务时，应当在7日内向公司登记官提交报告。如果在马来西亚设有分支机构的外国公司在其原登记地、成立地正在进行清算或者被解散，应当在该清算或解散开始后1个月内向公司登记官提交报告。

（三）对外商持股比例的限制

东道国对外国投资者进行持股比例限制的原因是多方面的，如：防止外资在东道国形成行业垄断；防止外资掌控东道国经济命脉；保护东道国国内商业主体的合法权益等。马来西亚关于外商持股比例的限制制度有如下特点：一是令出多头，并无一部统一的法律加以规定。《1975年马来西亚工业协调法》整体规定了工业领域内的外商持股比例限制规则。服务领域内有关外商持股比例的限制往往体现在调整不同服务领域的法律中。如《马来西亚保险法》规定外商在保险领域的持股比例问题，《马来西亚法律职业法》规定外商在法律服务领域的持股比例问题。二是内容繁杂。对于只允许以合资公司形式进入马来西亚国内市场的外商投资者而言，他们不仅要受到自身持股比例的限制，而且要将公司的其他股份按马来西亚法律规定分配于马来人或马来西亚当地其他土著人。三是易受政策影响，变化性强。马来西亚政府往往根据自己国内经济发展的需要，经常调整对外商持股比例的限制内容。目前，马来西亚政府在工业领域内尤其是在制造业领域内，对外商持股比例的限制较少，而在服务领域内，对外商持股比例的限制较多且复杂。在制造业领域，从2003年6月开始，除纸类包装、塑料包装、塑料射出模具组件、金属冲压与金属铸造、电线、印刷以及钢铁片剪切7个行业，马来西亚取消外商持股限制，外商投资者投资新项目可以持有100%的股权。2011年马来西亚进一步放宽了电讯、卫生、职业、环境、商业分销、教育和旅游7个服务业领域共计18个具体服务行业的对外限制，允许外资在这些行业的持股比例达到100%。

第三章

马来西亚外商投资企业法律制度

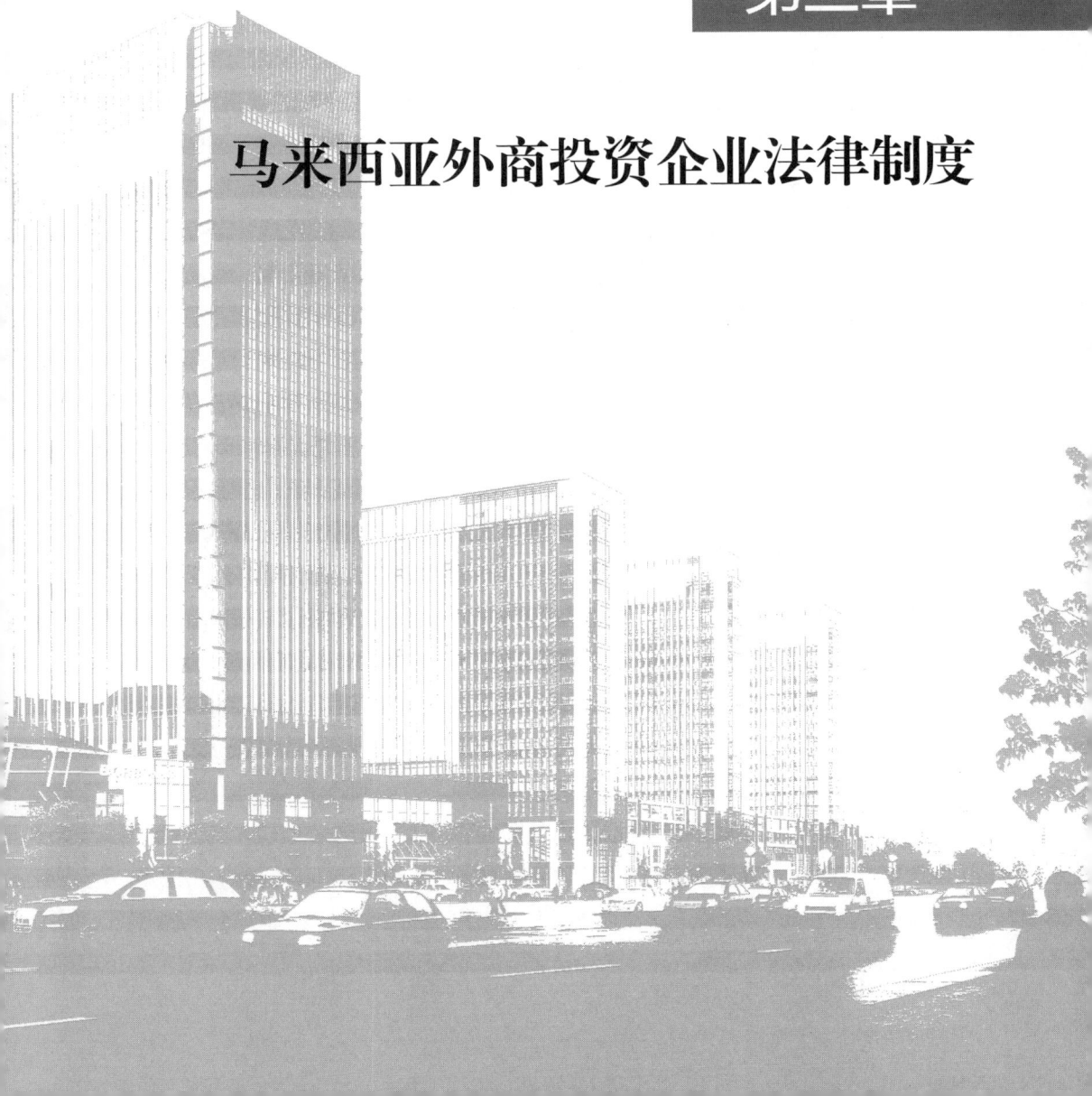

第一节　外商投资的企业形式

对于外国投资者而言，以何种具体方式进入东道国进行投资直接影响到投资的成本、效率、风险和安全等诸多问题。一般来说，外国投资者在综合考虑东道国外商投资法律制度、投资政策、投资环境、投资风险、投资者本身实际状况以及东道国和投资者母国之间签订的投资协定等因素来具体选择在东道国的投资方式。在国际投资实践中，外商在东道国采取的投资形式可以根据外商是否参与投资企业的经营权和对投资企业行使控制权分为直接投资和间接投资。

间接投资常常表现为外国投资者对东道国企业的借贷、购买东道国企业发行的债券、股票等形式。间接投资的核心特点是投资者并不直接参与到东道国企业的具体经营管理活动，也无法控制该东道国企业。外国投资者选择间接投资的直接目的是为了获取投资者所期待的利益，主要是金钱利益，并保证其投资有所回报和收益。至于投资企业如何具体经营和管理往往不必为投资者所关注。对于以借贷方式进行的外商间接投资，其收益一般是由借贷双方事先约定并可以按照一定的方法加以确定。同时为了保证投资者的投资安全，外商投资者在对外国企业进行资本借贷时，往往要求借贷企业提供不同形式的担保。因此，外国投资者以借贷方式进行的间接投资面临的投资风险较低。当然，在这种投资形式下，投资者所获得利益也是相对较低的。外商投资者通过购买东道国企业发行的债券进行投资的，其特点基本类似于上述的借贷投资。外国投资者还可以通过购买东道国上市企业发行的股票进行间接投资。相对于借贷和购买债券的间接投资形式，以购买股票的方式进行间接投资的明显特点是投资的高风险和收益的不确定。不像借贷和债券投资具有相对稳定的收益，股票投资的收益直接取决于东道国企业的经营状况。以购买东道国企业股票方式投资的，投资者可能会面临损失本金的风险，也可能会获得丰厚的利润回报。同时，股票投资往往没有相应的担保。另外，值得注意的是以购买东道国企业股票的方式进行投资有可能会变成直接投资。对于外国投资者以购买东道国企业发行的股票进行投资是构成间接投资还是直接投资，东道国往往通过其国内《公司法》、《证券法》等加以规定和区分。其中常见的一种区分方式和标准是判断投资者购买的东道国企业股份份额比例是否达到东道国法律规定的最低标准。譬如，很多国家法律规定外国投资者持有东道国企业超过5%以上比例的股份时，就认定该投资为直接投资。

直接投资则是指外国投资者直接参与东道国企业的经营和管理，甚至能够控制东道国企业的一种投资方式或形式。直接投资的核心特点是外国投资者直接参与东道国企业的经营和管理，并能够决定东道国企业的各项事务。在直接投资中，外国投资者的目的不仅是为了获得金钱利益和回报，还包括实现其他多种复杂的非金钱利益和需求。如投资者想开拓和占领东道国的市场、想了解东道国企业的管理制度、获得东道国市场经营信息等不同的利益需求和目的。基于内容的差异和篇幅的限制，本文仅讨论和分析外商在马来西亚开展和实施的直接投资。

根据马来西亚相关法律规定，外国投资者在马来西亚采用的常见直接投资形式主要包括在马来西亚境内新设不同形式的企业和并购马来西亚境内的已有企业等方式。

一、在马来西亚境内设立企业

外国投资者通过在马来西亚境内设立不同形式的企业进行投资是最典型和最主要的直接投资方式。依照马来西亚相关法律规定，外国投资者在马来西亚境内可以选择的商业组织形式主要有个人独资企业、合伙企业和公司3种形式。其中，个人独资企业最为简便。个人独资企业的出资人只有一人，出资人须有自己的资金、房产或租赁他人所有的房产。对于个人独资企业而言，出资人往往需要自己经营管理或者雇佣他人经营管理企业业务。如果出资人自己没有足够的资金，可以从他人、借贷机构借贷获得所需的资金。对于个人独资企业的出资人来说，从银行或者其他借贷机构借贷一般需要提供担保才能获得借款。因此，个人独资企业在融资方面有一定困难，并且融资的规模会受到限制。个人独资企业的出资人独立承担贷款的本金和利息偿还责任。同时，个人独资企业出资人独立承担独资企业对外经营产生的所有债务。显然，对那些规模小的贸易经营者们很适合选择个人独资企业的模式。当经营规模越来越大，需要的资金和人力越来越多时，个人独资企业无法满足这种需求。这种情况下，经营者可以考虑采取合伙企业的形式或者公司的形式。当然合伙企业和公司形式有着很大的差异性。一般来说，成立合伙企业不需要苛刻的资金条件，从出资到组织机构，合伙企业要比公司更为简单。依照《1961年马来西亚合伙法》的相关规定，合伙企业的各个合伙人要对合伙企业对外经营期间发生的各类债务承担共同连带责任，不允许合伙人承担有限责任。为了进一步促进投资发展，丰富企业主体形式，马来西亚于2012

年颁布了《马来西亚有限责任合伙法》。该法规定了有限合伙企业的成立条件和要求，并明确规定了有限合伙的法人独立资格和地位，规定了有限合伙人的法律责任。为了便于外国投资者在马来西亚的投资选择，该法第6章第44条至48条专门就外国投资者在马来西亚境内设立外商有限责任合伙作了详细规定。根据该法第3条的规定，有限责任合伙具有独立的法人资格和行为能力，可以永久存续，有权取得、拥有、持有、经营和处置财产，有权起诉和应诉。外资有限责任合伙依法注册后可以从事商业经营活动。外国合伙人个人并不直接承担有限合伙对外产生的合同、侵权等责任，也不承担有限合伙其他合伙人的不当行为或过失造成的损失。

以公司的形式从事商业经营有很多优点和吸引人之处。公司最主要的优点之一便是公司的出资人仅对公司的对外债务承担有限责任。另外，公司还具有独立法人人格、独立于其出资人、融资快等优点。当然，公司形式一般需要满足较为严格和较多数量的出资，要满足更为完善的组织形式条件。因此，公司形式更适合大规模的商业经营模式。合伙企业发展到一定的程度，就会改制为公司模式，选择对合伙人更为有利的公司所具有的独立人格、有限责任的方式从事更大规模的商业经营。

依照《2016年马来西亚公司法》第10条规定，马来西亚公司形式主要有股份有限责任公司、保证有限责任公司和无限公司3种形式。股份有限责任公司是指公司股东仅以其对公司的出资额为限承担有限责任，在股东为未足额出资时，以股东认购的公司股份数额为限承担有限责任的一种公司形式。保证有限责任公司是指公司股东以其对公司的实际出资额为限对公司清算承担责任。无限公司是指公司股东承担无限责任的公司。另外，《2016年马来西亚公司法》将股份有限责任公司和无限公司根据一定的标准分为私人公司和公众公司。私人公司往往通过其公司内部规章或者公司组织大纲限制股东的股权转让，私人公司的股东人数不得超过50人，法律禁止私人公司向社会公众发行其股份或债券，禁止私人公司吸收社会定期或者活期存款。公众公司可以邀请社会公众投资，购买其发行的股票和债券。

外国投资者在马来西亚具体设立公司时可采用以下几种方式：

1. 设立外商独资公司

外国投资者不想采取合资公司形式或者在马来西亚境内找不到合适的投资者，且马来西亚允许外资拥有100%股权的行业，可以采取独资的方式设立投资企业。

2. 设立合资公司

外国投资者如果认为采取合资方式更有利，或者在依照马来西亚法律规定不允许外资拥有100%股权的行业进行投资的，可以和马来西亚当地股东共同设立合资公司。

3. 设立外国公司分支机构

外国投资者如果在马来西亚境内拟准备实施投资前在其母国已经设立有公司的，可以以该母国公司的名义在马来西亚注册相应的分支机构，如分公司、营业处等。依法注册后，可以开展商业经营活动。《2016年马来西亚公司法》第561条至579条详细规定了外国公司在马来西亚的注册、经营等内容。

二、并购马来西亚国内企业

近年来跨国并购成为外商在东道国投资的一种主要方式。并购本身是兼并（Mergers）和收购（Acquisitions）两个词的合称，一般称之"M&A"。兼并是投资者以取得东道国目标企业的所有权为目的，通过合并和吸收外国企业从而达到在东道国投资的目的。收购是投资者通过在证券市场上购买东道国目标企业的股权或资产，从而取得对目标企业的管理权或控制权。实践中并购投资分为资产并购和股权并购两种方式。资产并购是指投资者购买东道国目标企业的全部资产，实现东道国目标企业资产所有权的转移，从而达到在东道国投资的目标。资产并购的直接后果是，东道国目标企业被解散或者停业，并购人取得对该企业的控制权。股权并购是指投资者购买东道国目标企业的具有表决权的一定数量的股份，从而取得对该企业的管理权或控制权。

近年来，马来西亚逐步放宽了外资对马来西亚国内企业的并购行为，允许外资购买本地注册企业的股份或资产。马来西亚工业领域和服务业领域对外资并购的限制有所不同。如从2003年6月开始，除纸类包装、塑料包装、塑料射出模具组件、金属冲压与金属铸造、电线、印刷以及钢铁片剪切等7个行业外，马来西亚取消外商在制造业领域内的持股限制，外商投资者投资新项目可以持有100%的股权。

在服务领域马来西亚对外资的限制较多。但是最近几年马来西亚逐步加快了服务领域开放的步伐。2009年4月，马来西亚政府决定开放27个具体服务业务，并取消这27个服务业务中对外资股权的限制，允许外资可以拥有完全股权。这些具体服务业务分别属于健康和社会服务、旅游服务、交通服务、商业服务和计算机及相关服务。2011年马来西亚进一步放宽电讯、卫生、职业、环境服务、分销贸易、教育、旅游7个服务业领域共计18个具体服务行业的对外限制，允许外资在这些行业的持股比例达到100%。

2009年，马来西亚废除了外商投资委员会制定和实施的外商投资指引规则，规定有关马来西亚地方公司的股份交易、兼并和收购业务不再需要外商投资委员会的审批。外商委员会仅负责审核外国投资者从马来人及其他马来西亚土著人处并购资产价值超过2000万林吉特以上的项目。

和外资直接在马来西亚境内设立新企业相比较，并购投资具有以下优势：一是马来西亚的目标企业已在产品生产、销售、品牌创建等方面打下较好的基础，投资者并购后马上可以从事生产经营，不像新设企业需要从头开始；二是可以有效缓解新设企业在雇工、土地等方面所面临的困难；三是相对会缩短外资进入东道国的时间，从而提高外商投资效率。当然，并购投资方式也会面临马来西亚国内多重机构审查、目标企业信息失真等法律和经济方面的风险。外商投资者应在综合考虑马来西亚国内的法律制度和目标企业的实际状况基础上，决定是否进行并购和安排并购的具体计划。

第二节 公司法律制度

马来西亚公司法律制度始于《1965年公司法》（the Companies Act 1965），是在借鉴英国《1948年公司法》和澳大利亚《1961年统一公司法》的基础上制定的。由于马来西亚《1965年公司法》并不是一部囊括一切的综合性公司法典，因此，普通法和衡平法有关公司内容的基本原则仍然适用。作为英国曾经的殖民地，马来西亚公司法显然受到了英国法的极大影响，从专业术语到法律规则，都可以看到英国公司法的影子，如在公司的名称上以"Company"为主，公司对外的组织文件称之为"Memorandum"，公司内部管理文件称之为"Articles"等。另外，马来西亚还制定一些公司法实施条例，如《1966年公司条例》（the Companies Regulations 1972）和《1972公司停业清理规则》（the Companies <winding-up> Rules 1972）。除了上述系列公司立法外，有关公司业务的立法还有规制公司证券事务的一些综合性法律。如《2007年资本市场和服务法》（the Capital Markets and Services Act 2007）和《1993年证券委员会法》（the Securities Commission Act 1993）。

为了进一步适应公司法律制度的国际发展新趋势，为马来西亚各类公司提供更为宽松的经营环境，促进马来西亚国内经济的快速发展，保证马来西亚实现2020年步入发达国家行列的宏愿目标，马来西亚政府于2003年启动了审核和修订公司法项目，并在马来西亚公司法委员会成立了公司法改革委员会。在历经长达13年左右的修订工作后，马来西亚于2016年颁布了新的公司法，即《2016年马来西亚公司法》（若无特别说明，下文简称为《2016年公司法》）。该法于2017年1月31日正式生效并分阶段执行。《2016年公司法》由620条和13个附件组成。新公司法分为5编，分别为前言、公司成立与管理、公司治理、公司歇业和公司附则。

《2016年公司法》旨在为从事商业经营的投资者们创造一个更为宽松的公司经营环境，进一步简化公司设立、经营管理及退市的相关程序，从而降低公司设立和运营成本。与《1965年公司法》相比较，新的公司法在公司名称登记、公司资本制度、公司秘书管理、公司章程、公司法人治理、公司审计、公司清算以及公司重组等方面制定和吸收了新的规则。

依照《2016年公司法》的规定，发起人可以根据自己的经营需求依照一定的注册形式，共同出资、共同成立一个有限责任公司。一旦获得注册，自注册之日起，公司便取得和其出资人相独立的法人资格。同时，公司也获得承担有限责任的身份。这意味着，尽管公司要以其所有资产对外承担责任，但公司的股东仅仅承担以其对公司出资为限的有限责任，或者以其允诺但实际未缴纳的资本为限承担公司责任。下面将较为详细地介绍马来西亚公司的种类、设立条件、程序、注册等具体内容。在公司法律制度方面，除了一些针对外资设立公司的特殊要求外，马来西亚基本实行内、外统一的公司法律制度。

一、公司种类

（一）注册公司

注册公司是指依照《2016年公司法》注册成立的公司。注册公司的类型又分为股份有限责任公司、保证有限责任公司和无限公司三种类型。

股份有限责任公司是指公司股东仅以其对公司的出资额为限承担有限责任，在股东为未足额出资时，以股东认购的公司股份数额为限承担有限责任的一种公司形式。

保证有限责任公司是指公司股东以其对公司的实际出资额为限对公司清算承担责任。另外，公司法禁止保证有限责任公司采取或转化为股份资本制的公司形式。依照《2016年公司法》第45条的规定，保证有限责任公司应当以从事休闲娱乐，以促进工商业、艺术、科学、宗教、慈善、养老或者其他有益于国家或社区事业发展为其经营目标和宗旨。保证有限责任公司应当将其经营所得和盈利用于促进和实现其经营目标和宗旨，禁止其向股东分配红利。保证有限责任公司在依法获得部长特许外，不得拥有土地。

无限公司是指公司股东对公司债务承担无限责任的公司。

股份有限责任公司和无限责任公司可以采用私人公司或公众公司形式，而保证有限责任公司只能采用公众公司形式，不得采用私人公司形式。公众公司可以邀请社会公众投资，而私人公司则有一定的限制。公众公司不需要保护，而私人公司享受一定的特权。公司法第42条和43条明确规定了对私人公司的相关要求：

（1）股东人数不超过50人的股份有限责任公司可以注册为、转化为或者继续注册为私人公司；

（2）私人公司应当限制其股权转让；

（3）数个股份共同持有人算一个股东；股东不包括那些在成为公司股东

时，曾是或者现在仍是该公司或其分支机构的雇员；

（4）禁止私人公司向社会公众发行股份或公司债券；

（5）禁止私人公司吸收社会定期或者活期存款，不论是否支付利息。

私人公司之外的其他公司都属于公众公司。依照《2016年公司法》第11条规定，保证有限责任公司只能采用公众公司形式。如果一家私人公司通过修改其公司章程的方式，废除了上述各种限制，并打算停止其私人公司的身份时，应当在规定的期限内向公司注册官提交招股说明书或者有关说明。

（二）上市公司

上市公司是指依照马来西亚公司法规定可以公开发行上市证券的注册公司。除了遵守本公司法外，上市公司还应遵守包括《2007年马来西亚资本市场和服务法》在内的其他法律。

二、公司设立

（一）公司设立的基本要件

申请人不管设立何种类型的公司，都应当满足下列基本要件：

（1）有公司名称；

（2）有一个或一个以上的股东，且股东承担有限或无限责任；

（3）如果是设立股份有限责任公司，应当有一份或多份股份；

（4）有一个或一个以上的董事。

依照《2016年公司法》第13条的规定，除非依照公司法或其它法律规定以公司形式从事相关商业经营，否则20人以上的合伙或社团不得从事任何盈利性商业经营。

（二）公司设立申请

公司法禁止为实施任何非法目的而设立公司。任何人拟设立公司时，应当向公司注册官提出公司设立申请。提出的申请应当包括每个公司发起人的个人申明。个人申明的内容主要有：拟设立公司名称；拟设立公司类型（私人公司或公众公司）；拟成立公司营业性质；拟成立公司注册办公室地址；自然人股东姓名、身份、国籍和经常居住地，或法人股东名称、成立地、登记号和注册办公室地址；拟成立公司董事姓名、身份、国籍和主要居住地；若申请时拟成立公司已有秘书的，则该秘书姓名、身份、国籍和主要居住地；拟设立股份有限责任公司的，股东拟持有的股票种类和数量；拟设立保证有限责任公司的，在公司发生清算时，股东应当对公司承担的出资数量；公司注册官要求提交的其他内容。申请人在提交公司设立申请时，还应同时提交公司发起人或董事同意其作为发起人或董事以及没有不符合公司法规定的作为公司发起人或董事情形的确认书。

（三）公司注册

依法办理注册是设立和管理公司的必经程序。《2016年公司法》详细规定了公司注册的内容、基本要求、种类以及法律责任等内容。

1. 注册内容

公司注册处提供不同形式的公司注册服务和包括公司地址、公司名称索引等在内的信息查询服务。公司注册官有义务保存每个注册公司提供的全部材料和文件，如公司章程、年度统计表、费用表、董事及秘书名录、债券持有人名录、股东名录、实际持股人名录等资料。所有上述公司资料是向社会公众开放并提供付费查询的。经注册的公司章程应当含有公司注册地址等有效信息，以便于相关管理部门据此地址提供法律文件、通知以及其他人们感兴趣的公报信息。

在具体实践中，马来西亚公司注册大致分为两种不同性质的类别：一是实体公司注册。这种类别的公司注册是指那些在马来西亚开展公司实体业务，进行产品生产、经营、销售、管理或者提供各类服务等实际业务的公司注册，也就是常说的实体公司注册。进行实体公司注册必须符合马来西亚公司法等法律的要求条件。二是离岸公司注册。这种类别的公司注册不要求拟注册公司实际进行产品生产、经营、销售、管理或服务提供等具体业务，也就是常说的虚拟公司注册。在马来西亚，除了纳闽可以注册离岸公司，其他地方只允许实体公司的注册。

2. 公司注册的基本要求

申请人在马来西亚拟通过公司形式从事商业经营的，在注册公司时，应当依照《2016年公司法》规定的要求准备相应的文件，并将这些文件提交给马来西亚公司注册委员会公司注册官审核。公司注册的基本要求主要包括：

（1）公司注册办公室。任何公司在其存续期间应当在马来西亚境内拥有能够接受所有通讯和通知的注册办公室。公司注册办公室应当在其正常营业时间期间向公众开放。公司注册办公室地址发生变更时，公司应当在该地址发生变更后的14日之内通知公司注册官。依照《2016年公司法》第47条规定，下列文件应当保存在公司注册办公室：公司设立通知、公司章程（如果有）、依法颁发的证书（如果有）、所有依照公司法注册的材料、记录、账簿和文件、股东会议和决议记录、董事会会议和决议记录、全体股东或类别股份持有人的书面通讯副本、全部财务报表副本、公司法245条规定的各项会计记录、公司法357条规定的有关担保文件或证据以及公司注册官认为需要保存的其他文件资料。另外，在事先有效通知公司注册官的情形下，除了股东会、董事会会议及其决议记录外，上述文件也可以在公司注册办公室以外的其他地方保存。公司保存文件的注册办公室或其他文件保存地地址发生变更的，应当在该地址发生变更后的14日之内通知公司注册官。

上述公司文件和资料应当采取书面形式或者其他如电子形式能够便于利用和用书面形式表现的方式来制作。公司应当采取合理措施防止公司文件被篡改或者伪造。如果发现公司文件被伪造或者篡改的，公司应当立即通知公司注册官。公司注册官有权指令公司修改、纠正、变更公司文件或者采取注册官认为合适的其他补救措施。

（2）公司名称注册要求。投资者若以公司的形式从事商业经营的，应当向马来西亚公司注册委员会注册官申请公司名称注册，以便确认拟用公司名称的可用性和有效性。投资者申请注册公司名称时应当填写规定形式的表格，并交纳规定数额的公司名称注册费。公司名称可以是英文或者是马来文。根据《2016年公司法》第25条规定，公司名称中的"有限"用"Berhad"表示，其缩写形式为"BHD"或"Bhd"。有限公司后面必须加上"Berhad"或者缩写"BHD"或"Bhd"。私人有限公司的名称以"Sedirian Berhad"或者以缩写形式"Sdn. Bhd."结尾，无限责任公司的名称以"Sendirian"或者以缩写形式"Sdn."结尾。SDN是"Sendirian"的缩写形式，意思是"私人"。公众有限责任公司的名称以"Berhad"或者以缩写形式"Bhd."结尾。根据公司法的规定，不能注册为公司名称的情形主要有：一是该名称违法或不符合规定；二是该名称和已注册商事主体名称相同；三是该名称和其它已在注册官处预先保留的名称相同；四是该名称属于部长指定不能予以注册的名称类型。公司在获准注册后，如果公司需要变更已注册公司名称的，应当向注册官提出公司名称变更申请，并按规定缴纳一定的变更费用。公司新名称经注册官审核批准后，就依照公司法的规定适用公司新名称。公司名称的变更应当以公司特别决议的方式作出。公司在作出公司名称变更特别决议后的30日之内，应当通知公司注册官有关公司名称变更事项。公司名称的变更不影响公司名称变更前的对外债权、债务关系，不影响公司本身的性质和类型。若公司名称变更后的一年之内发生公司清算情形的，清算公司应当在公司清算公告中同时写明公司新旧名称。

另外，根据新公司法第29条规定，如果公司注册官有理由相信已经注册的公司名称属于不应当予以注册情形的，有权书面通知该公司在60日之内或者其认为合适的更长期限内变更该公司名称。如果该公司在通知规定的期限内没有变更公司名称的，公司注册官有权将该公司名称变更为公司的注册号码或者其他任何依公司法第25条第2款规定能反映公司名称变更所指定的类似名称。

任何违反有关公司名称变更注册规定的行为，将被处以5万林吉特以下的罚金。公司印章、商业函件、账目报告、发票和正式通知、公开出版物、商业汇票、背书文件、数据、信用证、支票等公司制作和发行的文件上面都应以罗马字母清晰注明公司名称和注册官分配的公司编号。公司名称发生变更的，变更前的名称必须在公司使用的上述各类文件中签署的现有名称下端位置签注变更前的公司原名称。另外，在公司每个办事处或业务处外部显著位置以罗马字母清晰注明公司名称。

（3）公司其他注册要求。公司法关于公司自身注册要求还包括公司股东、董事及其持股、经理、秘书以及公司债券持有人等内容。公司股东登记内容包括股东姓名、地址、身份证号和经常居住地（如果有），如果股东为法人的，登记内容为法人名称、成立地、注册号码、成立时的注册办公室和其他相关信息。股份资本制公司还应注册股东持有的股份、用于区分股份的号码或证书、股东已缴纳或同意缴纳的股份（如果有）以及给股东分配股份的时间和股份数额。另外，公司还应注册每个股东成为公司股东的时间，以及公司过去7年中股东丧失其身份的时间。股东人数超过50人的公司应当依照公司法要求制作公司股东索引名册。公司董事登记内容包括董事姓名、居住地址、文件送达地址、出生日期、商业职务和身份以及公众公司或其分支机构董事依照公司法规定应登记的其他内容。公司经理和秘书登记内容主要有经理和秘书全名、身份证明、居住地、办公地址以及其他职业（如果有）。

3. 公司设立注册

公司注册官在收到设立公司的申请材料后，依照公司法的相关规定进行审核，对于符合公司法规定条件的公司设立申请，在申请人缴纳法定注册费的情形下，对公司的设立申请资料进行注册，并分配相应的公司注册号码。公司注册官认为拟设立公司因非法目的而设立或者其设立目的将和马来西亚公共秩序、道德或安全相冲突时，应当拒绝该公司的设立。公司设立注册完成后，公司注册官应当向申请人发出公司设立注册通知。自2010年4月1日起，马来西亚公司注册委员会设立一站式公司注册服务中心。根据马来西亚公司委员会公司注册制度规定，公司成立的证书审核和发放应在一个工作日内成完成。公司注册委员会对符合条件的公司设立申请经审核后发放公司成立证书和公司代码。

公司一旦获得注册并取得公司成立证书，该公司便取得独立的法人资格，能够以公司的名义从事商业经营活动，能够起诉或应诉，能够依法拥有土地。公司依法获得注册后，可以根据注册证书和公司其他相关文件到马来西亚当地银行申请开立公司开展商业经营和日常管理业务所需的各种银行账户和账号。公司和个人独资企业、一般合伙的最大区别在于，自获得成立证书之日起公司就具有独立的法律人格，具有独立于其股东的法律地位。公司和公司股东应当承担各自的责任。公司独立的法律人格犹如一层"面纱"将公司和公司的股东相互分离。一般情况下，法律仅止于"面纱"前面的公司，不可及于"面纱"之后的股东，即法律不能让公司股东承担应由公司独立承担的责任。但是，公司的这种法律人格独立和责任并不是绝对的，如果公司股东为逃避责任以欺诈手段设立公司、或者操纵公司使得公司丧失了其独立性时，公司和公司股东之间的这层"面纱"将被揭开，公司股东将对其控制的公司所产生的债务承担连带责任。依法成立的公司具有诉讼法律主体资格，以自己独立的名义起诉、应诉并承担相应的诉讼法律责任。公司同时具有自己独立于其成员的公司财产。不像自然人会死亡，公司具有永久存续的地位和资格，除非该公司依法被除名。

4. 公司形式变更注册

公司获得注册成立后，可以根据公司的经营需求依法变更公司形式。公司形式变更需要向公司注册官完成变更注册。公司形式的变更应当符合拟申请变更的公司成立条件。根据《2016年公司法》第40条和41条的规定，无限公司可以申请变更为有限责任公司，私人公司可以申请变更为公众公司，公众公司也可以申请变更为私人公司。

无限责任公司变更为有限责任公司时，公司首先通过特别决议决定将其变更为有限责任公司，并将变更公司的通知和变更公司名称的文件提交于公司注册官以便审核和注册。注册官在收到公司变更通知后，应当在原公司注册处背书或者修改其相关内容以便对公司变更作相应记录，并根据公司变更的具体情形向该公司发出公司变更通知，取消先前的公司注册通知或公司设立证书。公司变更自注册官向公司发出公司变更通知时生效。如果公司已制定章程，应当对章程内容依照公司决议作出相应修改。私人公司变更为公众公司和公众公司变更为私人公司，除了在变更条件上和无限公司变更为有限公司有所不同，在申请变更程序和变更法律效果方面基本一样。

股份资本制的公众公司可以通过公司特别决议变更为私人公司。变更公司的特别决议通过后，公司应当向注册官提交有关公司变更的通知和详细陈述公司名称变更内容的材料。

私人公司变更为公众公司的，应当向注册官提交有关公司变更通知、公司名称变更的详细陈述、招股说明书以及根据公司法第190条第二款b项规定的各项法定申明书。

公司形式变更不影响公司的身份、权利和义务，不影响公司在变更之前依法产生的诉讼地位和享受的诉讼权利，变更前发生且变更时尚未了结的各类诉讼仍然对变更后的公司有效。

（四）公司章程

1. 概述

公司章程是规范公司活动和行为的根本性文件。考虑到公司章程在公司设立、存续和解散中所起的重要作用，英国公司法将其称之为宪章（constitution）。马来西亚《1965年公司法》在公司章程的名称和内容上沿用了英国公司法关于公司章程的作法，将公司章程分为两份文件，分别是公司章程大纲（memorandum of association）和公司章程细则（articles of association）。公司章程大纲和公司章程细则是两个不同性质的影响公司注册成立的根本性文件。一般来说，公司章程大纲是规范公司外部法律关系的核心文件，内容较为简单，且需要在公司注册机关注册，而公司章程细则是调整和规范公司内部法律关系的核心文件，内容详细复杂，一般只约束公司本身。二者在公司的经营和管理过程中扮演着不同的功能和角色。根据马来西亚《1965年公司法》第十四条和十六条的规定，成立公司必须提交公司章程大纲，但并不要求所有的公司在成立时必须提交公司章程细则。根据马来西亚《1965年公司法》第二十九条的规定，成立股份有限责任公司时，由申请人自行选择是否提交公司章程细则。如果申请公司成立时没有提交公司章程细则的，该公司应当采用本公司法附件四A表所规定的标准格式公司章程细则条款。如果在申请公司成立时提交公司章程细则的，马来西亚《1965年公司法》附件四A表所规定的标准格式公司章程细则条款内容仍然可适用于该提交的公司章程细则未排除或者未修改的条款内容。

为了进一步放宽对公司的管制，马来西亚《2016年公司法》对《1965年公司法》有关公司章程的规定进行了修改：一是在名称使用方面，用公司章程（constitution of a company）统一替代原来公司法中使用的公司章程大纲（memorandum of association）和公司章程细则（articles of association）；二是废除了旧公司法中关于公司（不包括保证有限责任公司）设立时应当提交和注册公司章程的要求，新修改的公司法不再要求非保证责任公司制定公司章程。

2. 公司章程的制定

依照《2016年公司法》第31条的规定，除了保证有限责任公司必须制定公司章程外，其他类型的公司可以选择制定公司章程，公司法对其不做强制性要求。在公司制定公司章程的情形下，公司、公司股东和董事应当享受公司法所规定的各项权力、义务和责任。禁止公司在公司法允许的范围之外限制公司、公司股东和董事的法定权力、义务和责任。在公司没有制定公司章程的情形下，公司、公司股东和董事依然享受公司法所规定的各项权力、义务和责任。因此，公司章程的制定与否，并不影响公司、公司股东和董事的法定权力、义务和责任。公司制定章程应当以公司特别决议的方式作出。公司章程中违反公司法规定的内容或者与公司法规定不一致的内容无效。在公司章程制定之日起30日之内，公司应当向公司注册官提交公司章程。公司依照先前相关成文法规定注册或者修改的公司章程大纲和公司章程细则仍然有效。

3. 公司章程内容

《2016年公司法》第35条和38条分别对非保证有限责任公司和保证有限责任公司的章程内容作了详细规定。非保证有限责任公司的章程可以规定下列内容：一是公司宗旨或目的；二是意预限制的公司能力、权利、权力或特权；三是公司法规定的公司章程应当包括的事项；四是公司希望章程规范的其他事项。另外，在公司章程明确规定公司宗旨的情形下，公司应当在宗旨范围内从事经营行为或活动，除非公司章程有其他规定，否则公司有完全能力实现其章程规定的宗旨。

保证有限责任公司应当依法制定章程，且章程应当由公司发起人签名。保证有限责任公司成立时，应当向公司注册官提交公司章程。保证有限责任公司章程应当包括下列内容：一是表明公司是保证有限责任公司；二是公司宗旨或目的；三是公司能力、权利、权力和特权；四是公司发起人数量；五是公司法规定的公司章程应当包括的事项；六是公司希望章程规范的其他事项。另外，保证有限责任公司章程所做的下列规定无效：一是任何将公司保证金划分为股份或股利以形成股份资本的规定；二是赋予任何人有权参与公司利益分配的规定。

4. 公司章程效力

公司章程自制定采纳之日起，对公司本身及公司股东产生法律效力。在非保证有限责任公司的情形下，股东根据公司章程规定应当向公司支付的所有出资是股东对公司的应付债务。

5. 公司章程修改

除非章程自身规定不得进行修改，否则公司可以通过特别决议的方式修改公司章程。公司章程的修改自章程修改特别决议通过之日起或者该特别决议规定之日起，对公司和其股东产生约束力。另外，公司应当向公司注册官通知章程修改事项，并在章程修改特别决议通过之日起30日内，向公司注册官提交修改后的公司章程副本。

如果根据公司法或公司章程规定的程序修改章程不可行的情形下，法院可以依照公司股东或董事的申请，指令公司依照其认为合适的条件修改公司章程。此种情形下，公司在法院发出指令之日起30日之内，应当向注册官提交修改后的公司章程和法院指令副本。

三、公司经营能力

作为法律拟制的主体，公司有不同的种类，根据法律规定，公司只能在其公司章程所确定的经营范围内从事活动。每个公司在申请注册时，都必须在其公司章程中写明其经营范围和经营内容。如果公司超出其经营范围从事商业活动，其行为将超出了公司的行为能力范围，便构成公司的越权经营。根据普通法的规定，公司超越其权限和第三人之间实施的交易是无效的，不具有法律上的强制性。因此，实践中往往通过精心设计公司经营范围条款以便赋予公司更广的行为能力。尽管有这样的限制，公司仍然可以从事与其经营事项有关的关联事务。但是，对于第三人来说，要了解公司所能从事的关联事务是很困难的。在实践中公司的越权无效原则将是第三人在与公司进行商业交易时所面临的一道难题。因为，按照公司法的规定，所有公司应当在其公司章程中写明其经营能力和范围，并且公司的章程是向社会公众开放和提供查阅的。也就是说，对于任何一个第三人而言，无论其是否看过或是否看懂与其进行交易或者拟交易的公司经营范围条款，在法律上都被认为该第三人是了解的或者应当了解该公司的经营范围或能力的。

马来西亚《1965年公司法》第二十条第一款就公司的逾越权能经营问题做了明确规定：公司实施的行为或其声称的行为包括公司签订的合同、公司声称由其明示或默示授权的代理人或其管理人员实施的公司行为，以及对公司或者由公司转让的动产或不动产应当是有效的，除非有事实证明该公司没有从事上述行为或财产转让的资格和能力。公司实施的行为或者财产转让是否越权，应当根据公司法所规定的三种不同情形加以具体判断。一是由公司任何股东通过诉讼程序主张公司行为越权。在公司发行以公司全部或任意财产提供浮动担保债券的情形下，由该类公司债券持有人或者其受托人通过诉讼程序主张公司就浮动担保的公司全部或部分财产的转让交易行为无效。二是由公司或者公司股东通过诉讼程序主张公司现任或前任管理人员实施的公司行为无效；三是由部长要求对公司进行清算的任何请求。对于正在实施或者已实施完毕的已经进入诉讼程序的公司越权行为、财产转让行为或签订的合同，如果诉讼各方当事人恰好是上述各行为当事人的情况下，法庭在认为公平、公正的前提下可以撤销上述各行为或合同，由此而造成的当事人损失由相应责任人承担。但是，实施上述行为所应得到的期待利益损失不予赔偿。

为了有效缓解和减轻第三方在和公司进行商业交易时所面临的公司逾越经营无效的压力和困难，为公司经营创造一个更为宽松的商业环境，马来西亚《2016年公司法》完全废除了《1965年公司法》对公司经营能力的各种限制，其二十一条明确规定公司应当具有法人的全部权能，有权从事包括下列内容在内的任何商业行为或活动：一是起诉或者应诉；二是获得、拥有、占有、经营或者处置任何财产；三是从事任何交易及其相关行为或活动。

四、公司资本、股份和债券

（一）公司资本制度

公司要正常运作必须要有资本。在公司资本制度方面，马来西亚《1965年公司法》基本采用了公司授权资本制。公司拥有的资本必须在公司章程中写明公司应注册的总额以及资本划分的股份数额。公司章程所载明的股东出资额是公司可以发行的最大资本，这种资本制度叫做"授权资本"制或者"名义资本"制。根据公司"授权资本"制的要求，公司在成立之初并不需要发行全部的授权资本。公司往往根据自身的商业经营实际需求，发行一部分"授权资本"，这部分实际发行的资本叫做"发行资本"。此后，公司可以根据自身经营实际需求随时发行其余的"授权资本"。在"授权资本"制度下，尽管规定了公司发行资本上限，但是公司可以根据实际经营需求，并依照公司法的规定提高公司的授权资本数额。近年来，无面值股份制度被世界很多国家所接受或采纳。马来西亚新的《2016年公司法》在资本制度方面吸收了无面值股份制度，不再要求在设立公司时写明公司授权的股份资本总额，仅要求载明股东所持股份份额即可。无面值股份制度，有助于公司尤其是中小型公司降低公司融资成本和缩短公司融资时间。

另外，在公司资本制度方面，马来西亚新公司法还规定了公司偿债能力测试和偿债能力声明制度。该项资本制度为公司在符合偿债能力的情形下实现资本自我管理提供了极大的便利，并有效降低了公司管理成本。根据该制度的规定，公司在购回可赎回优先股、股份回购、减资以及实施资金资助前，应当依法完成公司偿债能力测试。如果公司符合下列情形之一的，则该公司符合公司法规定的偿债能力测试要求：

一是在公司购回可赎回优先股、减资以及实施资金资助的情形下，具有下列事实：

（1）交易完成后，公司不存在不能清偿公司债务的事实；

（2）如果公司打算在上述交易完成后的12个月之内进行清算的，自清算开始之日起12个月之内，公司有能力全额支付公司债务；其他情形下，自上述交易完成之日起12个月之内，公司有能力清偿任何到期债务；

（3）公司在交易之日拥有的资产超过公司负债。

二是在公司回购股份的情形下，具有下列事实：

（1）在公司作出偿债能力声明之日，公司股份回购没有造成公司资不抵债和公司资本受到侵害的结果；

（2）依照公司法第113条第5款规定，在公司作出股份回购必要性以及股份回购基于善意且为了公司利益声明后的6个月内，公司能够保持债务清偿能力。

在公司回购股份情形下，如果公司能够继续清偿到期债务，并且没有在正常经营业务之外进行实质性财产处置、调整公司债务、受外部强迫改变其经营或者发生其他类似行为的，则该公司被认为具有债务清偿能力。

公司在符合上述公司偿债能力测试要求的情况下，应当依法完成公司偿债能力声明。公司偿债能力声明应当符合以下要求：一是公司偿债能力声明由公司董事作出。具体而言，在公司减资或者购回公司可赎回优先股情形下，公司偿债能力声明由公司全体董事作出；在公司购回公司股份或者实施资金资助情形下，公司偿债能力声明由公司多数董事作出；二是公司偿债能力声明可以以公司注册官规定的方式作出；三是公司偿债能力声明应当写明声明作出的日期，以及参与声明制作的每个股东的姓名；四是公司偿债能力声明应当由参与声明制作的每个董事签名，并以公司董事通过调查公司事务而作出的宣告为支撑。公司董事为了形成对公司偿债能力声明的意见，应当调查公司的业务现状和前景，并要考虑公司的全部责任包括未定责任。公司决定购回公司股份时，董事应当作出股份回购必要性以及股份回购基于善意且为了公司利益的声明。公司董事因缺乏合理依据而作出公司偿债能力声明意见的，将会构成犯罪，并根据犯罪情节，处以5年以下监禁刑或5万林吉特以下罚金，或者并处5年以下监禁刑和5万林吉特以下罚金。

（二）公司股份基本制度

1. 公司股份

依公司法规定，公司股份是指股份公司的股份。从法律性质而言，公司股份是公司股东的个人财产，可以依法进行转让。除非以明示或暗示方式区分股份和股票，否则公司股份也包括公司股票。公司有权发行具有不同权利的股份。具体发行何种类型的股份属于公司决定的事项。在这方面公司法给予股东很宽泛的权利。股份种类不同，股东享受的权利也有所差异。股东享受的权利主要有参加会议权、会议发言权、投票权、分红权、清算后的公司剩余资产分配权和参与公司清算财产管理权等。对于股东的股份分红权，公司法规定股东可以通过公司章程或者依照股份发行的条件具体确定分配方式。

马来西亚公司法明确规定了"优先股"和"普通股"。"优先股"股东享有先于其它股份股东分红的权利。公司可以依照公司法和公司章程规定发行可赎回优先股，但是禁止公司以赎回优先股的方式减少公司股份资本。公司可以用公司可分配利润、新发行股份所得或公司资本金购回可赎回优先股，但是可赎回优先股只有在全额支付股款后才能被赎回。如果公司使用公司资本购回可赎回优先股时，公司全体董事须作出公司清偿能力声明，且要将该声明提交于公司注册官。

另外，公司使用用于分红的公司利润购回可赎回优先股时，已购回的可赎回优先股应按等额股份转入公司股本总额。在完成赎回后的14日之内，公司应当通知公司注册官有关赎回股份的详细情况。一般来说，"优先股"股东在公司举行的一般会议上并无表决权，同时不能参与超出事先规定数额范围的分红或者清算退资。不属于"优先股"的其他股份叫做"普通股"。依照《2016年公司法》第74条规定，公司发行的股份应当是无票面值的股份。公司董事通常是公司的股东，但并不要求公司董事必然为公司股东。股东对公司的出资可以以其委托的他人姓名注册持有。

《2016年公司法》在公司股份资本制度方面的最主要的改革内容之一就是取消了旧的公司法关于公司股票面值设定要求。新公司法规定公司股票无需设定面值，公司可以根据自身业务状况来确定股票价格。无面值股票往往按照其所占的公司股票总额比例来确定其实际价值和股东权利。

2. 公司招股说明书或公司债券说明书

依照《2016年公司法》规定，公司招股说明书或公司债券说明书是指公司为了募集资金，向社会公众提供的希望公众购买或交易其发行的股份或债券的说明书、通知、公告、广告或邀请。公司招股说明书或公司债券说明书应当符合公司法的相关规定，且需要事先完成在公司注册官处的注册登记。公司在募集股份或债券时应注意：一是申请人应获得公司注册官的书面授权；二是申请人应当连同事先经注册的公司招股说明书或债券说明书一起向社会公众发行、流通或分发公司股份或公司债券申请表。如果公司符合下列条件之一的，则不受上述规定的限制：一是该公司股份或公司债券申请表不是面向社会公众发行、流通或分发的。二是根据其他法律制度所做的并购要约，发行、流通或分发的公司股份或公司债券申请表。三是根据已获注册官批准生效的公司计划，由公司员工或其关联公司购买公司股份而发行、流通或分发的公司股份申请表。

如果招股说明书或公司债券说明书中含有专家意见，或者是在该专家意见基础上作出的，在发行招股说明书或债券说明书之前，应当取得该专家的书面同意书，且该专家在招股说明书或债券说明书发行日之前未撤回其所作书面同意书；如果招股说明书或债券说明书本身含有专家意见内容的，应取得该专家未撤回将其声明载于招股说明书或债券说明书中所作的同意。

3. 公司配股

公司可以依法向公司股东配股。公司董事在获得公司决议批准后，才能进行配股。但是，如果公司配股是按照公司股东持股比例，通过向股东发出配股要约或者基于公司分红等方式配股时，无需获得公司决议批准。公司在配股完毕后14日之内应当向注册官提交配股文件。配股文件应当载明：股份数量；已支付或应当且能支付的每一配股数额；如果公司资本划分为不同种类股份的，应载明每一配股的种类；配股领收人的姓名、地址以及对其所配股份的数量和类型。公司配股可以现金支付也可以非现金支付。如果公司配股是以非现金方式支付且依据书面合同完成，则该配股公司还应将该合同或经认证的该合同副本提交于公司注册官。对于依照其他形式实施的非现金支付方式配股，公司应当向公司注册官提交含有详细配股信息的报告。

4. 股款交付

除非公司章程另有规定，公司可以具体规定公司股东缴纳其所认购股份股款的数量和次数。公司可以接受公司股东就尚未催缴的股份股款的全部或部分支付。如果公司每股实际支付的股款数额不同时，股份红利的分配应当按照每股实际支付的数额比例派发。公司董事在其认为合适的情况下，可以接受股东自愿提前交付的全部或者部分尚未催缴的未付股款。

5. 公司股份资本变更

除非公司章程另有规定，公司可以通过公司特别决议变更公司股份资本。公司变更资本的主要方式有：

（1）整合和划分公司全部或部分股本以及已付股本和全部股本之间的比例；没有全部支付股款的股份，在变更后其未支付股款部分应当保持不变；

（2）将公司全部或部分已付股款股份转化为股票，或者将此类股票再次转化为已付股款股份；

（3）再次划分全部或部分公司股份以及已支付股款股份和全部股份之间的比例；没有全部支付股款的再分股份，在变更后其未支付股款部分应当保持不变；

公司变更其股本的，应当在股本变更之日起14日之内，按照公司注册官规定的方式和形式通知公司注册官有关股本变更事项。

（三）公司债券基本制度

1. 公司债券

除了发行公司股份外，公司还可以通过向社会公众依法发行公司债券来筹集公司资本。这种通过向社会公众借贷而募集的资本通常叫做"借贷资本"。由公司依法制作用以证明这种"借贷资本"的相关凭证就叫做"公司债券"。"公司债券"几乎具备借贷的所有的特征：借贷本金总额、应当支付的利息、还款的期限、条件和方式等内容。公司债券的持有人是公司的债权人，债权人有权要求公司按照公司债券载明的条件履行相应的法律义务。

2. 公司债券说明书

公司向社会公众发行债券之前，应当依法向公司注册官履行债券说明书注册义务。公司债券的发行、流通和转让必须要有公司债券说明书。对于公司已经接受的10人以上借款的情况，如果公司现在或将来不用承担还款责任的，或者公司所接受的任何借款由政府提供全额担保的，公司不用发行债券说明书。有关公司债券说明书的内容请参见前文（二）公司股份基本制度关于"公司招股说明书或公司债券说明书"部分。

3. 可赎回公司债券的再发行

除非公司章程、签订的合同或者通过的决议有相关规定，否则公司有权再次发行已赎回债券。此种情形下，公司可以再次发行和上次相同的债券，也可以发行新债券以替代可赎回债券。公司再发行的可赎回债券的持有人享受和未曾被赎回债券持有人同样的优先权。

4. 任命公司债券持有人的受托人

公司在发行公司债券时，应当依法确定和任命债券持有人的受托人。同时，债券发行公司应当在发行的公司债券或债券信托契据上载明有关为债券持有人任命债券受托人的内容和条款。公司在发行债券之前必须依法确定和任命债券持有人的受托公司，并取得该受托公司的同意。未经法院同意，以下公司不得任命为债券持有人的受托公司：一是该公司是发行债券公司的股东；二是该公司对发行债券公司享有金钱债权；三是该公司为拟发行债券提供担保；四是公司本身是借贷公司；五是属于《公司法》第7条规定情形的公司。

五、公司股东

股东是公司赖以存在的基础。《公司法》一般会规定股东资格、股东权利、义务和职责等基本问题。根据《2016年公司法》第2条有关股东的解释，在股份有限责任公司的情形下，股东是指持有公司一份或多份股份且其姓名被注册于股东名册的人；在保证有限责任公司的情形下，股东是指其姓名被注册于股东名册的人。显然，依照上述规定，判断公司股东资格的主要外在形式是股东的姓名或者名称是否注册于股东名册。依照公司注册要求，公司在成立、股份转让、股份继承等情形下，都要完成相关的股东注册工作。股东身份除了通过成立公司以及购买公众公司发行的股票获得外，还可以通过股份转让、股份继承等方式获得。股东可以是自然人，也可以是法人。对于自然人成为股东时的民事行为能力要求，《2016年公司法》并没有做出规定和要求。一般理论认为，公司发起人应当具有完全民事行为能力。而对于非发起人之外的其他股东则没有民事行为能力方面的要求。

公司股东依法享受股东权利并承担相应义务和责任。根据《公司法》和公司章程规定，股东享受的权利主要有参加会议权、会议发言权、投票权、分红权、清算后的公司剩余资产分配权和参与公司清算财产管理权等内容。股份有限责任公司的股东仅对其所持有的未支付的股份数额为限承担责任；保证有限责任公司的股东仅在公司清算时，以其对公司承担的出资数额为限承担责任。另外，公司股东承担公司法和公司宪章明文规定的其他责任。

六、公司股东会议制度

公司股东会议是公司股东决定和商议公司事务和重大事项的重要机构和部门，也是公司股东行使自己权利的主要渠道和方式。有关公司管理和经营方面的重大决策主要通过公司股东会议来作出。《2016年公司法》就公司股东会议的种类、组成、召开、表决事项、表决程序、法律效果等内容作了详细规定。

（一）公司股东会议

1. 公司股东会议的一般规定

《2016年公司法》就公司的会议制度作了较大的改动，不再规定公司成立之初召开的股东"法定会议"（Statutory Meeting）。另外，公司股东会议名称也发生了一些细微的变化，《2016年公司法》正式条文中除了保留了"公司年会"（Annual General Meeting）名称外，统一用"股东会议"（Meetings of Members）名称代替了"临时会议"（Extraordinary General Meeting）名称。但是，"临时会议"（Extraordinary General Meeting）的名称又出现在《2016年公司法》示范公司章程内容中。由此看来，尽管《2016年公司法》正式条文中没有直接使用"临时会议"（Extraordinary General Meeting）名称，但实际上仍然沿用了股东会议的传统制度，即就是将股东会议分为"公司年会"和"临时会议"。《2016年公司法》除了公司年会的条款仅适用于公众公司外，其他有关公司股东会议的规定，皆适用于任何类型的公司。下文将单独介绍公司年会，此处仅介绍公司股东会议的一般规定。

公司召开股东会议的主要目的是商议并表决通过由《公司法》或公司章程规定的需要通过会议方式表决的公司决议或者其他公司重要业务。为了提高公司决策和管理效率，《2016年公司法》大力推行公司书面决议方式。尤其是专门针对私人公司做了详尽的书面决议规定。相对于会议决议方式，书面决议具有成本低、形式灵活、容易实施以及时效性强等优点。但是，书面决议也具有股东间缺乏沟通以及容易侵犯小股东利益等方面的缺陷。考虑到私人公司比公众公司具有更强的人合性特点，以及私人公司具有使得股东之间的沟通更为容易和充分的封闭性特点，所以，相对于公众公司，私人公司更适合使用书面决议方式。使用书面决议方式可以有效降低私人公司的管理成本，提高决策效率。《2016年公司法》规定，私人公司的股东决议或类别股东决议应当采取书面决议方式或者股东会议决议方式。但是，公众公司的股东决议或类别股东决议只能采取股东会议决议方式。

公司股东会议可以由公司董事会或者符合条件的公司股东召集。依照《2016年公司法》第310条规定，持有公司已发行股本不少于10%或依照公司章程规定的更低比例份额的股东可以直接召集股东会议；在非股本公司情形下，占股东人数至少5%的股东可以召集股东会议。除了上述符合条件的股东直接召集股东会议外，《2016年公司法》还规定了公司股东请求公司董事召集会议的权力。申请之日持有不低于公司已付资本（不包括任何已付回收库存股份）十分之一且具有公司会议投票权的股东，或代表非股本公司不低于全部股东投票权十分之一且具有公司会议投票权的股东，有权提请公司董事召开公司股东会议。另外，对于私人公司而言，如果依照上述规定召开的上次股东会议已超过12个月，则代表公司已付股款至少5%且具有表决权的股东，在申请股东拟提出的决议不构成对他人诽谤或者无根据或无意义的情形下，可以请求举行股东会议。公司股东提请董事召开股东会议时，请求书应当采取纸质形式或者电子形式。请求书应当写明股东会议拟商议的业务性质，并应当由提出请求的股东签名。股东在提交股东会议召开请求书的同时，可以附随有关拟在股东会议商议和表决的决议文本。对于股东提出的决议，可以以恰当的方式提交至股东会议进行商议和表决。但是股东提出的决议符合下列情形之一的，不得提交至股东会议：一是如果该决议通过后，因不符合法律或公司章程规定而将无效；二是该决议构成对他人的诋毁；三是该决议无正当依据或者构成滥用；四是如果该决议通过后，将不能使公司利益最大化。

公司董事在收到符合条件股东召开公司会议的提议后，应当尽快召集公司会议。不管怎样，公司董事应当在收到上述提议后的14日之内召集公司会议，并且应当在召集会议的通知发出之后不超过28日之内举行会议。

如果公司董事在收到关于召开公司会议的提议后，没有按照《2016年公司法》第312条的规定召集公司股东会议的，提议人或者代表提议人全部投票权二分之一的提议人可以自行召集公司会议。但是，提议人自行召集会议不得晚于自提议提出之日起3个月。公司应当支付提议人因召开公司会议而支出的所有合理费用。如果公司董事没有履行召开公司会议义务，由此产生的相关费用应从该董事报酬或服务费中扣除。根据《2016年公司法》规定应当事先通知公司股东才能在公司会议上讨论的公司特别决议，如果没有依照《2016年公司法》第292条规定事先通知股东就在公司会议上提议讨论的，应当视为董事没有适当召集会议。

为了保证公司能够顺利召开公司股东会议，《2016年公司法》规定，如果召集股东会议的任何方式不可行，或者依照《2016年公司法》或公司章程规定的方式召集公司会议不可行时，法院有权力指令召开股东会议。此种情形下，法院可以自行决定或者依照公司董事、在公司股东会上有表决权的股东或股东个人代表的申请，以法院认为合适的方式召集、举行和召开公司股东会议。法院在发出上述指令时，可以同时做出其认为有益的辅助性指导。法院作出的辅助性指导可以包括一名公司股东或者其代理人出席会议可构成会议法定人数的内容。根据《2016年公司法》314条规定，依照法院指令，召集、举行和召开的会议应当被视作为公司目的而正当召集、举行和召开的公司股东会议。

2. 公众公司年会制度

每个公众公司每年在马来西亚召开的例会叫做"公司年度普通会议"（Annual General Meeting，简称"年会"）。新的《2016年公司法》关于举行年会的强行规定仅适用于公众公司。公众公司每年应当召开一次公司年会，会议应当在公司财务年度期满后6个月内举行，且距离上次公司年会结束的时间不得超过15个月。但是，如果公司在成立后的18月之内召开了首次公司年会，那么该公司可以在成立当年或成立后下年不必召开公司年会。公司可以向公司注册官申请延长举行公司年会的时间。如果公司注册官对公司提供的关于延长公司年会的理由感到满意，可以延长前述举行公司年会的时间，且不论延长后的时间是否跨越年度。如果不按规定履行召开公司年会，对公司和有关责任人应当处以罚金。发生此种情形的，公司任何股东可以申请法院指令召开公司年会。公司年会主要商议下列事务：

（1）已审计的财务报告、董事报告和审计报告；

（2）选举因退休而空缺的董事；

（3）任命董事，并确定董事的费用；

（4）依照《2016年公司法》或公司章程规定事先通知的任何决议或其他事务。

（二）会议通知

公司举行股东会议前，应当按照《2016年公司法》或公司章程规定，正确履行会议通知义务，确保有权参会的股东知晓会议举行的时间、会议拟商议或表决的内容、会议参加的方式等内容，从而确保股东正确有效地行使自己的权利，以维护公司和股东自身的合法权益。

1. 股东会议时间通知

公众公司召开非特别决议股东年会，会议通知应当在会议召集21日前或者依照公司章程规定的更早时间前发出。公众公司在取得有权出席会议且有表决权的全体股东的同意后，可以缩短上述年会通知时间。公众公司召开年会之外的非特别决议股东会以及私人公司召开非特别决议股东会，会议通知应当在会议召集14日前或者依照公司章程规定的更早时间前发出。在取得有权出席股东会且有表决权的多数股东同意后，可以缩短上述有关14日前的会议通知时间。何为多数股东，《2016年公司法》第316条（4）、（5）款作了明确规定：多数股东是指合计持有有权出席会议且有表决权股份额不低于必要比例的股东，此处股份不包括公司回收库存股份；对于非股本公司，多数股东是指人数不低于有表决权全体股东必要比例的股东。此处所指的必要比例因公司种类不同而有所差异。对于私人公司而言，必要比例应当为90%，或者依照公司章程规定的更高比例，但不得高于95%；对于公众公司而言，必要比例应当为95%。另外，因任何意外过失导致没能向股东发出会议通知，或者股东没能收到会议通知的，不应使会议程序无效。

2. 会议通知的内容和方式

股东会议通知应当写明会议举行的地点、日期和时间，记载会议业务或事务的一般性质。会议通知内容还可以包括拟决议事项文本以及董事认为合适的其他内容。

会议通知应当采用书面形式，应当以纸质形式或者电子形式，或者部分纸质形式部分电子形式的方式向股东发出通知。会议通知应当送至公司每位股东、董事和审计人员。接受会议通知的股东也包括因原来有权接受会议通知的股东死亡或者破产而取得公司股份的任何人。除非公司章程另有规定，否则会议通知应当送至股东本人或者送至股东为此目的而提供给公司的相关地址。电子形式的会议通知应当传至股东为此目的而提供给公司的电子地址，或者在网站上公开的股东电子地址。另外，公司也可以按照《2016年公司法》第320条规定，通过网站发布举行股东会议的通知。公司通过网站发布的会议通知应当采取书面形式，通知内容应当包括会议地点、日期和时间。如果是公众公司，网站会议通知应当写明是否是公司年会。公司在网站所做的会议通知，应当自会议通知发布之日起持续至会议结束之日。

（三）会议程序

股东会议程序涉及到会场确定、会议法定人数、会议主席、会议表决方式的宣布、会议表决等环节和内容。依据公司章程规定，公司可以在一个或一个以上的场地举行股东会，但会议的主要场地应当位于马来西亚境内。公司应当使用任何技术或方法以使公司股东参加会议，行使会议发言权和投票权。举行股东会议应当符合法定人数。公司仅有一名股东时，该股东亲自出席会议即可符合公司会议法定人数要求。在其他情形下，两名股东或者其代理人出席会议即可符合公司会议法定人数要求。在具体计算公司会议法定人数时，每个公司或个人委托指定的一个或多个代理人仅计为一名股东。只有在公司股东会议达到法定人数情形下，才能决议公司事务。除非公司章程另有规定，否则既定股东会议在开始半小时之内，参会股东未能达到会议法定人数的，如果该股东会是因股东请求而召开的，会议应当被终止；如果该股东会是因其他事由而召开的，会议应当在延后一周后的相同时间和相同地点继续举行。另外，在后一种情形下，公司董事也可以自行决定股东会延迟举行的地点、日期和具体时间。

公司举行股东会首先要确定股东会议主席。股东会议主席由《2016年公司法》和公司章程加以规定。公司章程可以明确规定谁应当担任股东会议主席。在公司章程没有规定股东会议主席人选的情形下，若公司有董事长的，则应当由董事长担任股东会议主席并主持会议。若公司没有董事长，或者在会议召开前15分钟内，董事长没有出席会议或者不愿意担任会议主席的，则出席会议的股东应当从参会股东中选择一名股东担任会议主席。股东会议程序中的一个重要环节是要明确会议决议的表决方式。一般来说，就股东会拟表决的公司决议可以采取举手表决的方式，也可以采取投票表决的方式。两种不同表决方式，不仅会影响股东的实际投票权，而且也会影响会议的效率。举手表决方式中，股东的表决权不按股东自身所代表的股份多少来决定，而是按照股东人头来确定会议表决效果，每个参会股东都有一个同等的表决权。投票表决方式中，每个股东的实际表决权往往取决于其拥有的公司股份数额，股东拥有的股份数额不同，其享有的实际表决权也不同。因此，投票表决方式中，公司决议更易受到大股东的影响。根据《2016年公司法》第330条的规定，除非在宣布采取举手表决前或宣布采取举手表决当时，由符合法定要求的人员提出投票表决的请求，否则任何拟表决公司决议的股东会议应当采取举手表决方式。下列人员有权请求以投票方式表决：

（1）股东会会议主席；

（2）不少于3名出席会议的股东或其代理人；

（3）出席股东会议且享有不少于全体股东表决权10%的任何股东或其代理人；

（4）持有不少于公司全部已付且有表决权股份总额10%的股东。

另外，《2016年公司法》明确了相关主体依法请求投票表决的强制性规定。

（四）公司决议

1. 公司决议的一般规定

公司股东会议往往和公司股东决议紧密相关，公司召开股东会议的主要目的之一就是要对公司的相关事项进行讨论和表决。公司决议可以通过书面方式通过，也可以通过举行公司股东会方式通过。依照《2016年公司法》第290条规定，私人公司股东决议可以通过书面决议方式完成，也可以通过股东会方式完成。对于公众公司而言，不论是普通股东决议还是类别股东决议，只能通过股东会方式完成。公司股东决议分为普通决议和特别决议。对于何种公司事项通过普通决议还是特别决议方式来完成，主要依照公司章程和《2016年公司法》本身的规定来确定。凡是公司章程和《2016年公司法》没有特别规定需要采用特别决议方式来表决的事项应当以普通决议方式表决。

公司股东或者类别股东普通决议可以采取书面决议或召开股东会方式通过。在采取召开股东会方式进行表决时，由享有投票权的公司股东亲自投票，或者在允许委托投票的情形下，由股东委托其代理人投票表决。在采取书面决议方式时，由享有投票权的公司股东作出书面表决。公司以股东会方式对股东普通决议进行表决时，若采取举手方式表决的，由出席会议的股东简单多数通过即可；若采取投票方式表决的，由享有表决权的股东亲自或者委托其代理人进行投票，所持总表决权过半数股东通过即可。另外，依照公司章程规定，任何可以通过普通决议方式表决的公司事务均可通过特别决议方式表决。

考虑到公司特别决议事项的重要性，《2016年公司法》和公司章程对特别决议的实施有一些特定要求。这些要求一方面表现为程序方面的特定要求，如事先通知；另一方面表现为表决机制的严肃性。公司进行股东或者类别股东特别决议事项之前，应当就特别决议事项内容事先通知有权参加决议的所有股东，该通知时间不得少于21天。和普通决议一样，公司股东特别决议也可以采取书面决议或召开股东会方式通过。在采取召开股东会方式进行表决时，由享有投票权的公司股东亲自投票，或者在允许委托投票的情形下，委托其代理人投票表决。在采取书面决议方式时，由享有投票权的公司股东作出书面表决。公司以股东会方式对股东特别决议进行表决时，若采取举手方式表决，有出席会议的75%股东通过即可；若采取投票方式表决，由享有表决权的股东亲自或者委托其代理人进行投票，则由所持总表决权75%的股东通过即可。另外，公司股东特别决议事项应当在会议通知中明确指明，否则不得以特别决议方式通过；股东会议通知中指明是特别决议事项的，则该事项只能以特别决议方式作出。

2. 表决规则

公司股东在对公司决议事项进行表决时，除了遵循《2016年公司法》相关规定外，还应当遵循公司章程的表决规则。除非公司章程另有规定，否则公司表决遵循下列规定：其一，对于采取股本形式的公司，以书面方式进行表决的，每位股东拥有的每一股份或股票代表一个投票权；以股东会举手方式进行表决的，每一股东拥有一个投票权；以股东会投票方式进行表决的，每位股东拥有的每一股份或股票代表一个投票权。其二，对于采取非股本形式的公司，每位公司股东拥有一个投票权。其三，股东代理人表决规则。不管公司章程如何规定，在允许股东代理人表决的情形下，有表决权的股东委托其代理人应当以举手方式进行表决时，该举手表决的代理人应当是该股东的唯一代理人。如果有表决权的股东委托的代理人超过1人时，受委托的代理人只能以投票方式行使授权表决，且只有在该股东明确说明各代理人投票权比例时，该委托代理才能有效。其四，公司股份共同持有人在行使表决权时，共同持有人视为一名股东。如果股份共同持有人以相同方式表决时，则该表决视为此种方式下的表决；若股份共同持有人以不同方式表决时，则视为没有行使表决权。

七、公司董事

（一）公司董事概念

根据《2016年公司法》第196条规定，每个公司必须要有法定最低数量的董事，其中私人公司至少有1名以上董事，公众公司至少有2名以上董事。公司董事应当由年满18周岁的自然人担任。如果公司董事数量减至公司法规定的最低人数时，在没有任命新的董事之前，禁止公司董事辞职。公司最低数量的董事应在马来西亚居住且其主要居住地应当位于马来西亚境内。公司最低数量董事不包括替补董事。公司法第2条术语解释中就公司董事概念作了界定：无论其名称如何称呼，凡是履行公司董事职务的任何人都是公司董事，且包括公司多数董事依照其指示行事的人和公司替补董事。根据该定义，公司董事也包括那些尽管没有被公司全职任命但行使董事职权或发挥董事作用的任何人。因此，公司董事既包括"事实董事"又包括"影子董事"。实践中，公司首席执行官、首席财务官、首席运营官以及其他管理公司主要业务的人都属于公司董事。董事的任命应当事先取得该董事的书面同意，且被任命的董事应当作出有关本人不具有公司法有关董事任职禁止情形的声明。另外，《2016年公司法》还规定了不得担任公司董事的消极情形。如被宣告破产且尚未解除破产人身份的人员等。

公司董事会根据公司法和公司章程的规定行使公司管理权。只要公司董事会正确履行其公司管理权，他们不受股东会所做任何决议的约束。也就是说，公司股东不能通过股东会否定公司董事会因行使公司管理职权而实施的行为。公司董事会不是股东会的附属机构。根据公司法和公司章程的规定，公司董事会和股东会有各自不同的职权。公司股东会不能随意剥夺和否定公司董事会对公司的管理权。因此，公司股东只能通过修改公司章程以剥夺公司董事会相应职权的方式来否定或限制公司董事会管理权。

（二）董事职责

作为公司的代理人，公司董事的职责是由公司董事的职位所决定和影响的。就公司董事职位关系而言，公司董事和公司之间是一种信托法律关系。受托人是得到他人的授权或者信任，并依法专门为保护他人利益行事的人。公司董事行使的管理权来自于委托人的授权。因此，公司董事的这种职位关系就是一种受托人和受益人关系。公司经营和业务应当受董事会的管理，除非公司法或公司宪章另有限制，否则公司董事会拥有管理、指示和监督公司经营和业务的全部权力。

《2016年公司法》第213条规定了公司董事职责基本要求：公司董事应当在其任职期间，依照公司法规定，为了公司正当目的，善意且为公司利益最大化而行使自己的职权；每个公司董事应当以其职位所应具有的知识、技能和经验，或者以董事实际具有的更丰富的知识、技能和经验，谨慎、熟练和勤勉地履行董事职责。同时，该条还对不依法履行职责的董事规定了较重的刑事责任。

对于公司董事是否依其职位所应具有的知识、技能和经验，或者以董事实际具有的更丰富的知识、技能和经验，谨慎、熟练和勤勉地履行董事职责，《2016年公司法》规定了经营判断规则（或者叫做商业判断规则）。依照经营判断规则，公司董事在对公司业务作出某项决定时应当符合下列要求：一是董事基于善意和正当目的作出公司某项决定；二是董事和已作出决定的公司业务无实质性个人利益；三是董事有理由相信其被告知的有关据以作出公司业务决定的信息在当时情形下是适当的；四是董事有理由相信他所作出的公司业务决定是符合公司最佳利益需求的。公司董事在管理公司业务或者就公司某项事务作出决定时，应当充分获得有关信息。考虑到董事自身知识、经验和能力的局限性，加上公司业务或事务的专业化，有时，董事仅靠自身知识、经验和能力不能有效履行职责。为此，公司法允许董事在对专家、其他董事、董事会委员会以及职业人员提供的信息和建议作出独立评估后，依靠此类信息或建议履行其职权。除此之外，公司董事的其他职责还包括：在授权他人行使其职权时，董事要对受托人行使其职权的一切行为负责；未经公司会议批准或允许不得使用公司财产、依其职权所获得任何信息或利用其公司董事职位，为自己或他人谋取利益等。公司董事应当基于诚信，履行其所承担的公司管理职能，禁止董事为了个人利益从事和公司利益相冲突的业务。公司董事应当熟悉公司所从事的业务，监督和确保公司能够正常运营。

八、公司清算

（一）公司清算的种类

公司的一个显著特征是其可以永久存续，但是"永久"并不意味着公司实际上必须要永远存在。一些"永久存续"的公司经常会发生停止经营不再存在的情况。停止经营发生后，公司将会进行清算程序。清算程序结束后，公司便会被依法注销。当一个公司被申请进入到清算程序后，将会集中清理公司的所有资产和债务，并按照公司的资产状况清偿公司对外所欠债务。公司所有债务清偿完毕之后，如果还有剩余资产的话，可以将剩余资产按照公司章程规定向公司股东进行分配。

根据《2016年公司法》第432条的规定，公司清算包括自愿清算和强制清算两种类型。自愿清算又分为公司股东自愿清算模式和公司债权人自愿清算模式。公司强制清算是依法院指令实施的公司清算模式。

1. 公司自愿清算

根据《2016年公司法》第432条的规定，公司股东实施自愿清算必须要有公司大会通过的决议。公司股东自愿清算模式只适合那些具有完全清偿能力的公司。在这种自愿清算模式下，公司清算人由公司股东通过公司大会来任命。任命后的公司清算人依照公司法规定的步骤和方法对该公司实施清算行为，并终结公司法人身份和地位。如果发生公司清偿能力不足的情况时，公司债权人通过债权人会议任命公司清算人，再由公司清算人依法实施公司清算行为，这种清算模式便是公司债权人自愿清算模式。

2. 公司强制清算

公司强制清算是由《2016年公司法》第464条第1款所规定的由一人或数人依法请求法院启动的公司清算程序。根据《2016年公司法》规定能够请求法院启动公司清算的主体主要有公司自身、公司债权人、对公司债务负有连带责任人、部长、公司清算人、符合法律规定情形的马来西亚央行、马来西亚存款保险公司以及公司注册官等。

（二）公司清算的情形和原因

导致公司清算的原因很多，其中最主要和最常见的一个原因是公司不能清偿对外所欠的到期债务。公司也可能是基于其它原因而实施清算行为。公司的股东有权决定终止公司业务，对公司实施清算。正如前文所述，法院在一定情形下，基于公平和合理原则对公司依法实施清算。

1. **公司自愿清算的情形和原因**

公司股东实施自愿清算的具体情形和原因主要有：一是公司章程规定的公司存续期限届满或出现公司章程规定的公司解散事由，并且通过公司大会决议决定实施公司自愿清算的；二是公司通过特别决议决定实施公司自愿清算的。

2. **公司强制清算的情形和原因。**

《2016年公司法》第465条第1款规定了十二种法院指令公司清算的情形和原因：

（1）公司通过特别决议案决定申请法院清算的；

（2）公司未依照《2016年公司法》第190条第3款规定提交法定申明；

（3）公司成立后一年内未开业或停止营业满一年；

（4）公司没有股东；

（5）公司不能清偿其所负债务；

（6）公司董事为谋取个人私利而非基于公司股东整体利益从事公司事务，或者以其它对公司股东不利或不公平的方式从事公司事务；

（7）公司章程规定的公司存续期限届满或出现公司章程规定的公司解散事由；

（8）法院基于公正原则认为应当进行公司清算的；

（9）公司根据《2013年马来西亚金融服务法》或《2013马来西亚伊斯兰金融服务法》取得的执照已被取消或收缴的；

（10）在马来西亚境内，公司违犯了《2013年马来西亚金融服务法》或《2013马来西亚伊斯兰金融服务法》的相关规定，在没有获得正当许可的情形下，从事相关许可业务，或者从事存款业务；

（11）公司在马来西亚境内从事非法目的的行为或者从事损害或违反社会和平、福利、安全、公共秩序、良好风俗或道德的任何行为；

（12）部长依照《2016年公司法》第590条规定作出的宣告；

对于上述《2016年公司法》第465条第1款第8项所做的"法庭基于公正原则认为应当进行公司清算的"规定，赋予了法庭极为宽泛的自由裁量权。司法实践中，法庭往往要结合具体的公司实际情形来决定公司是否进入清算程序。

（三）公司清算日期的确定

由于公司清算的类型和原因不同，因此，确定公司清算开始的日期也有所不同。公司自愿清算的开始日期分为两种情形，一是在公司自愿清算决议通过前任命一位临时清算人的情形下，依照《2016年公司法》第440条的规定，将法定声明提交于公司注册官的日期为公司自愿清算开始的日期；二是在其他情形下，公司通过自愿清算决议的日期为公司自愿清算开始的日期。强制清算的开始日期也分为两种情形，一是在向法院提交公司清算申请前，公司已通过自愿清算决议的，强制清算开始日期为公司通过该清算决议的日期，除非法院基于适当的公司欺诈或错误行为证据，确定公司实施的所有自愿清算程序是无效的；二是其他情形下，公司清算开始的日期是法院发出清算指令的日期。公司清算开始的日期在下列方面有着十分重要的意义：

（1）《2016年公司法》第442条规定，自公司开始清算起，除了因公司清算人为清算利益而要求实施的业务外，公司应当停止其经营业务；任何非经公司清算人实施或者经其批准实施的股份转让，以及任何股东身份的变更都是无效的；

（2）《2016年公司法》第451条规定，公司开始债权人自愿清算后，任何强制查封、扣押或执行公司财产的行为是无效的；未经法院许可以及依照法院要求，不得对该清算公司实施任何诉讼行为；

（3）《2016年公司法》第471条规定，当公司清算指令发出后或者临时清算人任命后，未经法院许可以及依照法院要求，不得对该公司继续或者实施任何诉讼行为；

（4）《2016年公司法》第526条规定，公司清算日期前，清算公司和其他公司之间互负债务的，应当依法抵消；

（5）《2016年公司法》第529条规定，公司清算开始的日期将会决定该日之前该清算公司所授权浮动担保的有效性。

（四）公司清算人

不论是自愿清算还是强制清算，在清算发生后公司应当及时任命公司清算人。《2016年公司法》就公司清算人的任命资格、程序、权力、责任等做了明确的规定。公司清算人的主要作用是实施清算程序到公司终结，也就是负责公司的解散。公司清算人的首要职责是清理公司所有资产，并依照法律规定和公司章程规定向公司债权人清偿债务和向公司股东分配公司剩余资产。

1. 公司清算人资格

公司清算人可以由公司股东、公司债权人任命，也可以由法院任命。《2016年公司法》第433条规定，除非获得法院同意，下列人员不得担任公司临时清算人或者清算人：

（1）未获得批准的人；

（2）对清算公司或者依照《2016年公司法》第7条规定，对与清算公司有关联关系的公司，欠债超过2.5万林吉特的人；

（3）公司管理人员；

（4）公司管理人员的合伙人、雇主或者雇员；

（5）公司管理人员雇员的合伙人或者雇员；

（6）根据任何破产法律，向债权人转让财产或者和债权人达成债务清偿协议的人；

（7）进入破产的人；

（8）因实施欺诈或欺骗行为构成犯罪被判决3个月以上监禁刑的人。

对于不同类型的公司清算，对清算人的禁止性要求也有所不同。对于公司股东自愿清算模式，上述（1）和（3）并不适用；对于公司债权人自愿清算模式，则由出席债权人会议且人数和债券价值占多数的债权人通过决议来确定上述（1）或者（3）不适用，或者（1）和（3）都不适用。另外，公司清算人的任命须获得清算人本人的书面同意。

2. 公司临时清算人的任命

公司在任命临时清算人之前，应当由公司董事作出因公司责任原因不能继续经营的法定声明，并要在法定声明作出之日起30日之内，召开公司会议和债权人会议。在将法定声明提交于公司注册官和公司财产管理人后，公司董事应当将获准的清算人任命为公司临时清算人。根据公司清算规则规定的限制和要求，在债权人清算模式中，临时清算人具有和清算人一样的作用和权力。临时清算人的任职期间可以从任命之日起延续至30日。特殊情形下，破产财产管理人可以适当延长临时清算人的任职期间，或者延长至清算人任命为止，具体情形可以以二者中发生早的为准。在临时清算人任命后的14日之内，公司应当将有关任命临时清算人的通知连同提交于公司注册官的申明副本，在马来西亚境内广泛发行的国语和英语报纸上分别予以发布。临时清算人有权依照清算法律规定获得相应报酬。

3. 公司清算人的任命

在股东清算模式下，由公司任命1名或者多名清算人，负责公司清算事务以及公司财产分配。一旦清算人任命完毕，除非通过公司会议并获得清算人同意，或者获得清算人批准，否则公司董事不得继续行使其权力。如果已任命的清算人因死亡、辞职、解聘或者其他原因导致清算人职位空缺的，清算公司可以依照和债权人达成的安排，通过股东会议填补清算人空缺。如果公司清算人认为公司不能在其发布的声明期限内清偿公司全部债务的，清算人应当召集公司债权人会议。在举行债权人会议前，清算人应当向债权人提交公司资产和债务报告，并提醒债权人可以通过债权人会议任命清算人。在随后举行的债权人会议上，债权人可以任命公司已任命的清算人或者其他人担任公司清算人。一旦上述债权人会议依法顺利举行，公司清算则由股东清算模式转入债权人清算模式。

在债权人清算模式下，公司应当通过公司会议提名公司清算人人选，债权人可以通过债权人会议提名公司清算人人选。如果公司提出的清算人人选和债权人提出的清算人人选不一致时，债权人提名的人选为公司清算人。如果债权人没有提出清算人人选时，公司提名的人选为公司清算人。另外，公司董事、股东或者债权人还可以请求法院通过指令方式直接任命公司提名的人为公司清算人。如果债权人同时提名清算人时，在提名后的7日之内，法院也可以根据公司董事、股东或者债权人的申请任命债权人提名的清算人为公司共同清算人。如果公司自愿清算时，没有任命清算人的，法院可以依申请任命一名清算人。法院也可以根据不同理由，解除已任清算人并重新任命其他人担任清算人。

4. 公司清算人职权

公司清算人职权因公司清算模式不同而有所区别。在公司自愿清算模式下，公司清算人的职权主要有：

（1）在股东自愿清算模式中，获得公司特别决议批准后，清算人可以行使法院强制清算模式下赋予清算人的所有权力；在债权人自愿清算模式中，获得法院或者公司清算监督委员会批准后，清算人可以行使法院强制清算模式下赋予清算人的所有权力；

（2）清算人可以行使公司法赋予法院强制清算模式下清算人的所有权力；

（3）清算人可以根据公司法规定，有权确定清算公司连带责任人名单，且该名单是证明其所记载人员负有连带责任的初步证据；

（4）为了使公司事务获得公司特别决议批准，或者基于清算人认为的其他适当目的，清算人可以行使法院召集、召开公司会议的权力；

（5）清算人可以清偿公司债务和调整公司连带责任人之间的权利；

（6）在任命数名清算人情形下，可以根据任命清算人时的规定决定由1名或数名清算人行使公司法规定的清算人权力；如果没有数名清算人如何行使权力规定的，则至少由2名清算人共同行使清算人权力。

在法院强制清算模式下，公司清算人的职权主要包括无需法院或者检查委员会授权即可实施的权力和需要通过法院或者检查委员授权才能实施的权力。清算人无需法院或者检查委员授权即可实施的权力主要有：

（1）清算人有权以公司名义并代表公司参与任何起诉或者被诉案件或者其他法律程序；

（2）除了催缴股款及其责任外，对于任何所欠公司不超过1万林吉特的债务，清算人有权可以和公司债务人达成妥协；

（3）清算人可以以公司行为，通过拍卖、招标或者签订私人合同的方式出卖公司动产、不动产或者其它物品，并有权将公司动产、不动产或其他物品整体转让给任何人或者公司；也可以将上述同类财物打包出卖；

（4）清算人可以以公司名义并代表公司，使用公司契据、收据和其他文件，并为此目的必要时适用公司印章；

（5）清算人可以证实就破产连带责任人或者破产债务人对清算公司所承担的未付债务，清算公司对其财产享有财产请求权或索赔权，并且有权和破产连带责任人或者破产债务人的其他债权人按比例接受清算财产分配；

（6）清算人以公司名义并代表公司制作、开立、承兑和背书任何商业汇票或本票，其效果和责任如同经营过程中公司制作、开立、承兑和背书的票据；

（7）通过公司资产作担保为公司借款；

（8）清算人可以取得任何已故连带责任人或债务人的遗产管理人证书；如果清算人以公司名义不方便从连带责任人或债务人处获得金钱或者财产偿付时，可以实施其他任何必要行为；

（9）清算人可以支付公司日常经营和管理所需要的任何费用，包括物业费、法定费用以及其他类似应支付费用；

（10）清算人可以任命代理人实施其自身无法完成的业务；

（11）清算人可以任命一名律师协助其工作；

（12）从事基于清算公司事务和分配公司财产需要的任何其他工作。

清算人需要法院或者检查委员授权才能实施的权力主要有：

（1）有利于公司清算而开展公司业务；但是，在清算指令发出之日后的180日内从事公司业务的无需获得授权；

（2）依照《公司法》第527条优先权的规定，全额支付任何类型债权人的债权；

（3）可以和公司债权人、自称为公司债权人以及对公司具有或者自称具有索赔请求权的人就公司现在或将来、确定或未定、损失已查实或需要查实或者公司可能被判处承担责任的索赔达成妥协或者安排；

（4）可以就公司和公司连带责任人、债务人或其他对公司负有责任的人之间产生的任何催缴股款及其责任、债务及其衍生责任，现在或将来、确定或未定、损失已查实或需要查实的任何索赔请求，以及关联或者影响公司财产或清算的任何问题，以双方同意接受的条件为基础达成妥协；清算人可以为解除此类债务或责任而接受任何担保，并且可以完全免除上述债务、责任或不再索赔。

（5）除了催缴股款及其责任外，对于任何所欠公司超过1万林吉特的债务，清算人有权和公司债务人达成妥协；但是，对于数额超过5万林吉特的债务，清算人还须取得额外批准。

（五）公司财产分配

公司清算人应当依照《公司法》的规定，核算公司的所有资产、确定公司的债权人并制定公司清算计划。在公司资产充足并具有偿债能力的情况下，公司所有资产应当在公司债权人和公司股东之间依照法定顺序进行分配。《2016年公司法》第452条规定了公司分配财产的基本原则，清算人应当依照法律规定，首先清偿享有优先权的公司债权，再平等清偿公司其他债权人的债权；在公司债务清偿完毕后，公司若有剩余资产的，应当按照公司章程规定，根据股东权利和利益情况，向公司股东分配剩余财产。

如果在公司清算过程中，发现清算公司资不抵债或清偿能力不足的，应将公司所有资产用于清偿公司对外所负债务。在清算过程中，清算人应当将公司债权人进行分类注册登记。对公司特定财产享有担保的公司债权人可以就其债权所担保的公司财产直接实现清偿。如果担保财产不能足额清偿其所担保债权时，该债权人应当就未清偿部分申请纳入公司清算债权范围，且申请纳入清算债权范围时需要提供相应的证明。如果有担保债权人放弃行使担保权的，或者在接到公司清算人关于担保债权权利行使通知后，没有按照通知要求主张担保债权权利的，则其债权转化为无担保的普通债权。其他无财产担保的公司债权人应当向清算人提供该债权的相关证明。在公司资产不足以清偿所有公司债务时，已证明的公司所有无担保同等级债权应当按比例原则予以清偿。

依照《2016年公司法》第527条第1款的规定，在清偿公司无担保债权时，下列债权应当按照优先顺序得以清偿：

（1）包括依照《公司法》468条规定由申请人支付的诉讼费、清算人报酬以及审计费用等在内的因公司清算产生的各类成本和费用；

（2）公司清算前四个月内未支付的不超过1.5万林吉特或者以计时、计件方式计算的公司各类雇工工资；

（3）公司清算前发生的应当向公司雇工支付的赔偿金；

（4）公司清算前发生的应当向公司雇工支付的各类休假薪酬，或者因公司员工死亡应当向其权利承继人支付的全部薪酬；

（5）公司清算前十二个月内应支付的公司雇工的社会保障金和退休金；依据联邦税法获准的应付职工退休基金；

（6）公司清算开始之前或者公司债务核实到期之前所确定的应付联邦税金。

在清偿上述各类债务时，同一顺序和同一等级的债务具有同等的受偿权。在公司资产不足以清偿同一顺序和同一等级债务时，同顺序和同等级债务应当按比例原则予以清偿。

（六）公司注销

公司注销是公司停止营业并依法丧失法律人格的主要方式。公司清算工作完成以后，法院可以依申请解除公司清算人。公司清算人可以申请解散公司。公司解散后，公司注册官依申请注销该公司，并在政府公报上进行公告。公司注销后，公司完全丧失其法律人格，不得再以该公司名义从事任何经营行为。不管公司法如何规定，如果发生以下情形的，公司注册官可以依法注销该公司：

（1）公司不再从事营业或者已经停止营业；

（2）公司违反了公司法规定；

（3）公司被用于非法目的，或者公司经营目的违背了马来西亚和平、福利、安全、公共利益、公共秩序以及良俗公序；

（4）正在进行清算的公司，如果发生下列情形，则注册官有理由认为该公司已经停止营业并可依法注册该公司。

①没有清算人实施相关公司清算行为；

②在公司所有事务已清算完毕之后的六个月内，公司清算师并没有向公司注册官提交任何应由其制作的文件和报告；

③依照法院指令已经完成公司所有事务清算，公司已无财产或者公司财产不足以支付请求法院指令公司解散的成本。

另外，在上述情形下，公司注册官除了自行决定注销公司外，还可以根据公司董事、股东或者清算人的申请注销公司。

公司注册官根据上述情形决定注销公司名称前，可以向公司或者公司清算人发出通知，并告知他们自收到该通知之日起30日内，如果没有收到反对公司注销理由的，注册官将会按其决定的方式向公众发布注销公司的公告。公司或者公司清算人在通知规定的30日内，向公司注册官确认公司不再从事营业或者已经停止营业，或者没有向注册官作出回应，或者没有提出反对意见或者提出的反对理由不成立的，公司注册官应当在政府公报上公布已注销的公司。根据政府公报内容，公司清算人应当解散被注销的公司。

如果公司被注册官依法注销后，被注销公司的董事、股东和管理人员仍然不能免除公司注销前应当承担的法律责任。

九、外国公司法律制度

（一）外国公司的界定

外国公司是指在马来西亚境外建立的具有法人地位的公司、团体、协会或者其它组织。也包括依照该主体所在国法律具有诉讼主体资格或者以其秘书或管理人员名义拥有财产，且在马来西亚境内没有设立总部或主要营业地的其他非法人团体、协会或其它组织。《2016年公司法》仅适用于那些在马来西亚境内具有营业地或者从事商业经营的公司。从上述《2016年公司法》对外国公司的界定可以看出，公司法对外国公司形态的界定非常宽泛，既包括了传统形式的任何类的具有法人资格的公司形态，也包括了特殊形态的非法人资格的其他形态的商业组织主体。同时，《2016年公司法》把该外国公司是否在马来西亚境内从事商业经营或是否具有营业地作为该法适用的唯一标准。

任何拟在马来西亚境内从事商业活动的外国公司应当依照《2016年公司法》

规定履行注册手续，否则不得从事任何商业经营行为。

外国公司在马来西亚境内建立或适用股份转让、股份注册办公处或者以代理人、法人代表、受托人等身份通过其雇用人或代理人管理、经营或交易位于马来西亚境内财产的行为，都被认为是外国公司所从事的商业行为。根据《2016年公司法》附件13的规定，下列外国公司所从事的行为不认为是商业行为：

（1）作为任何诉讼程序、仲裁程序、执行程序或其它争议解决程序的一方当事人所实施的行为；

（2）举行该公司股东或董事会议，或者处理该公司任何内部事务的行为；

（3）办理公司银行账户的行为；

（4）通过独立的承包商从事销售的行为；

（5）发出的将会成为具有约束力的合同的订单且该订单在马来西亚境外完成接受的行为；

（6）制作任何债务证据行为，或者在动产或不动产上设立担保权的行为；

（7）为其债务担保或收债行为，或者为实现此类债务权利所实施的强制执行行为；

（8）并非经常从事的仅在31日期限内实施的一次交易行为；

（9）投资公司基金或者拥有其他财产的行为；

（10）据《1967年马来西亚海关法》的规定，基于商品展览、展销、贸易样品说明等目的，临时进口商品且在三个月之内或经海关总长批准的时间内再次就该商品出口的行为。

依法获准注册的外国公司有权在马来西亚境内拥有不动产。

（二）外国公司名称

外国公司如果在马来西亚境内从事商业经营的，应当向马来西亚公司注册官申请公司名称的注册，申请时应当填写规定形式的表格，并交纳规定数额的公司名称注册费。外国公司应当将其成立地注册的名称依照《2016年公司法》第26条规定进行注册。因外国公司名称的任何变化导致该名称不符合《2016年公司法》第26条相关要求的，该名称不应获得注册。依照《2016年公司法》规范的任何外国公司在马来西亚境内，不得使用以《2016年公司法》规定注册之外的其他公司名称。

（三）外国公司的注册

任何一家外国公司打算在马来西亚境内从事商业经营或者设立营业场所的应当依照《2016年公司法》的相关规定向公司注册官申请注册。申请注册时应当提交以下材料和文件：

（1）在马来西亚境内的自然人股东姓名、身份证、国籍以及经常居住地；法人股东名称、法人成立地、注册号以及注册办公室；

（2）在马来西亚境内任命的外公公司董事的姓名、身份证、国籍以及经常居住地；

（3）外国公司成立地的股东或成员名册；

（4）股本制外国公司在其成立地的股份种类情况和股份数量；

（5）在清算情形下，非股本制有限外国公司成立地的股东对公司承担的出资数量；

（6）外国公司依照任命备忘录或授权委托书任命的马来西亚居民作为该外国公司代理人的姓名和住址。

（7）公司注册官可以要求外国公司提供其他信息。

另外，外国公司在提交上述材料时，还应当向注册官提交其任命的代理人所做的书面同意声明书。

对于符合法定注册条件的外国公司，在其缴纳一定数额注册费后，公司注册官应当对其进行注册或登记，并向该外国公司分配注册号码，发布注册通知书。外国公司注册费数额是根据该外国公司的名义资本总额来计算的。如果外国无法提供资本数额的，则统一按照1000林吉特缴纳注册费。公司注册官向外国公司发出的注册通知书是证明该外国公司符合公司法规定注册条件的结论性证据。

（四）外国公司日常管理要求

依法注册的外国公司应当在马来西亚境内设立一个经注册的办公室。该注册办公处应有能够接受所有通报和通知的有效地址。在正常营业时间，外国公司注册办公室应当向公众开放。外国公司应当自在马来西亚境内建立营业地或开始营业之日起一个月内向注册官提交公司注册办公室地址以及在这期间公司对公众开放的时间情况。但是，该注册办公室已经按正常营业时间对公众开放的，则无需提交有关注册办公室对外开放时间说明。

另外，在外国公司的注册办公室或设立的每一个营业地外部显著位置以罗马字母清晰注明公司名称和公司成立的地点。在外国公司使用的所有账单、信函、通知、招股说明书、电子媒介、公司网站和其它正式公开文件上都应以罗马字母清晰注明公司名称、公司注册号码以及公司成立地。

依法注册的外国公司应当每年向公司注册官提交一份公司年度报告。年度报告的形式和提交方式可以由公司注册官决定。该年度报告应当从公司年度注册日起算一个月内，提交给公司注册官。在特殊情况下，注册官可适当延长报告提交的时间。公司年度报告应当包括下列内容：公司注册办公室；公司营业地以及分支机构地址（如果有）；股东名册和财务记录不在公司注册办公室保存时，保存公司股东名册和财务记录的地址；外国公司为股本公司的，公司持股结构和债券结构介绍；外国公司在马来西亚境内所负的债务总额；外国公司在马来西亚境内聘用的董事、管理人员、审计员以及代理人的详细说明；外国公司股东名册；其他公司注册官要求提交的外国公司信息。

外国公司应当依法委托在马来西亚境内的代理人。外国公司代理人是外国公司依照外国公司章程任命或注册并通过授权委托书确定的代表该外国公司行事的人。外国公司代理人依法负责和执行公司安排的一切事项。外国公司代理人应当连续履行代理人职责，除非依公司法规定被停止代理人资格。代理人应当对外国公司要求其所作的所有行为、业务和事务负责。代理人还应当对因违反公司法规定而对公司所作的刑罚承担个人责任，除非该代理人能够在法庭听审时证明他不对该违法行为负责。如果外国公司和其代理人已经终止代理资格或者拟终止代理资格的，应当及时向公司注册官提交终止代理人资格的书面通知。代理人期限届满后，改换其它人担任代理人的应当依照本法规定程序重新任命。外国公司原代理人停止代理且该外国公司在马来西亚无其他代理人时，如果该外国公司要在马来西亚境内继续开展经营或具有营业地，就应当在原代理人停止代理之日起21日内任命一个新的代理人。

为了真实反映外国公司在马来西亚经营期间的财务状况，公司注册官要求该外国公司依法提交能够证明公司财务状况的各种报表。这些财务报表主要包括该外国公司上一财年度的资产负债表或依该外国公司成立地法律要求制作的资产负债表、经审计的帐目表以及损益表等。依法注册的外国公司和其董事及经理人员应当制作并妥善保存记录公司在马来西亚从事商业交易和经营的各项财务账簿，便于将来该外国公司财务审计或其他方面的使用。

（五）外国公司业务的终止

已注册的外国公司不再在马来西亚境内从事商业经营或者设立营业地的，应当在停业之日起7日之内向公司注册官提交有关公司终止业务的书面通知。公司注册官自收到该停业通知之日起满12个月后，注销该外国公司。

如果在马来西亚已注册的外国公司在其原成立地或注册地已发生清算或解散情形的，在该外国公司开始清算程序前，该外国公司的每个代理人应当在该公司发生清算或解散情形之日起一个月内，或在特殊情形下注册官允许的更长时间内，向公司注册官提交或者督促公司提交该外国公司发生清算的书面通知。如果清算人已经被任命的情况下，还应提交有关清算人的任命通知。在法院适当任命处理公司马来西亚事务清算师之前，外国公司已任命的清算师应当具有清算师的权力和作用。

法院任命的处理外国公司马来西亚事务的清算师或者行使同类职权的其他任何人应当在该外国公司资产分配前，应当通知该外国公司的所有债权人在财产给配前的合理时间内主张其对该外国公司享受的债权。如果该外国在其它国家有从事商业经营的，清算人应通过这些国家流通的报纸发布公告以告知相关债权人。除非符合《2016年公司法》第578条（8）的规定，否则在没有获得法庭指令前，清算人不得对该外国公司的部分债权人实施清偿行为。公司开始清算后，对于清算人依照《公司法》规定，在马来西亚境内取得的属于外国公司的财产，在清偿该外国公司对马来西亚债权人所负所有债务后，才能用于清偿该外国公司在其它地方经营所负的债务。该外国公司完成清算后，公司注册官根据代理人提交的通知依法注销该外国公司。如果公司注册官有理由认为该外国公司已停止营业的，可以依职权注销该外国公司。被依法注销的外国公司，丧失其在马来西亚境内继续从事商业经营或设立营业地的资格。

第四章

马来西亚外商投资鼓励与优惠制度

为了吸引更多的外商在马来西亚投资，多年来马来西亚通过制定一系列法律和政策形成以税收优惠为核心的多种优惠措施。这些不同时期实施的不同形式的优惠措施在一定程度上促进了马来西亚外商投资的发展，加快了马来西亚步入高收入国家行列的步伐。《1986年马来西亚投资促进法》是马来西亚促进外商投资优惠制度的核心法律，其他规定外商投资优惠制度的法律还包括《1967年马来西亚关税法》、《1967年马来西亚所得税法》、《1972年马来西亚销售税法》、《1976年马来西亚国内税法》以及《1990年马来西亚自由区法》等。马来西亚形成了以税收优惠为核心的包括股权比例、金融支持、外国雇工申请、资本加速回收、公司所有权自由化等多方面的优惠制度。这些投资优惠既涵盖了传统的制造业领域，也涵盖了现代服务业领域。马来西亚对外商投资企业实行的税收优惠主要包括直接税优惠和间接税优惠。直接税优惠是指对规定时期内的外资企业所得税进行部分或全部减免的税收优惠措施；间接税优惠是指免除外商企业进口税、销售税或特种商品销售税的一种税收优惠措施。

第一节　工、农业领域投资税收优惠制度

一、制造业投资优惠制度

对于制造业公司提供的优惠主要有新兴地位和投资税务扣除优惠。申请享受新兴地位和投资税务扣除优惠待遇的公司应当符合一定的条件和具备一定的优势。这些条件和优势主要包括产品附加值的增加程度、使用的技术水平状况和对工业发展贡献等。同时，申请公司生产的产品和从事的经营行为属于马来西亚法律规定"促进产品"和"促进行动"范围。马来西亚政府专门制定和颁布了《马来西亚促进产品和行动列表》。

（一）新兴地位优惠制度

获得新兴地位（Pioneer Status，简称PS）的公司可以享受5年期限的所得税部分减免优惠。自该公司生产之日起，仅按该公司法定收入的30%缴纳公司所得

税。生产之日的确定是以该公司生产水平达到其生产能力30%以上的时间为标准。公司法定收入是指从公司年毛收入中减除各种成本和资本扣减所得数额。同时，允许获得新兴地位的公司将未缴纳的资本和累积的损失实行税损结转，允许将这部分数额自失去新型地位后从公司收入中扣除。但是，优惠需要申请才能获得，申请人应当向马来西亚投资发展局提交相关申请。

（二）投资税务扣除优惠制度

如果公司没有享受新兴地位优惠的，还可以申请享受投资税务扣除优惠（Investment Tax Allowance，简称ITA）。根据马来西亚法律规定，投资者不能同时享受投资税务扣除优惠和新兴地位优惠，只能在二者之中选择更适合自己情况的一种优惠。符合投资税务扣除条件的公司可以申请享受自公司首次合格资本支出之日起5年之内发生的合格资本支出数额60%的税务扣除优惠。合格资本支出主要是指用于建设工厂、企业厂房和购买机械或者其他用于获准项目使用的各类设备所支出的各类费用和成本。

公司可以用该税务扣除数额冲抵公司纳税年法定收入的70%，被冲抵部分不计入公司所得税计算基数。公司未使用完的税务扣除数额可以在下一年度继续使用，直到公司使用完毕所有税务扣除数额为止。未能抵扣的30%的公司收入应当按照公司现行的税率缴纳公司所得税。

获得投资税务扣除优惠应当自公司开业之日起向马来西亚投资发展局提交相关申请。

二、高新技术公司优惠制度

高新技术公司是指在高新技术领域从事相关促进产品生产或促进行为的公司。根据马来西亚政府颁布的《马来西亚促进产品和行动列表》的规定，属于高新技术范围的促进行为和促进产品主要有六大类：高级半导体等制造业产品的设计和开发技术；专业医疗设备、移植技术、医疗检测设备等高新技术；高新生物技术；先进材料技术；可替代能源技术；钢铁先进技术。

高新技术公司应当符合下列条件：公司每年用于当地研究和开发项目的投资支出至少达到公司年毛收入的1%以上，公司从开业经营之日起3年之内应当遵守该规定。公司从事高新技术研发的科研技术人员应当具有相应的学位和证书且至少具有5年以上的科研经历，公司科研人员比例至少达到公司员工总数的15%以上。

符合上述条件的高新技术公司有资格申请享受下列优惠待遇：一是新兴地位优惠，在获得新兴地位之日起5年时间内，可以享受免征企业100%法定收入所得税；允许获得新兴地位的外资公司将未缴纳的资本和累积的损失实行税损结转，允许将这部分数额自失去新型地位后从公司收入中扣除；二是选择申请享受自公司首次合格资本支出之日起5年之内发生的合格资本支出数额60%的税务扣除优惠。公司可以用该税务扣除数额冲抵公司纳税年法定收入的100%，被冲抵部分不计入公司所得税计算基数。公司未使用完的税务扣除数额可以在下一年度继续使用，直到公司使用完毕所有税务扣除数额为止。高新技术公司应当向马来西亚投资发展局提交相关申请。

三、战略性项目优惠制度

战略性项目往往涉及到国家战略性产品或者行为。这些项目往往具有投资期限长、投资数额大、技术要求高、统一性强以及影响力广泛等特点。战略性投资项目同时会对国家经济产生重大影响。战略性投资项目可以申请享受下列优惠待遇：一是享受为期10年的免征企业100%法定收入所得税的新兴地位优惠；同时允许公司将未缴纳的资本和累积的损失实行税损结转，允许将这部分数额自失去新型地位后从公司收入中扣除；二是选择申请享受为期5年的合格资本支出数额100%的税务扣除优惠待遇。公司可以用该税务扣除数额冲抵公司纳税年法定收入的100%，被冲抵部分不计入公司所得税计算基数。公司未使用完的税务扣除数额可以在下一年度继续使用，直到公司使用完毕所有税务扣除数额为止。享受此类优惠待遇应当向马来西亚投资发展局提交相关申请。

四、中小企业项目优惠制度

中小企业项目（Small and Medium Enterprises，简称SMEs）优惠制度是马来西亚政府于2009年实施的一项旨在促进马来西亚国内中小企业发展和提高地区居民收入水平的投资优惠措施。中小企业是指在马来西亚境内设立的、未被实缴资本超过250万林吉特的公司控制的且初期阶段普通实缴资本不高于250万林吉特的公司。

中小企业可以申请50万林吉特以内的公司收入按20%的优惠减免税率缴纳所得税,超出50万林吉特的公司收入部分则按照25%税率缴纳公司所得税。

根据《1986年马来西亚投资促进法》的规定:小规模公司是指在马来西亚境内设立的、股东资本不超过50万林吉特并且马来西亚人拥有不低于60%股权的公司。2012年7月3日,马来西亚修改了小规模公司的认定标准:小规模公司是指在马来西亚境内设立的、股东资本不超过250万林吉特并且马来西亚人拥有60%—100%股权的公司。小规模公司应当符合下列标准:一是根据《1986年马来西亚投资促进法》的规定设立;二是公司股东资本不超过250万林吉特并且马来西亚人拥有的股权符合下述情形之一:

(1)公司股东资本不超过50万林吉特的,马来西亚人拥有的公司股权不得低于60%;

(2)公司股东资本超过50万林吉特但低于250万林吉特的,马来西亚人应当拥有公司100%股权。

符合上述条件的小规模公司可以申请享受下列优惠待遇:一是享受为期5年的免征公司100%法定收入所得税的新兴地位优惠;同时允许公司将未缴纳的资本和累积的损失实行税损结转,允许将这部分数额自失去新型地位后从公司收入中扣除;二是选择申请享受为期5年的合格资本支出数额60%的税务扣除优惠待遇。公司可以用该税务扣除数额冲抵公司纳税年法定收入的100%,被冲抵部分不计入公司所得税计算基数。公司未使用完的税务扣除数额可以在下一年度继续使用,直到公司使用完毕所有税务扣除数额为止。

股东资本不超过50万林吉特的小规模公司应当符合下列《马来西亚促进产品和行动列表》附件Ⅲ小规模公司规定的有关促进产品和促进行为条件:

(1)公司产品和公司生产活动的增加值不得低于25%;

(2)公司20%的员工从事公司管理、技术和监督业务;

(3)公司普通股份实缴资本被实缴资本超过50万林吉特的其他公司直接或间接拥有的比例不超过20%。

股东资本超过50万林吉特但低于250万林吉特的小规模公司应当符合下列《马来西亚促进产品和行动列表》附件Ⅰ一般促进列表规定的促进产品和促进行为条件:

(1)公司产品和公司生产活动的增加值不得低于附件Ⅰ一般促进列表所规定的比例;

（2）公司从事管理、技术和监督业务岗位的员工比例不得低于附件 I 一般促进列表所规定的比例；

（3）公司普通股份实缴资本被实缴资本超过250万林吉特的其他公司直接或间接拥有的比例不超过20%。

中小企业和小规模公司优惠申请应当提交于马来西亚投资发展局。

五、特种工业项目优惠制度

特种工业项目主要包括两大部分：

（1）机械和设备工业项目。具体包括：机械工具、金属处理设备、机器人、自动化设备、模型以及机械工具配件。

（2）特种工业用途的机械和设备。具体包括：用于特种工业用途的具有特殊处理程序的设备，包装机械，用于包装和特种工业用途的设备、模型以及用于特殊处理程序机械设备的配件。

特种工业项目申请优惠待遇应具备的条件和标准：

（1）公司增加值必须达到40%以上；

（2）公司从事管理、技术和监督业务岗位的员工比例不得低于公司总员工人数的25%。

符合上述条件的特种工业项目的企业可以申请享受下列优惠待遇：一是享受为期10年的免征公司100%法定收入所得税的新兴地位优惠；同时允许公司将未缴纳的资本和累积的损失实行税损结转，允许将这部分数额自失去新型地位后从公司收入中扣除；二是选择申请享受为期5年的合格资本支出数额100%的税务扣除优惠待遇。公司可以用该税务扣除数额冲抵公司纳税年法定收入的100%，被冲抵部分不计入公司所得税计算基数。公司未使用完的税务扣除数额可以在下一年度继续使用，直到公司使用完毕所有税务扣除数额为止。

享受此类优惠待遇的申请应当提交于马来西亚投资发展局。

六、自动化工业项目优惠制度

（一）关键零部件生产或高附加值零部件生产优惠制度

促进马来西亚关键零部件生产或高附加值零部件生产是提高国家人力和技术

资本发展长远目标的重要内容和计划。

从事传输系统、刹车系统、安全气囊以及驾驶系统生产的企业可以申请享受更优惠的税收待遇：一是享受为期10年的免征公司100%法定收入所得税的新兴地位优惠；二是或者选择申请享受为期5年的合格资本支出数额100%的税务扣除优惠待遇。

（二）发展混合电力汽车和相关基础设施建设项目优惠制度

从事混合电力汽车生产的公司可以享受促进高新技术和可持续能源发展政策所规定的优惠待遇。这是一项包括资金鼓励、税收豁免等内容的综合性优惠制度。

一是混合电力汽车生产公司和生产用于混合电力汽车关键配件（如电力发动机、电池、电池管理系统、换流器、电力空调以及空气压缩器）的公司可以申请享受为期10年的免征公司100%法定收入所得税的新兴地位优惠待遇；二是选择申请享受为期5年的合格资本支出数额100%的税务扣除优惠待遇；三是就本地组装和生产的汽车享受50%的特种商品销售税或者享受工业调节基金所规定的优惠。

公司只有在从事预先核准的活动的基础上，才能申请享受额外增加的优惠待遇。马来西亚能源、绿色技术和水务部将会对混合电力汽车规划相应的基础设施建设路线图。

七、再投资税务减扣优惠制度

那些已经从事制造业、特种农业的公司，为了扩大经营规模、实行自动化及现代化或者产品多样化，在公司原来经营的范围内进行再投资的可以申请享受再投资税务减扣优惠制度（Reinvestment Allowance，简称RA）。申请享受再投资减扣优惠制度的公司应当自2009年算起连续从事相关产业至少达到36个月以上。

实施再投资项目的公司可以申请享受自再投资项目完成之日起连续15年期限的合格投资支出数额60%的税务扣除优惠待遇。公司可以用该税务扣除数额冲抵公司纳税年法定收入的70%，被冲抵部分不计入公司所得税计算基数。公司未使用完的税务扣除数额可以在下一年度继续使用，直到公司使用完毕所有税务扣除数额为止。

如果公司再投资项目生产力超出了马来西亚财政部确定的水平则可以申请享受冲抵公司纳税年法定收入100%的再投资减扣优惠待遇。公司必须在再投资项目完工之后，并且开始生产时才能申请享受该优惠待遇。如果一家公司从公司集团的另一家公司购得该公司已经享受再投资减扣优惠待遇项目的，不能再次申请享受该待遇。再投资减扣优惠制度自2009年生效以后，公司再投资完成之日起5年期限内不得处置用于再投资的资产。

公司打算实施再投资项目的，可以申请放弃正在享受的新兴地位或证书待遇，以便申请享受再投资减扣优惠待遇。

拟享受再投资减扣优惠待遇的公司应当将申请提交于马来西亚国内税收委员会，将放弃新兴地位或证书待遇的申请提交于马来西亚投资发展局。

八、加速资本税务减扣

（一）为促进行动或促进产品实施的再投资项目

在再投资税务减扣优惠制度15年期限届满后，在制造业促进产品领域实施再投资的公司有资格申请享受加速资本税务减扣优惠待遇（Accelerated Capital Allowance，简称ACA）。加速资本税务减扣优惠待遇提供一种特殊的税务减扣，允许资本支出在3年之内全部用于抵扣公司税收。即允许公司首次抵扣40%，年度抵扣20%。

公司拟申请享受该项优惠待遇的应当将马来西亚投资发展局开具的有关申请人从事制造业促进产品或行动的证明信和申请书一起提交于马来西亚国内税收委员会。

（二）废物循环再利用项目

从2001年开始，符合合格投资条件并使用可循环利用的废料或使用先进工序将废料用于企业产品的公司可以申请加速资本税务减扣优惠待遇。符合条件的公司可以享受首次20%的抵扣，年度40%的抵扣。

如果一家公司具有下列情形的不得再次申请享受加速资本税务减扣优惠待遇：一是已经根据《1986年马来西亚投资促进法》享受了除出口促进减免外的优惠待遇的公司；二是已经根据《1967年马来西亚投资鼓励法》附件7A享受了再投资税务减扣优惠待遇的公司。

申请应当提交于马来西亚国内税收委员会。

（三）节能项目

从2003年开始，符合合格投资条件并由马来西亚能源、绿色技术和税务部认证的从事节能生产项目或使用节能设备供企业自身使用的公司可以申请加速资本税务减扣优惠待遇。符合条件的公司可以享受一年内首次40%的抵扣，年度60%的抵扣。根据《2001年马来西亚所得税规则》享受了年度税务减扣优惠待遇的公司，只能就已享受的合格投资支出数额和依照2003年实施的节能项目合格投资数额之间的差额部分申请享受加速资本税务减扣优惠待遇。

（四）稳定供电质量设备产生的资本支出

为了减少商业经营成本，从2005年开始，马来西亚政府允许公司就确保电力供应质量而购买相关设备所发生的投资支出申请享受为期两年的加速资本税务减扣优惠待遇。公司使用的设备应当由马来西亚能源、绿色技术和水务部决定。符合条件的公司可以享受两年内首次20%的抵扣，年度40%的抵扣。

如果一家公司具有下列情形的不得再次申请享受该项加速资本税务减扣优惠待遇：一是已经根据《1986年马来西亚投资促进法》享受了除出口促进减免外的优惠待遇的公司；二是已经根据《1967年马来西亚投资鼓励法》附件7A享受了再投资税务减扣优惠待遇的公司。

（五）安保设备产生的资本支出

公司就根据《1975年马来西亚工业协调法》在工厂厂房等建筑物内安装安全保障设备而产生的资本支出有资格申请享受一年期内的加速资本税务减扣优惠待遇。该项优惠待遇自2009年开始实施。目前该优惠待遇扩展到所有的营业场所。安全保障设备应当符合下列要求：防盗窃报警系统；红外线探测系统；警报设备；进入控制系统；闭路循环监控设备；录像监控系统；安保摄像设备；无线摄像传输系统；时间记录和录像探测设备。

九、农业领域投资项目优惠制度

根据《1986年马来西亚投资促进法》的规定，从事农业领域促进产品或促进行动的公司、个人独资企业、合伙企业以及其他形式的企业组织在符合相关条件的情况下可以申请以下优惠待遇：

（一）新兴地位优惠制度

获得新兴地位的农业公司可以享受5年期限的所得税部分减免优惠。自该公司首次出售农产品之日起，仅按该公司法定收入的30%缴纳公司所得税。同时，允许获得新兴地位的农业公司将未缴纳的资本和累积的损失实行税损结转，允许将这部分数额自失去新型地位后从农业公司收入中扣除。申请人应当向马来西亚投资发展局提交相关申请。

（二）投资税务扣除优惠制度

如果农业公司不打算申请享受新兴地位优惠的，可以申请享受投资税务扣除优惠。根据马来西亚法律规定，农业投资者不能同时享受投资税务扣除优惠和新兴地位优惠，只能在二者之中选择更适合自己情况的一种优惠。符合投资税务扣除条件的农业公司可以申请享受自农业公司首次合格资本支出之日起5年之内发生的合格资本支出数额60%的税务扣除优惠。农业公司可以用该税务扣除数额冲抵农业公司纳税年法定收入的70%，被冲抵部分不计入农业公司所得税计算基数。农业公司未使用完的税务扣除数额可以在下一年度继续使用，直到农业公司使用完毕所有税务扣除数额为止。获得投资税务扣除优惠应当自公司开业之日起向马来西亚投资发展局提交相关申请。

为了提高农业投资项目的收益，合格的农业投资支出主要指下列资本支出：

（1）土地整理所支出的资本；

（2）农作物种植所支出的资本；

（3）用于农作物种植使用目的而建立厂房和购买设备所支出的资本；

（4）修建农业道路、桥梁、购买或修建农业设施建筑包括员工住宿用房和修建其他农业种植所需基础设施所支出的资本。

（三）再投资税务减扣优惠制度

那些已经从事农业基本食品生产如大米、玉米、蔬菜、薯类作物、家禽产品、水产品以及其他经马来西亚财政部批准的农产品已满36个月的公司，有资格申请享受再投资税务减扣优惠制度。

实施再投资项目的农业公司可以申请享受自再投资项目完成之日起连续15年期限的合格投资支出数额60%的税务扣除优惠待遇。农业公司可以用该税务扣除数额冲抵公司纳税年法定收入的70%，被冲抵部分不计入公司所得税计算基数。

公司未使用完的税务扣除数额可以在下一年度继续使用，直到公司使用完毕所有税务扣除数额为止。合格的农业投资支出主要指下列资本支出：

（1）土地整理所支出的资本；

（2）农作物种植所支出的资本；

（3）用于农作物种植、动物饲养、水产业、内陆及深海捕鱼以及其他农业发展使用目的而建立厂房和购买设备所支出的资本；

（4）水产业、动物饲养管理支出的资本；

（5）修建农业道路、桥梁、购买或修建农业设施建筑包括员工住宿用房和修建其他农业种植、动物饲养、水产业、内陆及深海捕鱼以及其他农业发展项目所需基础设施而支出的资本。

再投资税务减扣优惠待遇申请提交于马来西亚国内税收委员会。

十、食品工业项目投资优惠制度

为了促进食品产业的综合发展，马来西亚同时采取措施鼓励投资者在农场种植和食品加工生产两方面进行投资。这样做的主要目的是提高马来西亚境内食品原材料的供应水平，以减少食品工业对国外进口原料的依赖。从事食品加工生产的附属公司和在附属公司投资的投资公司均可以申请享受税收优惠待遇。

从事食品加工生产附属公司的投资公司有资格申请享受与其在附属公司投资额等量的税收减免优惠待遇。

从事食品加工生产附属公司有资格就其新食品项目申请享受为期10年的法定收入所得税全额减免优惠待遇，或就其原食品扩展项目申请享受为期5年的法定收入所得税全额减免优惠待遇。税收豁免期间从食品加工公司取得法定收入的第一年开始计算。同时，允许此类食品加工生产公司将其在税收豁免期限前或者税收豁免期间发生的公司损失实行税损结转，允许将这部分损失自公司享受的税收豁免期满后从公司收入中扣除。

申请享受上述税收优惠待遇的食品加工生产公司应当满足下列条件：

（1）投资公司的股权条件要求。附属公司至少将投资公司向其投资的70%的股份用于食品加工生产；

（2）公司加工的食品属于马来西亚财政部批准范围。马来西亚财政部批准的食品加工范围主要包括：洋麻种植、各类蔬菜、水果、香料、水产品、牛羊饲养、深海捕鱼。

（3）时间条件。食品加工生产应当在该优惠待遇获得批准之日起一年内开始。

十一、清真食品加工生产投资项目优惠制度

（一）生产清真食品优惠待遇

马来西亚鼓励投资者在清真食品加工行业进行投资，以促进马来西亚清真食品的出口发展。尤其是鼓励企业使用现代和具有马来西亚地方工艺特色的食品加工机械和设备生产达到国际食品标准的高质量清真食品。投资从事清真食品加工生产的公司或者已取得马来西亚伊斯兰教发展署（JAKIM）颁发的清真食品认证证书的公司有资格申请享受投资税务减扣优惠待遇。具体内容为：享受自公司首次合格资本支出之日起5年之内发生的合格资本支出数额100%的税务减扣待遇。公司可以用该税务扣除数额冲抵公司纳税年法定收入的100%，被冲抵部分不计入公司所得税计算基数。公司未使用完的税务扣除数额可以在下一年度继续使用，直到公司使用完毕所有税务扣除数额为止。

申请人可以通过联系马来西亚伊斯兰教发展署，获得有关清真食品认证标准的信息和制度。马来西亚伊斯兰教发展署（JAKIM）是一家马来西亚政府机构，主要负责管理马来西亚全国伊斯兰教事务，包括伊斯兰教发展政策的宣传解释，伊斯兰教法律的传播、执行及监督，从而促进伊斯兰教的信仰和发展。为了提高清真食品的产品质量和出口，马来西亚政府于1982年开始在全国建立并极力推广清真食品认证系统和认证标准。马来西亚伊斯兰教发展署是负责清真食品认证事务的重要机构之一。经过多年的努力和发展，马来西亚已经成为世界上重要的清真食品认证中心与清真食品生产和出口国。

（二）清真食品工业发展机构（Halal Development Corporation，HDC）项目优惠待遇

1. 清真食品工业园经营管理者优惠待遇

致力于清真食品工业园建设和发展的经营管理者有资格申请享受下列优惠待遇：一是获得为期10年的100%所得税减免的新兴地位优惠待遇。同时，允许经营者将未缴纳的资本和累积的损失实行税损结转，允许将这部分数额自失去新型地位后从经营者收入中扣除；二是申请享受投资税务扣除优惠。清真食品工业园经

营管理者可以申请享受自公司首次合格资本支出之日起5年之内发生的合格资本支出数额100%的税务扣除优惠。经营者可以用该税务扣除数额冲抵公司纳税年法定收入的100%，被冲抵部分不计入公司所得税计算基数。公司未使用完的税务扣除数额可以在下一年度继续使用，直到公司使用完毕所有税务扣除数额为止。

2. 清真食品工业园内公司优惠待遇

在指定清真食品工业园内从事清真食品加工和生产的公司有资格申请下列优惠待遇：一是申请享受为期10年的合格投资支出100%税务扣除优惠待遇。公司可以用该税务扣除数额冲抵公司纳税年法定收入的100%，被冲抵部分不计入公司所得税计算基数。公司未使用完的税务扣除数额可以在下一年度继续使用，直到公司使用完毕所有税务扣除数额为止；二是申请享受免征用于清真促进产品生产和发展的原料进口关税和消费税的优惠待遇；三是公司可以申请享受为达到国际食品质量标准如HACCP、GMP等以及为了产品出口，依照相关食品生产追溯程序等所花费成本双倍数额的税收减免优惠待遇。

申请享受上述优惠待遇的公司应当符合下列条件：

（1）从事的活动应当属于下述工业领域：

a. 需要特殊加工程序的食品；

b. 药品、化妆品和个人护理品；

c. 家禽和肉制品；

d. 清真原料。

（2）雇佣的高级员工包括3名以上的清真食品执行监督官不得低于公司全体员工的15%；

（3）公司应设立在清真食品工业发展机构指定的清真食品工业园或者在清真食品工业发展机构批准的冷藏服务中枢地区；

（4）不得从事任何分销和咨询业务；

（5）不得违反规定的质量、卫生和环境标准；

（6）不得违反有关清真食品加工生产的各种法律、法规和许可制度；

（7）必须遵循清真食品工业发展机构制定的清真食品综合认证标准，并接受清真食品工业发展机构委任的检测机构对企业生产的清真食品进行的质量检测；

（8）必须从事和清真食品有关的新的业务，并在马来西亚境内建立新的法人。

3. 清真食品物流企业优惠待遇

马来西亚鼓励投资者从事促进清真食品工业发展的物流行业。符合条件的物流企业可以申请享受下列优惠待遇：一是获得为期5年的100%所得税减免的新兴地位优惠待遇。同时，允许经营者将未缴纳的资本和累积的损失实行税损结转，允许将这部分数额自失去新型地位后从经营者收入中扣除；二是申请享受自公司首次合格资本支出之日起5年之内发生的合格资本支出数额100%的税务扣除优惠。经营者可以用该税务扣除数额冲抵公司纳税年法定收入的100%，被冲抵部分不计入公司所得税计算基数。公司未使用完的税务扣除数额可以在下一年度继续使用，直到公司使用完毕所有税务扣除数额为止。

清真食品物流公司应当提供转运、仓储和运输为主的综合性服务，并且至少从事下列一项物流活动：

（1）分送；

（2）其他增值服务或活动，如产品组装、装配，包装，质量检测等；

（3）连锁供应管理。

清真食品物流公司应当具有下列设备设施：

（1）20部以上的商业服务用车；

（2）5000平方米以上的仓储设施。

申请人应当向马来西亚清真食品工业发展机构提交相关申请。

第二节　服务业领域投资优惠制度

一、旅游服务业领域的外商投资优惠制度

在旅游服务业领域，所有符合条件的外资旅游项目包括生态旅游和农业旅游都可以申请享受税收优惠。具体有旅游住宿、包括室内及室外主题公园在内的旅游者项目、假日营地建设、娱乐营地和能够容纳不少于3000人住宿的民俗中心项目等。

外国投资者投资上述1—5星级旅店住宿服务和旅游服务项目的可享受下列优惠：

1. 新兴地位优惠制度

获得新兴地位的外资公司可以享受5年期限的所得税部分减免优惠。自马来西亚国际贸易和工业部部长决定的该公司经营之日起，仅按该公司法定收入的30%缴纳公司所得税。同时，允许获得新兴地位的外资公司将未缴纳的资本和累积的损失实行税损结转，允许将这部分数额自失去新型地位后从公司收入中扣除。但是，优惠需要申请才能获得，申请人应当在开业之前向马来西亚投资发展局提交相关申请。

2. 投资税务扣除优惠制度

如果外资公司没有享受新兴地位优惠的，还可以申请享受投资税务扣除优惠。根据马来西亚法律规定，外商投资者不能同时享受投资税务扣除优惠和新兴地位优惠，只能在二者之中选择更适合自己情况的一种优惠。符合投资税务扣除条件的公司可以申请享受自公司首次合格资本支出之日起5年之内发生的合格资本支出数额60%的税务扣除优惠。公司可以用该税务扣除数额冲抵公司纳税年法定收入的70%，被冲抵部分不计入公司所得税计算基数。公司未使用完的税务扣除数额可以在下一年度继续使用，直到公司使用完毕所有税务扣除数额为止。获得投资税务扣除优惠应当自公司开业之日起向马来西亚投资发展局提交相关申请。2016年12月31日之前收到的关于4星和5星级饭店的申请有资格享受该项优惠。

3. 在沙巴州和沙捞越州投资饭店新项目可以享受的更高优惠

在马来西亚沙巴州和沙捞越州，如果公司实施新的4星和5星级饭店投资项目可以享受下列优惠：一是新兴地位优惠，在获得新兴地位之日起5年时间内，可

以享受免征企业100%法定收入所得税；允许获得新兴地位的外资公司将未缴纳的资本和累积的损失实行税损结转，允许将这部分数额自失去新型地位后从公司收入中扣除；二是选择申请享受自公司首次合格资本支出之日起5年之内发生的合格资本支出数额100%的税务扣除优惠。公司可以用该税务扣除数额冲抵公司纳税年法定收入的100%，被冲抵部分不计入公司所得税计算基数。公司未使用完的税务扣除数额可以在下一年度继续使用，直到公司使用完毕所有税务扣除数额为止。2016年12月31日之前收到的上述项目申请有资格享受该项优惠。

4. 饭店行业再投资优惠制度

投资饭店行业的公司如果扩大经营规模实施1至5星级饭店再投资的，可以再享受另一5年期的投资税务扣除优惠，在马来西亚沙巴州和沙捞越州，如果公司再投资4星和5星级饭店项目的，执行前述该州的相关优惠制度。符合条件的公司可以就饭店再投资项目申请第三轮5年期的投资税务扣除优惠。如果申请人是公司集团的，该公司集团应当至少由3个以上的公司组成。申请人应当在首次投资税务扣除优惠期满前向马来西亚投资发展局提交相关申请。

5. 旅游业项目再投资优惠制度

投资旅游业项目的公司如果扩大经营规模或实施现代化旅游业项目再投资的，可以申请享受上述的新兴地位待遇优惠和投资税务扣除优惠。

二、环境管理服务方面的投资优惠制度

（一）森林种植项目优惠制度

根据《1986年马来西亚投资促进法》规定，从事森林种植项目的公司有资格申请享受下列优惠：一是获得新兴地位的公司可以享受10年期限的所得税100%减免优惠。允许获得新兴地位的外资公司将未缴纳的资本和累积的损失实行税损结转，允许将这部分数额自失去新型地位后从公司收入中扣除；二是选择申请享受自公司首次合格资本支出之日起5年之内发生的合格资本支出数额100%的税务扣除优惠。公司可以用该税务扣除数额冲抵公司纳税年法定收入的100%，被冲抵部分不计入公司所得税计算基数。公司未使用完的税务扣除数额可以在下一年度继续使用，直到公司使用完毕所有税务扣除数额为止。

另外，从事森林种植项目的公司也可以选择申请享受《1967年马来西亚所得税法》第127条所规定的优惠：一是向从事森林种植业务的公司进行投资的公司

可以享受减免和投资额同等数量的所得税；二是已获准从事森林种植项目的公司可以申请享受自公司取得法定收入第一年算起为期10年的100%的法定收入所得税减免。允许公司将其在享受所得税豁免期间和以前发生的损失在10年所得税豁免期满后提出。申请享受该项投资优惠的公司应当向马来西亚种植工业和农林产品部提出申请。

（二）废物循环利用项目优惠制度

应用高新技术和具有高附加值的从事废物循环利用投资项目的公司有资格申请新兴地位或者投资税务扣除优惠。废物循环利用包括农业废物循环利用或农业副产品、化学品循环利用，木质板材循环产品等项目。获得新兴地位待遇的公司享受减免公司法定收入的70%所得税。同时，允许该公司将未缴纳的资本和累积的损失实行税损结转，允许将这部分数额自失去新型地位后从公司收入中扣除。选择申请投资税务扣除优惠的公司可以享受自公司首次合格资本支出之日起5年之内发生的合格资本支出数额60%的税务扣除优惠。公司可以用该税务扣除数额冲抵公司纳税年法定收入的70%，被冲抵部分不计入公司所得税计算基数。公司未使用完的税务扣除数额可以在下一年度继续使用，直到公司使用完毕所有税务扣除数额为止。申请人应当向马来西亚投资发展局提交相关申请。

（三）节能项目优惠制度

为了降低企业生产成本和促进自然环境保护，提供节能服务项目的公司有资格申请享受下列优惠：一是获得新兴地位的公司可以享受10年期限的所得税100%减免优惠。允许公司将未缴纳的资本和累积的损失实行税损结转，允许将这部分数额自失去新型地位后从公司收入中扣除；二是选择申请享受自公司首次合格资本支出之日起5年之内发生的合格资本支出数额100%的税务扣除优惠。公司可以用该税务扣除数额冲抵公司纳税年法定收入的100%，被冲抵部分不计入公司所得税计算基数。公司未使用完的税务扣除数额可以在下一年度继续使用，直到公司使用完毕所有税务扣除数额为止。获得批准的公司必须在自获准之日起一年之内实施该项目。拟享受该优惠的申请需要在2015年12月31日前提交。

（四）公司自用节能项目优惠制度

公司开发节能项目供本公司使用的有资格申请享受自公司首次合格资本支出

之日起5年之内发生的合格资本支出数额100%的税务扣除优惠。公司可以用该税务扣除数额冲抵公司纳税年法定收入的100%，被冲抵部分不计入公司所得税计算基数。公司未使用完的税务扣除数额可以在下一年度继续使用，直到公司使用完毕所有税务扣除数额为止。申请应提交于马来西亚投资发展局。

（五）再生性能源项目优惠制度

使用生物资源、不超过30兆瓦的水能和太阳能等可再生和环境友好型资源从事能源生产项目的公司有资格申请享受以下优惠待遇：一是获得新兴地位的公司可以享受10年期限的所得税100%减免优惠。允许公司将未缴纳的资本和累积的损失实行税损结转，允许将这部分数额自失去新型地位后从公司收入中扣除；二是选择申请享受自公司首次合格资本支出之日起5年之内发生的合格资本支出数额100%的税务扣除优惠。公司可以用该税务扣除数额冲抵公司纳税年法定收入的100%，被冲抵部分不计入公司所得税计算基数。公司未使用完的税务扣除数额可以在下一年度继续使用，直到公司使用完毕所有税务扣除数额为止。获得批准的公司必须在自获准之日起一年之内实施该项目。

从2007年9月8日起，公司集团中的任何一家公司符合上述条件的可以申请享受上述优惠待遇。即便是该公司集团中已经有一家公司获得上述优惠也不影响该公司集团其他公司的申请。符合申请享受优惠待遇用于能源生产的生物资源是指棕榈油、大米、甘蔗、板材、造纸等企业生产过程中产生的废料，也包括城市废料、生物气体（因土地填埋和棕榈油加工而产生的气体）、动物粪便以及其他可利用的废料。上述所指能源包括电能、蒸汽能、冷却能和热能。

公司从事再生性能源生产供自用的可以申请享受自公司首次合格资本支出之日起5年之内发生的合格资本支出数额100%的税务扣除优惠。公司可以用该税务扣除数额冲抵公司纳税年法定收入的100%，被冲抵部分不计入公司所得税计算基数。公司未使用完的税务扣除数额可以在下一年度继续使用，直到公司使用完毕所有税务扣除数额为止。

拟享受上述各项优惠的申请需要在2015年12月31日前提交，且应提交于马来西亚投资发展局。

（六）获得绿色建筑指数证书项目优惠制度

为了推广绿色节能技术，马来西亚政府于2009年5月21日发布了绿色建筑指数（GBI）。绿色建筑指数是用以判断环境友好型建筑物的绿色环保节能指数体系。绿色建筑的主要指数标准有：一是水、电效能；二是建筑物室内环境质量；三是污染控制及人工利用设施的可持续规划和管理效果；四是可循环利用和环境友好型材料及资源的适用情况；五是新技术的吸收和采用情况。马来西亚鼓励实施绿色建筑项目。

获得马来西亚政府颁发的绿色建筑指数证书的建筑物所有人有资格享受和因为获得该绿色建筑指数证书而额外支出的建筑成本等量的税收豁免待遇。绿色建筑指数证书持有人可以用该税收豁免数额冲抵其纳税年法定收入的100%，被冲抵部分不计入证书持有人所得税计算基数。该项优惠制度既适用于新建筑也适用于旧建筑的改造升级。绿色建筑指数证书项目只能享受一次，仅对第一次获得该证书的建筑适用。

从房产开发商那里购买已获得绿色建筑指数证书房产或建筑的购买人有资格享受所购房产的印花税免征优惠待遇。印花税免征数额为因获得该绿色建筑指数证书而额外支出的等量建筑成本。该项优惠只能享受一次，仅对首次取得建筑的所有人适用。

（七）环境管理项目加速资本扣除优惠制度

使用环境保护设备的公司有资格申请享受第一年资本支出数额40%的税务扣除优惠，此后每年可享受资本支出数额20%的税务扣除优惠。符合申请享受该项优惠待遇的公司包括：装置废旧发电设备；现场或非现场安装废料储存、处理或者分解设施或设备；从事废旧循环利用项目。如果公司因使用环保设备产生额外支出的成本是为了节省能源供该公司自用的，则上述加速资本扣除年限延长一年。

申请人应当将优惠申请书和马来西亚能源、绿色技术和水务部开具的有关证明申请人只用于能源保护适用目的的设备信函一起提交于马来西亚国内税收委员会（Inland Revenue Board of Malaysia，简称IRB）。

（八）废旧生态处理园项目优惠制度

从事废旧生态处理园项目的开发商或者公司，在生态处理园内因出租建筑、使用废旧回收与分离设备以及废水处理设施取得的法定收入，可以申请享受70%的所得税减免优惠待遇。该项优惠制度实行期间为2015年1月1日至2016年12月31日。

申请者应当在废旧生态园建设下列内容的基础设施：包括道路、排水系统等在内的基础设施；废旧回收与分离建筑和设备；废水处理设施；供循环、处理等设备使用的建筑；供培训中心使用的建筑；分解设施。

废旧生态处理园项目优惠待遇申请应当提交于马来西亚国家固体废物管理局以及其他管理废旧业务的联邦和地方部门。

三、研究与开发服务方面的投资优惠制度

《1986年马来西亚投资促进法》就研究与开发服务作了如下界定：以致力于材料、设备、产品或工艺生产及改进为目的，在科学或技术领域内实施的任何系统性或集约化研究活动。但是不包括下列情形：有关产品质量控制或者材料、设备、产品或工艺的常规检测；社会科学或人文科学方面的研究；有关数据的常规收集；有效调查或管理研究；市场调查和销售促进。

为了进一步提高马来西亚整体研究与开发服务能力和水平，独立从事设计、开发和建模项目的公司有资格申请享受下列优惠待遇。

（一）合同制研究与开发服务公司

合同制研究与开发服务公司是指在马来西亚向非关联公司提供研究与开发服务的公司。该类公司有资格申请下述优惠：一是申请获得新兴地位，可以享受5年期限的所得税100%减免优惠。允许公司将未缴纳的资本和累积的损失实行税损结转，允许将这部分数额自失去新型地位后从公司收入中扣除；二是选择申请享受自公司首次合格资本支出之日起10年之内发生的合格资本支出数额100%的税务扣除优惠。公司可以用该税务扣除数额冲抵公司纳税年法定收入的70%，被冲抵部分不计入公司所得税计算基数。公司未使用完的税务扣除数额可以在下一年度继续使用，直到公司使用完毕所有税务扣除数额为止。申请人应当将优惠申请书提交于马来西亚投资发展局。

（二）研究与开发服务公司

研究与开发服务公司是指在马来西亚向其关联公司或者社会其他公司提供研究与开发服务的公司。该类公司有资格申请下述优惠：享受自公司首次合格资本支出之日起10年之内发生的合格资本支出数额100%的税务扣除优惠。公司可以用该税务扣除数额冲抵公司纳税年法定收入的70%，被冲抵部分不计入公司所得

税计算基数。公司未使用完的税务扣除数额可以在下一年度继续使用，直到公司使用完毕所有税务扣除数额为止。申请人应当将优惠申请书提交于马来西亚投资发展局。如果研究与开发服务公司自己不打算申请享受此项优惠的，该公司的关联公司能够享受因接受研究与开发服务公司服务而支出的服务费双倍的减免。同样，申请人应当将优惠申请书提交于马来西亚投资发展局。

满足下列条件的合同制及其他类研究与开发服务公司可以申请享受多项优惠：公司从事的开发应满足国家的相关需求并能带来经济利益；至少70%的收入来自于公司的研究与开发活动；以制造业为基础的研究与开发公司，至少50%的公司员工有资格从事研究与开发工作；以农业为基础的研究与开发公司至少5%的公司员工有资格从事研究与技术工作。

（三）研究与开发再投资优惠制度

上述类别的公司实施研究与开发再投资项目有资格申请第二轮5年期的新兴地位优惠待遇，符合条件的也可以申请第二轮5年期的新兴地位优惠待遇。

（四）研究与开发公共机构商业化优惠制度

为了鼓励公共研究机构研究开发成果的商业化，马来西亚给予下列优惠：一家公司向其从事研究与开发成果商业化的子公司进行投资的，有资格申请享受与其在子公司投资额等量的税收减免；从事研究与开发成果商业化的子公司有资格申请获得新兴地位，可以享受10年期限的法定收入所得税100%减免优惠。申请享受上述优惠的公司应当满足以下条件：不低于70%的持股公司的股份由马来西亚人持有，从事研究与开发成果商业化的子公司应当属于马来西亚人；持股公司应当持有研究与开发成果商业化子公司的70%股权；子公司的研究与开发成果应当在自获批之日起一年之内完成商业化。

四、医疗设备检测实验室服务方面的优惠制度

马来西亚重点支持医疗设备实验室服务业的发展，以确保本地生产的医疗设备具有很高的质量并达到国际标准。

投资建设检测医疗设备新实验室项目的公司有资格申请下列优惠：一是申请获得新兴地位，可以享受5年期限的所得税100%减免优惠。允许公司将未缴纳的

资本和累积的损失实行税损结转，允许将这部分数额自失去新型地位后从公司收入中扣除；二是选择申请享受自公司首次合格资本支出之日起5年之内发生的合格资本支出数额60%的税务扣除优惠。公司可以用该税务扣除数额冲抵公司纳税年法定收入的100%，被冲抵部分不计入公司所得税计算基数。公司未使用完的税务扣除数额可以在下一年度继续使用，直到公司使用完毕所有税务扣除数额为止。申请人应当将优惠申请书提交于马来西亚投资发展局。

五、培训服务投资优惠制度

为了促进人力资源的发展，马来西亚规定下列优惠制度：

（一）投资税务抵扣优惠

在科学领域建立新的私人高等教育机构和建立技术或职业培训机构的公司有资格申请享受为期10年的100%的税务扣除优惠。公司可以用该税务扣除数额冲抵公司纳税年法定收入的70%，被冲抵部分不计入公司所得税计算基数。公司未使用完的税务扣除数额可以在下一年度继续使用，直到公司使用完毕所有税务扣除数额为止。

如果已有的私人高等教育机构和技术或职业培训机构的公司用新的投资升级改造培训设备或者扩大原有的培训能力和范围的可以申请上述优惠待遇。

符合上述申请优惠待遇的私人高等教育的学科有：生物技术医学和健康生物技术学、生物技术食品、生物技术工业和环境生物技术学、药物生物技术学、生物信息学、医药和健康科学、老年医药科学、临床医学研究、医药生物科学、生物化学遗传学、环境健康学、分子生物学、社区健康、免疫学、免疫遗传学、免疫物质科学以及食品科学与技术等学科。申请人应当将优惠申请书提交于马来西亚投资发展局。

（二）其他人力资源培训服务方面的优惠

人才服务方面的优惠还包括招募工人产生的成本可以在税收中加以减除。具体含参加人才招聘的费用、支付给人才雇佣代理人和猎头公司的费用。如果公司在开业前进行人才培训，在证明公司将会雇佣培训者的情况下，可以申请减免培训费用有关的税收。如果公司培训非公司雇员的当地居民，可以申请减免培训费用有关的税收。向技术和职业培训机构实施非盈利的现金投资和向法定机构举办的技术和职业培训机构实施现金投资可以申请单一的税收减除优惠。公司因修建工业、技术和职业培训建筑而产生的费用的10%，有资格申请享受为期10年的特殊年度工业建筑税收扣除优惠待遇。在获得马来西亚教育部批准后，从事非居民特许教育项目的教育机构有资格申请豁免其应缴纳的特许权税。申请人应当将优惠申请书提交于马来西亚国内税收委员会。

没有向人力资源发展基金会投资的制造业或非制造业公司因从事下列获批项目产生的相关费用有资格申请双倍税收扣除优惠待遇：对于从事制造业的公司，可以申请享受优惠的项目为实施室内的培训或者在获批的培训机构进行的培训；对于非制造业公司，可以申请享受优惠的项目仅为在获批的培训机构进行的培训。如果培训是在获批的培训机构实施的，则优惠待遇自动获得批准。在旅游服务业领域内，从事旅馆及旅游管理、室内或获批培训机构培训或者提升职业技术水平培训等项目的，应当获得马来西亚旅游部的批准。

获得批准的培训机构、室内培训项目和所有私人高等培训机构就其使用的所有教育设备包括用于工作室、研讨会、语言实验室的设备所产生的进口税、销售税、特种商品销售税申请享受豁免待遇。此类申请应提交于马来西亚投资发展局。

私人公司提供奖学金资助马来西亚学生在当地获得马来西亚教育部注册的高等学校接受学士学位和学历教育的，可以申请享受双倍税收减免优惠待遇。公司提供的奖学金应当符合下列标准：仅对全职学生提供；学生没有家庭收入来源，学生父母或监护人月收入不超过5000林吉特。申请应提交于马来西亚国内税收委员会。优惠实施期限为2012年到2016年。

六、获批服务项目优惠制度

获得马来西亚财政部批准的服务项目有资格申请享受下列税收优惠：

一是申请享受《1967年马来西亚所得税法》第127条规定的优惠：从事获得财政部批准服务项目的公司可以申请享受5年期限的公司年法定收入70%税收的减免优惠待遇。其中获得财政部批准从事国家战略服务项目的公司可以申请享受5年期限的公司年法定收入100%税收的减免优惠待遇。此类申请应提交于马来西亚财政部。

二是为直接实施获批服务项目进口马来西亚本地无法获得的原材料和配件的公

司有资格申请豁免相关的进口税和销售税。如果公司从当地购买机械设备的可以申请豁免相关的销售税和特种产品税。此类申请应提交于马来西亚投资发展局。

七、提供综合后勤服务项目优惠制度

为制造业提供增值服务的项目可以申请享受新兴地位税收优惠待遇：享受5年期限的所得税70%减免优惠。允许公司将未缴纳的资本和累积的损失实行税损结转，允许将这部分数额自失去新型地位后从公司收入中扣除。为制造业提供增值服务的项目主要包括货物转运、仓储、运输、分流、产品组装及装配、包装、质量监控、货物冷藏、货物保鲜等相关服务。

符合上述条件的公司可以选择申请享受自公司首次合格资本支出之日起5年之内发生的合格资本支出数额60%的税务扣除优惠。公司可以用该税务扣除数额冲抵公司纳税年法定收入的70%，被冲抵部分不计入公司所得税计算基数。公司未使用完的税务扣除数额可以在下一年度继续使用，直到公司使用完毕所有税务扣除数额为止。申请人应当将优惠申请书提交于马来西亚投资发展局。

八、代表处和地区办事处

代表处和地区办事处是指从事制造业和服务业的外国公司或机构在马来西亚境内设立的代表其总部开展相关业务活动的办事处。代表处或地区办事处不得开展任何商业性质的活动，只能代表总部履行其安排的活动。办事处的建设完全由其总部出资建设。代表处的设立需要取得马来西亚政府的审批，但不需要依照《1965年马来西亚公司法》的要求设立。

代表处是指外国机构或公司获批在马来西亚建立的从事收集马来西亚制造业和服务业领域的有关投资方面的信息资料、提升双边贸易关系、促进马来西亚产品和服务的对外出口以及从事相关调查和研究等工作的机构。

地区办事处是指外国机构或公司依法获批在马来西亚设立的为该外国机构或公司在东南亚和亚太地区的各个分支机构提供合作服务并为自己在本地区实施的总部指示行为负责的机构。

依法获批的外国机构或公司代表处、地区办事处可以代表总部从事下列活动：收集和分析马来西亚和其他地区的投资信息或者进行马来西亚和其他地区投资可行性研究；策划相关商业活动；识别原材料资源、配件或其他工业产品；执行调研和产品发展；为公司的各个分支机构提供非直接商业活动区域合作服务。

依法获批的外国机构或公司代表处、地区办事处不得从事下列活动：任何形式的贸易包括进出口业务、商业以及任何形式的仓储出租业务；代表公司从事必须以合同方式通过当地代理人或经销商实施的货物海运、装运或者货物存储；为总部子公司、附属机构或分支机构提供付费的日常管理工作服务。

外国机构或公司代表处、地区办事处每年预算支出的费用至少为30万林吉特，并且该费用应当由马来西亚境外的相关机构提供。

如果是外国公司和其他形式的机构包括非盈利、非贸易机构在马来西亚设立代表处或地区办事处，设立时间至少为2年，实际年限根据具体情况确定。如果是外国政府和贸易组织在马来西亚设立代表处或地区办事处，设立时间根据申请人具体要求确定。外国机构或公司代表处、地区办事处不需要在马来西亚境内发行资本，对他们没有任何股权要求。

外国机构或公司代表处、地区办事处可以聘请外国人担任其相关职位，聘请外国人的数量根据该机构的作用和从事活动规模大小来确定。外国人职位仅限于管理岗位和技术岗位。拟任用的代表处或地区办事处外国人应当是申请人公司或其子公司或集团的雇佣员工。代表处从事工作的外国人应当要正常缴纳个人所得税。而对于在地区办事处工作的外国员工只承担其在马来西亚境内实际工作天数所得收入的所得税。有关设立外国机构或公司代表处、地区办事处及外国人职位的申请应当提交于马来西亚投资发展局。

九、设立金融管理中心项目优惠制度

金融管理中心是指依法获批在马来西亚境内设立的向马来西亚境内外的其集团关联公司集中提供金融管理服务的公司。

金融管理中心应当满足下列条件：应当按照《1965年马来西亚公司法》的规定成立提供金融服务的公司；最低实缴资本为5万林吉特；每年在马来西亚境内支出的最低运营费用不低于15万林吉特，不包括金融管理中心对投资支出的分红和折旧费用；金融管理中心至少任命3名以上的高级专业人员从事相关工作；金融管理中心至少向马来西亚境外3个以上的公司提供合格的金融服务。

金融管理中心提供的合格金融服务主要包括：一是货币、资金和债务管理服务。通过在马来西亚境内执业银行开设的统一账户，使用马来西亚境内公司集团和金融机构的盈余基金所建立的资金统一管理机制向下列公司或机构提供金融服务：向马来西亚境内外关联公司提供用于任何目的的外汇服务；使用马来西亚境内公司集团盈余基金提供用于在马来西亚国内提升竞争力的马币货币服务；马来西亚境内的金融机构；为发行马币或外汇债券的集团公司提供金融或非金融担保业务的机构；现金账户或收支账户管理服务；公司间冲销账业务服务。二是投资服务。使用马来西亚境内货币市场从事业务的公司集团的马币资产和马来西亚境内、境外公司集团的外汇资产所建立的投资基金提供相应的投资服务。三是金融风险管理。防范下列风险：汇率风险；利率风险；市场风险；信用风险；破产风险；日用品价格风险。

获准的金融管理中心可以享受下列优惠待遇：就金融中心为关联公司提供金融服务所取得的下列法定收入享受5年期限的所得税70%减免优惠：为马来西亚境内外关联公司提供合格金融服务取得收入和费用；为马来西亚境内外关联公司提供借贷服务取得利息收入；使用集团盈余基金从事境内外短期投资、境内银行募集基金等所取得的分红、管理收入以及利息收入；因管理汇率、利率、市场、信用、破产、日用品价格等风险取得的外汇兑换收入；因购买关联公司和金融机构发行的债券取得的红利、折价等收入；担保费和金融中心使用从金融机构和关联公司借贷的基金用于其金融业务服务而取得的免征所得税的利息和利润收入；全额免除金融管理中心在马来西亚境内因提供贷款协议和资金服务协议等金融服务而产生的印花税；金融管理中心任职的外国人仅就在马来西亚境内工作时间所取得的收入部分缴纳个人所得税；外汇交易的灵活管理；无当地股权限制条件。金融管理中心在所得税优惠期间应免征的所得税收入不得超过金融管理中心因给关联公司提供金融服务取得的全部合格收入总额的20%。外国人优惠待遇的享受应当遵循其所供职的金融管理中心的有关条件。该项目优惠应当于2016年12月31日前申请，申请书应当提交于马来西亚投资发展局。

十、设立私人学校和国际学校优惠制度

为了进一步促进马来西亚教育服务的发展，实现马来西亚政府在基础教育实施方面的建设目标，马来西亚教育部对从事马来西亚私人学校和国际学校建设的投资项目给予下述优惠待遇：一是私人学校建设项目和国际学校建设项目可以申

请享受新兴地位税收优惠待遇。在获得新兴地位之日起5年时间内，可以享受免征企业70%法定收入所得税；允许获得新兴地位的外资公司将未缴纳的资本和累积的损失实行税损结转，允许将这部分数额自失去新型地位后从公司收入中扣除。二是选择申请享受自公司首次合格资本支出之日起5年之内发生的合格资本支出数额100%的税务扣除优惠。公司可以用该税务扣除数额冲抵公司纳税年法定收入的70%，被冲抵部分不计入公司所得税计算基数。公司未使用完的税务扣除数额可以在下一年度继续使用，直到公司使用完毕所有税务扣除数额为止。

十一、多媒体超级走廊项目优惠制度

马来西亚多媒体超级走廊项目是为了把马来西亚打造为世界级水准的信息通讯技术中心，促进马来西亚国家信息通讯产业的发展而于1996年开始实施的投资优惠项目。

马来西亚多媒体超级走廊地位由马来西亚政府通过其设立的多媒体发展公司审核在马来西亚境内参加和实施信息及通讯技术业务的公司情况的基础上予以核准。

获得马来西亚多媒体超级走廊地位的公司在马来西亚多媒体走廊网络城或网络中心从事相关业务的可以申请享受下列优惠待遇：一是可以申请享受新兴地位税收优惠待遇。在获得新兴地位之日起10年时间内，可以享受免征企业100%法定收入所得税；允许获得新兴地位的外资公司将未缴纳的资本和累积的损失实行税损结转，允许将这部分数额自失去新型地位后从公司收入中扣除。二是选择申请享受自公司首次合格资本支出之日起5年之内发生的合格资本支出数额100%的税务扣除优惠。公司可以用该税务扣除数额冲抵公司纳税年法定收入的100%，被冲抵部分不计入公司所得税计算基数。公司未使用完的税务扣除数额可以在下一年度继续使用，直到公司使用完毕所有税务扣除数额为止。对于马来西亚人持有多数股权的多媒体超级走廊地位公司还可以申请享受研究与开发服务项目优惠待遇。

有关马来西亚多媒体超级走廊地位的申请应当提交于马来西亚多媒体发展公司。

第五章

马来西亚劳动法

第一节　人力资源概况与外国雇员管理制度

一、马来西亚人力资源状况

马来西亚具有丰富的人力资源，为投资者提供勤劳、有文化、纪律性强和受过培训的各类劳动力人才。进入劳动力市场的马来西亚年轻人已经接受过至少11年的学校教育，都已经达到中学教育水平，这些年轻人很容易接受新的技术培训。为了进一步满足制造业对技术培训人才的大量需求，马来西亚政府采取多种措施提高每年从马来西亚国内外高等学校、技术和工业培训机构毕业的工程师、技师和其他各种技术性人才的数量。另外，马来西亚建立和形成了自由竞争的劳动力人才市场，雇主和雇员之间形成了真诚又和谐的关系。和工业国家的劳动力相比，马来西亚劳动力具有成本相对较低而生产力却保持高水平的优势。

（一）马来西亚人力资源管理和培训机构

1. 马来西亚技术发展局

为了促进技术人才的发展和培训，马来西亚专门建立负责人才职业培训和管理的机构。现在负责技术发展和培训的机构是马来西亚人力资源部下属的技术发展局（the Department of Skills Development，简称DSD）。技术发展局的前身是1989年建立的国家职业培训委员会（the National Vocational Training Council，简称NVTC），2006年9月1日，国家职业培训委员会根据《马来西亚国家技术发展法》的要求改建为技术发展局，其主要宗旨是制定、提高和协调马来西亚职业与工业培训战略计划和项目，以保证马来西亚国家技术和经济发展的需要。

马来西亚技术发展局具体负责建立所有的公共和私人培训机构，评估现在和将来对技术人才和技术的需求情况，判断将来市场对职业和工业培训的需求，并根据《马来西亚国家职业技术标准》制定和完善各类职业技术发展标准。迄今为止，马来西亚技术发展局已经制定了超过700多个的技术认证标准，这些标准涵盖了各类培训证书、学位学历证书和高级培训证书等范围。马来西亚技术发展局严格按照《马来西亚国家职业技术标准》为20几个工业部门和领域制定了将来适用的技术发展标准。

2. 马来西亚技术培训机构

马来西亚在国内建立了多层次、多渠道的职业技术培训学校和机构。这些培训机构从层次水平来看，既包括基础级别的职业和技术学校，也包括高层次的各类综合技术和职业培训高等学校。马来西亚大部分的职业和技术学校是由政府机构经营和管理的，也有少部分是私人经营管理的技术和职业培训机构。

马来西亚负责技术和职业培训的主要政府部门包括马来西亚人力资源部（Ministry of Human Resources）、高等教育部（Ministry of Higher Education）、教育部（Ministry of Education）、青年体育部（Ministry of Youth and Sports）和人民信托局（Majlis Amannh Rakyat，简称MARA））等机构。马来西亚人力资源部目前经营和管理21家工业培训机构。这些工业培训机构为市场提供初级、中级和高级水平的岗前和岗位再学习等各类工业职业技术培训项目和内容。这些培训项目包括机械、电力、建筑和印刷行业的学徒培训以及各类技术提升和培训指导项目。人力资源部同时还负责技术指导员及高级技术培训中心、马来西亚—日本技术学院和其他四家高级技术培训中心的管理经营工作。马来西亚高等教育部正式成立于2004年3月，主要负责对公立和私立大学的监管工作，负责27家理工学院和72家社区大学的管理工作，为马来西亚工业部门培养各类技术性人才。社区大学和理工学院为工程、商业和服务行业培训具有半专业水平的人才培训项目。马来西亚教育部管理90多家技术学校。这些学校为学生提供多种技术和职业培训课程。这些技术学校毕业的学生，既可以直接寻找基础级别的技术工作，也可以继续深造，接受马来西亚理工学院与社区大学提供的各类职业技术培训和学习。马来西亚青年体育部通过其管理的16家国家青年技术培训中心与国家高等青年技术培训中心，为社会提供包括初级、中级和高级等各类技术培训项目。青年体育部同时也为社会提供各种短期和技术提升培训课程。马来西亚人民信托局隶属于乡村和地区发展部。人民信托局管理和经营位于马来西亚不同地区的20多家培训机构。这些机构为社会提供包括初级、中级和高级等各类技术培训项目。

3. 马来西亚人力资源发展基金

马来西亚人力资源发展基金（the Human Resources Development Fund，简称HRDF）成立于1993年，具体由马来西亚人力资源发展委员会管理。马来西亚人力资源发展基金采取缴费—授权培训的经营管理模式：雇主首先向基金组织缴纳一定比例的费用，在此基础上，雇主的马来西亚雇员可以接受基金提供的免费培训。

雇主缴纳的费用比例为：雇员为50人或者以上的公司，按照全部雇员月工资的1%缴纳费用；雇员少于50人但多于10人且实际出资达到或超过250万的公司，按照全部雇员月工资的1%缴纳费用；雇员少于50人但多于10人且实际出资低于250万的公司，按照全部雇员月工资的0.5%缴纳费用。根据雇主在马来西亚人力资源发展基金账户的缴费数额，雇主就马来西亚国内开展的雇员培训获得100%的资金资助，就海外开展的雇员培训可获得50%的资金资助。目前，马来西亚人力资源发展基金的培训项目包括学徒培训、授权培训及其他基础性技术培训。学徒培训项目中，雇主有资格获得100%的培训资金支持，具体包括培训学徒的每月培训费、保险费和培训材料费。截至目前，马来西亚人力资源发展基金已经为机电一体化、饭店旅游业、制造业、信息技术、工具技术等多个工业部门提供了多次业务培训，有力地促进了马来西亚国内人力资源的发展。

（二）马来西亚各类管理型人力资源

近年来，马来西亚每年有超过15万的高级管理人才毕业于马来西亚20所公共高等学校和其他私人高等学校。这些不同专业的毕业生所从事的工作包括商业管理、信息技术、工程技术、医药、生物技术、科学和艺术设计等。除了高等学校外，马来西亚生产力机构、马来西亚管理院、马来西亚人力管理院等机构也提供管理人员培训项目。另外，很多马来西亚管理人才是在海外获得培训的。因此，马来西亚国内具有高水平的各级管理人才。

（三）马来西亚劳动力成本

马来西亚制造业领域的雇员工资及其他福利因工业类型、位置和雇佣规模不同而有所不同。公司雇员一般享受的带薪假期主要有公司年假、公共假日、病假、生育假和特殊私事假。公司同时为雇员提供免费医疗。有些公司还为雇员提供工作服装费、交通费、奖金、换班补助和保险费。公司也会根据公司收入和雇员个人表现给予分红奖励。《2012年马来西亚最低工资令》于2013年7月1日正式生效。该法令适用于那些从事《马来西亚职业分类标准》所规定的职业业务的雇主。雇员人数为5人或5人以下的，最低工资标准为：马来西亚半岛地区，最低月工资为900林吉特，最低小时工资为4.33林吉特；沙巴州、沙捞越州和联邦纳闽地区，最低月工资为800林吉特，最低小时工资为3.85林吉特。

为了行使《2011年国家工资咨询委员会法》第23条规定的职权，马来西亚人力资源部部长于2016年4月27日，依法颁布了最新的《2016年马来西亚最低工资令》，指令于2016年7月1日生效。该令将替代上述《2012年马来西亚最低工资令》。依照《1955年马来西亚雇佣法》第2条、《沙巴州劳动条例》第2条和《沙捞越州劳动条例》第2条规定，该指令不适用于家庭佣人。

雇员实行计件工资的最低工资标准：马来西亚半岛地区每月最低工资为1000林吉特，沙巴州、沙捞越州和联邦纳闽地区每月最低工资为920林吉特。

雇员工资以非计件标准确定的，最低工资标准参考下表。

表5-1 马来西亚最低工资标准指导

地区	最低工资数额		
	月薪	日薪	时薪
马来西亚半岛	1000林吉特	一周不同工作日日薪	4.81林吉特
		6 38.46林吉特	
		5 46.15林吉特	
		4 57.69林吉特	
沙巴州、沙捞越州和联邦纳闽地区	920林吉特	6 35.38林吉特	4.42林吉特
		5 42.46林吉特	
		4 53.08林吉特	

数据来源：马来西亚人力资源部网站公布的《2016年马来西亚最低工资指令》。网址为：www.mohr.gov.my。

（四）马来西亚招工设施

在马来西亚雇主和雇员可以通过注册的私人招工代理机构招聘员工或寻找工作，也可以通过政府在全国各地设立的招工办公室获得有关用工或者招工信息。马来西亚多个政府机构的相关部门为求职者提供求职信息登记和服务，雇主可以通过这些机构了解大量的求职者个人信息，从而帮助他们招聘符合条件的员工。另外，政府机构还会举行面向公众的大型职业招聘面试活动，帮助雇主招聘到合适的员工。马来西亚技术学院和社区学院在学校内为用人单位招聘人才提供便利。

二、《1955年马来西亚雇佣法》就外国员工的规定

《1955年马来西亚雇佣法》第12章B部分专门就外国雇工制度作了规定。一是有关雇主提交外国雇工信息的规定。雇主在自雇佣外国员工之日起14日之内，按照劳动总署长确定的方式向最近的总署长办公室提交有关该外国员工的详细资料。任何雇主、集体或者集体雇主应当按照劳动总署长要求的时间、方式，或者按照劳动总署长规定的间隔时间，向劳动总署长提交有关外国员工的详细资料。二是有关雇主和外国员工双方可以终止雇佣服务合同的规定。外国人雇佣服务合

同也可以因该外国人持有的马来西亚移民局颁发的通行证期限届满、该外国人被遣送回国或者驱逐出境而终止。如果外国雇佣服务合同终止时,雇主应当在该雇佣服务合同终止之日起的30日之内,按照劳动总署长确定的方式向总署长通知合同终止事宜。如果外国员工从其工作的地方潜逃,应当认定为该外国员工终止了原雇佣服务合同。

如果雇主在雇佣服务合同中对当地雇员或者外国雇员实施歧视性待遇并被当事人申诉的,劳动总署长应当调查该类申诉,并向雇主发出解决该歧视的相关指示。任何雇主不得因为雇佣外国员工而解除该雇主与当地雇员之间签订的雇佣服务合同。如果雇主基于节省成本减少多余劳动力的目的进行裁员时,在能力相同及没有解除外国员工合同的前提下,不得先解除本地员工的雇佣服务合同。外国雇员的规定不适用那些已经在马来西亚取得永久居民身份的外国人。

三、马来西亚外国人签证管理制度

(一)签证证件

任何外国人进入马来西亚境内应当持有有效护照或者其他国际社会认可的有效旅行证件。从证件持有人进入马来西亚境内之日算起,此类证件的有效期必须达到6个月以上。如果外国人持有的护照不被马来西亚认可的,该外国人应当向马来西亚驻本国代表机构申请用以替代护照的签证文件。签证申请可以提交给离申请人最近的马来西亚驻该国代表机构办理。如果马来西亚尚未在申请人所在国家设立代表机构的,申请人可以将此类申请提交给离申请人最近的英国高级官员公署或者英国使馆。

(二)签证要求

签证是指在外国人持有的护照或者其他认可的旅行证件上签注、盖印,用以证明证件持有人已提出进入马来西亚境内的申请,并且该申请已获得许可。对于需要办理签证才能进入马来西亚的外国公民,应当提前在马来西亚驻外机构申请获得相关签证。马来西亚针对不同类型国家实施不同的签证制度:需要签证的国家,如中国、安哥拉等;需要签证的共同体国家,如喀麦隆、加纳等;需要签证且停留时间超过3个月的国家,如阿尔巴尼亚、澳大利亚等;需要签证且停留时间超过1个月的国家,如柬埔寨、希腊等;需要签证且停留时间超过14天的国家，如伊朗、伊拉克等。对于美国公民除了工作签证外，其他社交、商务、学术访问等需要入境马来西亚的不需要签证。以色列公民签证需要事先通过马来西亚内政部的批准才能获得。塞尔维亚共和国公民和黑山共和国公民签证无需批准即可获得。除了缅甸以外的其他东盟国家公民无须签证即可以获得在马来西亚停留时间不超过1个月的入境。上述国家以外的其他国家公民（不包括以色列）无须签证即可以获得在马来西亚停留不超过1个月的社交访问入境。

（三）签证类型

除了社交访问和商务交流签证外，其他类型的签证必须在入境马来西亚之前办好和完成。外国公民应当在马来西亚入境处办理入境签注，从而有资格在马来西亚临时停留。上述类型签证申请应当在马来西亚有相关的赞助机构。如果需要的话，赞助机构负责该外国公民在马来西亚停留期间和离境的费用。

外国公民享受落地签证的情形主要有：

1. 短期社交或商务访问签证

这类签证主要针对下列以社交访问或商务访问为目的而申请入境马来西亚的外国人：公司负责人、代表在马来西亚参加公司会议、论坛、研讨会，或者监督公司财务，或者保证公司平稳经营；外国投资者或商人在马来西亚寻找商机和投资机会，或者建立工厂，建立外国公司代表处为马来西亚企业介绍商品；财产所有人进入马来西亚销售或出租其财产；大型媒体记者进入马来西亚报道相关事件或新闻；参加在马来西亚举办的体育运动会；学生参加马来西亚国内大学举办的相关考试，或者友好使团访问以及其他获得马来西亚移民局总长批准的访问活动。

获得此类签证的人员不得在马来西亚境内从事劳工或者监督新设备的安装或者工厂的建设。

2. 长期社交签证

取得此类签证的外国公民在马来西亚的停留时间可以长达6个月。符合条件的外国公民可以获得一定期限的停留延期。持有长期社交签证的马来西亚公民的配偶，在无须将社交签证转为劳工签证或临时劳工签证的情形下，可以从事付薪酬工作、商业经营或者专业工作。

3. 临时劳工签证

在马来西亚境内从事劳务不超过24个月的外国公民，可以申请临时劳工签证。

4. 劳工签证

在马来西亚境内从事劳务最短时间不少于2年的外国公民，应当申请劳工签证。申请人在获得马来西亚管理部门有关外国人职位的批准后才能申请劳工签证。

5. 专业技术签证

该类签证主要针对那些基于专业交流等目的需要在马来西亚境内短期居留的外国公民实施的签证类型。申请此类签证的外国公民主要有马来西亚政府认可的外国研究者、国际机构的会员、受邀演讲或发言的外国公民、负责机械设备安装或维修的外国专家、提供技术培训的外国公民、从事影视拍摄或文艺表演的外国公民、促进影视产业或宣传影视作品的外国公民以及从事宗教活动的外国公民。因具体类型不同，持有专业技术签证的外国公民在马来西亚居留的时间也有所不同。但不管如何，持有此类签证的外国公民在马来西亚一次居留的最长时间不得超过12个月。

6. 非独立签证

或者叫家属签证。非独立签证是针对在马来西亚已获得外国人职位的外国官员的配偶或孩子实施的一种签证类型。非独立签证可以和外国公民的劳务签证一起申请，也可以在外国公民获得劳务签证后再申请。

7. 学生签证

该签证是针对那些准备在教学课程已获马来西亚高等教育部批准的教育机构学习的外国学生实施的一种签证类型。外国学生签证时应当获得马来西亚内务事务部的批准。

四、马来西亚外籍员工劳工制度

马来西亚对外劳务市场主要包括传统劳务服务市场和专业技术劳务服务市场。传统对外劳务服务市场主要包括马来西亚建筑业、种植业、农业、制造业、家庭佣人等行业。由于缺乏足够的劳动力，马来西亚政府允许雇主在这些行业雇佣来自于政府指定国家的外籍员工。专业技术劳务服务市场则是允许符合投资条件的马来西亚公司和企业通过申请，获得雇佣一定数量的具备特定专业技术知识和工作经验的外籍高级管理人员或外籍专业技术人才。

（一）外籍员工岗位类型

为了保证马来西亚本国公民就业，马来西亚政府实施严格的对外劳务市场管理和开放制度。截至目前，马来西亚普通劳务市场的部分行业只针对少部分国家开放。马来西亚政府设立多种培训机构提高本国公民的技术水平和专业素养，鼓励马来西亚企业尽量雇佣当地不同种族的居民。同时，限制国内各类雇主雇佣外国公民从事劳务。马来西亚内政部只允许雇主在国内无法找到合适的工作人选时，才能依法申请雇佣外籍劳工。马来西亚允许外籍劳工的职位主要分为"关键职位"（key post）和"定期职位"（time post）。关键职位是允许外国人永久从事的工作岗位，而定期职位只允许外国人在特定时间从事的岗位。符合规定条件的外国公民可以申请关键职位和定期职位。

1. 关键职位

关键职位是马来西亚境内的外资公司或企业为外国公民设立的高级管理岗位。关键岗位直接影响到外资公司和企业在马来西亚的经营管理，是保证外资公司在马来西亚投资利益的重要职位。

2. 定期职位

外国公民定期职位分为执行岗位和非执行岗位。执行岗位是外资公司或企业的中级管理岗位或专业技术岗位。执行岗位要求在岗者具备和其工作有关的专业资质、实践经验和专业技术。从事执行岗位的外资员工负责执行外资公司或企业的各项决策，监督公司或企业的员工。非执行岗位是需要具备特殊技能和经验的技术工作职位。

（二）外籍员工岗位申请程序和条件

马来西亚境内的公司或企业需要雇佣外籍员工时，应当依照法定程序向马来西亚投资发展局申请外籍员工岗位。外籍员工申请经过两个主要程序：一是根据申请公司或企业从事的业务性质向马来西亚投资发展局或者其他政府管理机构申请外籍员工岗位；二是将已获得的外籍员工岗位批准书提交于马来西亚移民局，申请办理劳工签证。

从事制造业、研究与开发、四星级以上酒店、旅游业务或者向马来西亚投资发展局申请享受投资优惠待遇的投资项目，在满足马来西亚规定的最低实缴资本条件后，可以有资格申请获得一定数量的外籍劳工岗位。具体申请外籍岗位的条件为：实缴资本达到25万林吉特并且马来西亚公民拥有100%股权的公司；实缴资本达到35万林吉特以上的马来西亚和外国投资者合资建立的公司；实缴资本达到

50万林吉特以上外国投资者拥有100%股权的公司。

公司或企业申请外籍定期岗位的应当符合下列条件：最低基础工资至少达到5000林吉特；具备最低要求的专业资格条件和最低年限的工作经验。申请制造业领域定期岗位的外籍员工应当具有取得学位后至少3年以上的相关领域的工作经历，或者取得资质证书后至少5年以上相关领域的工作经历，或者取得高中毕业证书后至少10年以上相关领域的工作经历，或者满足公司规定的更高要求的专业资质和工作经验条件。申请合同制研究与开发公司、研究与开发公司或室内研究与开发公司定期岗位的外籍员工应当具有取得学位后至少3年以上的相关领域的工作经历，或者取得资质证书后至少5年以上相关领域的工作经历，或者满足公司规定的更高要求的专业资质和工作经验条件。申请4星级及以上饭店或旅游项目定期岗位的外籍员工应当具有获得工作资质后至少5年以上的饭店或旅游行业工作经历。

公司或企业获得外籍员工岗位的数量根据申请人的实际条件来确定。独资或者主要资本有外国投资者拥有的合同制研究与开发公司、研究与开发公司或室内研究与开发公司可以获得公司岗位总数50%的定期外籍岗位。也就是说，这些公司可以按照1∶1的比例配备外籍员工和马来西亚本地员工。此种情况下，外籍员工的岗位年限不得超过5年。

最低实缴资本达到50万林吉特的经营总部（Operational Headquarters，OHQs）、地区发展机构（Regional Development Corporations，简称RDCs）或国际采购中心（International Procurement Centres，简称IPCs）有资格申请外籍工作岗位。马来西亚投资发展局根据申请人的要求，在考虑此类岗位是否能够由马来西亚公民胜任以及该机构是否尽力培训马来西亚公民担任该职位的情况下，具体决定给予申请人外籍工作岗位的具体数量。此类外籍员工的岗位年限最长为5年。申请外籍工作岗位的经营总部、地区发展机构或国际采购中心应当具备下列条件：最低基础工资至少达到5000林吉特；申请岗位的外籍员工应当具有取得学位后至少5年以上的相关领域的工作经历，或者满足公司规定的更高要求的专业资质和工作经验条件。

每年运营费用达到30万林吉特的区域业务机构（Regional Establishments，简称RE）或者区域办事处（Regional Office，简称RO）有资格申请外籍工作岗位。申请的该外籍岗位基础工资不得低于5000林吉特。区域业务机构或区域办事处申请的外籍员工岗位数量取决于该机构在马来西亚存续期间已获得的地位以及其他具备的条件。

马来西亚投资发展局根据申请人的要求，在考虑此类岗位是否能够由马来西亚公民胜任以及该机构是否尽力培训马来西亚公民担任该职位的情况下，具体决定给予申请人外籍工作岗位的具体数量。

（三）马来西亚外籍工人管理制度

马来西亚建筑业、种植业、农业、制造业、家庭佣人以及11个服务业（餐馆、清洁服务、货物搬运、自助洗衣店、高尔夫俱乐部、理发店、批发或零售、纺织、金属或回收服务、福利院以及酒店或岛屿度假胜地服务业）可以依法雇佣外籍工人。马来西亚传统劳务市场并不向所有国家开放，上述行业雇工只能雇佣来自于马来西亚政府指定国家的外籍工人。具体开放领域和开放对象国家情况可参看下表：

表5-2　马来西亚外籍工人开放领域及开放对象国

开放领域	外籍工人国籍
制作业、种植业、服务业、农业和建筑业	柬埔寨、尼泊尔、缅甸、老挝、越南、菲律宾（限男性）、巴基斯坦、斯里兰卡、泰国、土库曼斯坦、乌兹别克斯坦、塔吉克斯坦
服务业（餐馆厨师、金匠、理发店、批发或零售、纺织、金属或废旧回收服务）、建筑业（仅限于安装高压线路）、农业、种植业	印度
男性工人可以从事制造业外其他工作，女性无限制	印度尼西亚
种植业（持有签证G）	孟加拉国

资料来源：马来西亚移民局。网址：http://www.imi.gov.my.

马来西亚雇主雇佣外籍工人（不包括家庭佣人）应当向马来西亚内政部外籍工人一站服务中心申请外籍工人岗位，其中雇佣家庭佣人的申请应当向马来西亚移民局提交。雇主在提交外籍工人申请时，拟雇佣的外籍工人应年满18周岁且不超过45周岁。外籍工人岗位是否获批或者岗位数量取决于申请人申请时的具体情况。一般只有在雇主无法雇用到合适的马来西亚本国公民或永久居民的情况下，才能雇用外籍工人。

在马来西亚务工的外籍工人每年要缴纳一定数额的赋税：制造业和建筑业外

籍工人每年缴纳1250林吉特；种植业外籍工人每年缴纳590林吉特；农业和家庭服务外籍工人每年缴纳410林吉特。

第二节　劳工法

马来西亚主要的劳工法律制度包括:《1952年马来西亚雇员赔偿法》、《1953年马来西亚雇佣信息法》、《1955年马来西亚雇佣法》、《1967年马来西亚劳资关系法》、《1969年马来西亚雇员社会保障法》、《1990年马来西亚雇员住宿和生活设施最低标准法》和《1991年马来西亚雇员公积金法》等法律。

《1955年马来西亚雇佣法》是规范马来西亚国内雇工事务的最基本法律。该法适用于马来西亚半岛和纳闽联邦直辖区月工资不超过2000林吉特的雇员以及所有不论工资高低的体力劳动者。用人单位应当和雇员签订书面劳动服务合同,且合同内容不得违反雇员依法享受的最低权益。月收入在2000到5000林吉特的雇工可以就发生的劳资纠纷,依照他们个人签订的劳动服务合同所规定的条款寻求法院救济。《1955年马来西亚雇佣法》主要内容包括雇佣服务合同、工资支付和扣减、工资支付方式、工资优先支付、女性雇工、生育保护、家庭佣人、工作时间及休息日、外国雇工制度、各种委员会、监督、申诉和调查、性骚扰、劳动诉讼程序以及违法处罚等内容。

一、雇佣服务合同

雇主必须为每一位雇工提供书面形式的雇佣服务合同,合同应当包含雇佣具体条款,尤其要写明劳动服务合同终止的方式条款。时间超过1个月的用工必须要签订书面劳动服务合同。在《1955年马来西亚雇佣法》颁布生效前,如果雇主和雇工已签订的书面雇佣服务合同没有违法本法规定的,可以继续有效。

如果雇工依照签订的书面集体雇佣服务合同规定或者工业法庭作出的裁判,享受高于《1955年马来西亚雇佣法》规定的雇佣待遇的,用人单位不得主张该待遇无效。雇主和雇员可以在雇佣服务合同中,共同商议法律、法规和指令没有规定的事项,且该约定事项不因缺乏法律规定而主张无效。

雇主不得通过签订书面雇佣服务合同的方式限制雇工下列权利:一是申请加入已注册工会组织的权利;二是不论其是否为已注册工会组织的官员,都有权利参加工会组织的活动;三是依照《1959年马来西亚工会组织法》的规定和其他人一起组建工会组织。

如果雇佣服务合同明确规定雇佣时间或者约定完成一项特定工作的，雇佣时间届满或者特定工作完成后，雇佣双方可以解除合同。如果雇佣服务合同没有明确规定雇佣时间或者约定完成某项特定工作的，雇佣双方可以根据《1955年马来西亚雇佣法》的规定解除合同。雇佣服务合同的任何一方当事人在任何时候都可以通知对方终止该合同。终止雇佣合同的通知时间期限对雇主和雇工是一样的。通知的具体时间长短根据合同的约定来确定。如果合同没有规定具体通知期限的，则根据下列情形具体确定：截至通知作出之日，雇员被聘用时间不够两年的，通知期间应为4周；截至通知作出之日，雇员被聘用时间已达两年或达到两年以上但不够5年的，通知期间应为6周；截至通知作出之日，雇员被聘用时间已达5年或达到5年以上的，通知期间应为8周。本法有关雇佣合同终止通知期间的规定不影响合同当事人放弃行使合同终止的通知权利。

如果对雇员的解雇主要是下列原因造成的，不管雇佣服务合同如何规定，则雇主必须履行通知义务，雇员有权利得到有关合同终止的通知。一是因雇佣该雇员原因，雇主已停业或者打算停止营业；二是雇主已停止或者打算停止该雇员工作地方的业务；三是该雇员从事的特定业务已停止、缩减或者打算停止、缩减；四是该雇员工作地方的特定业务已被停止、缩减或者打算被停止、缩减；五是雇员拒绝接受将其调到其他地方工作，除非雇佣合同条款规定他必须得接受该调动；六是因雇佣该雇员原因，原有的业务所有人发生了全部或部分变化，不论该种变化是因买卖或者执行法律规定或者依照其他方式处理。上述情形下，雇主应当书面通知雇员，通知作出的日期应当包括在通知期限内。

如果在付给合同另一方当事人相当于该通知期限内或该通知尚未届满期限内雇员应得薪酬等额补偿之后，雇佣合同任何一方当事人可以不履行通知义务或在发出通知后无须期限届满而终止该雇佣合同。如果雇佣服务合同的一方当事人故意违反合同规定的条款，不履行其义务时，合同任何一方当事人可以在不通知对方的情况下终止该雇佣合同。

如果雇员提供的劳动服务不符合雇佣合同明示或默示条款规定的劳动服务内容的，雇主经过正当调查后，可以在不通知的情况下解雇该雇员；或者降低雇员级别；或者给予该雇员其他雇主认为恰当和公平的较轻处罚。如果雇主是以暂时停发雇工薪酬方式进行处罚的，则停发薪酬的时间不得超过两周。雇主基于上述理由对雇工进行合理调查时，可以暂停该雇工所从事的工作。但暂停工作的时间不得超过两周，且在暂停期间应向该雇工支付一半应付薪酬。如果调查证明该雇员未实施任何不当行为的，雇主应当立刻补发该雇员应得的全部薪酬。

如果雇员或其抚养、赡养的人即刻受到暴力或疾病威胁时，该雇员在不通知雇主的情况下可以解除该雇佣服务合同，停止履行合同义务。雇主未按法律和合同规定向雇工支付薪酬的，可认定雇主违约。雇工在未获得雇主事先准假的情况下，连续旷工满两个工作日的，可认定雇工违约，除非该雇工有正当理由，且在旷工前或旷工早期通知或企图通知雇主的。

二、工资制度

（一）工资

《1955年马来西亚雇佣法》对工资的概念作了界定：工资是指根据雇员提供的工作结合雇佣服务合同，以现金方式支付给雇员的基本工资和其他薪酬。工资不包括下列内容：

（1）任何用于提供住宿用的房屋价值，供应的食物、燃料、水、电、医疗用品，或者获准提供的生活便利设施和服务；

（2）雇主因自己利益需求而支付的养老金、公积金，因实施养老金、裁员、解雇、下岗、退休项目或者为雇员实施其他福利项目所支出的费用；

（3）任何交通补贴或交通优惠；

（4）应当向雇员支付的因工作岗位性质决定由其垫付的特殊开支；

（5）因解雇或退休，支付给雇员的补偿金；

（6）支付给雇员的年度分红或者部分年度分红。

（二）工资支付期限

工资支付期限是指支付雇员劳动报酬时间的最长期间。雇佣服务合同应当详细规定雇员工资支付期限。合同规定的工资支付期限不得超过1个月。如果雇佣服务合同没有规定工资支付期限的，工资支付期限应当认定为1个月。雇主应当在工资支付期限届满之日起7日内向雇员支付工资，并可扣减法律允许的雇员少量工资。雇员因休息日、法定假日或者加班所得工作薪酬应当在不晚于下一个工资支付期限的最后1日前支付。如果劳动总署长认为上述工资支付期限不可行，则可以根据雇主的申请，将工资支付期限延至其认为合理的时间。

雇佣合同因履行期满或完成工作，或者因当事人通知而被终止的，雇主应当在不晚于该雇佣服务合同解除之日前向雇员支付尚未支付的报酬和雇佣期间依法扣减的雇员报酬。雇佣合同因无须通知或者属于法律规定的特别理由而终止的，雇主应当在不晚于该雇佣服务合同解除之日前向雇员支付尚未支付的计算到该合同解除生效之日为止的工资报酬、合同解除补偿金和雇佣期间依法扣减的雇员报酬。雇佣合同因雇员无须通知而终止的，雇主应当在不晚于该雇佣服务合同解除之日后第3日前向雇员支付尚未支付的计算到该合同解除生效之日为止的工资报酬、合同解除补偿金和雇佣期间依法扣减的雇员报酬。

（三）预付工资限制

雇主应当按照法律规定的工资支付期间向雇员支付工资，限制雇主预先向雇员支付超出一定数额的工资。雇主不得在任何月内，向雇员一次或分次预先支付雇员尚未取得的累积数额超过下月应得工资的部分；雇主也不得向雇员提前支付超过雇员实际工作时间应得的报酬。但是，基于下列用途的预先支付不受限制：

（1）能够使雇员购买房屋，或者建房；或者修缮房屋；

（2）能够使雇员购买土地；

（3）能够使雇员购买汽车、摩托车或自行车；

（4）能够使雇员购买雇主销售的其营业股份；

（5）能够使雇员购买电脑；

（6）能够使雇员支付自己或者其直系家庭成员的医疗费；

（7）能够使雇员支付依照《1969年马来西亚雇员社会保障法》规定应当由该雇员支付但其暂时无能力支付的定期费用；

（8）能够使雇员支付自己或者其直系家庭成员的教育费；

（9）因其他目的：应当由雇主以书面形式向劳动总署长申请，总署长认为该项预先支付有利于雇员并作出书面同意。劳动总署长在作出书面同意时，有权按照其认为的合适方式修改或增加预先支付的条件。

（10）基于其他需要，部长在任何时候，可以通过公报通知针对所有雇员，或者只针对某类特定雇员；或者某类雇员可以实施的预先支付。

（四）不应支付的工资

如果雇员在履行雇佣服务合同期间，发生了该雇员被执行徒刑或者羁押而离岗情形的，离岗期间的工资不必支付。如果雇员以非雇主证人的身份出庭，离岗期间的工资不必支付。

（五）工资扣减

除了依照法律规定，任何雇主不得随意扣减雇员应得工资。合法工资扣减主要有符合法定情形的工资扣减、经雇员书面申请的工资扣减以及经雇员书面申请并由劳动总署长书面许可后的工资扣减。符合法定情形的工资扣减主要有：因雇主错误，在扣减前3个月内多发给雇员的工资报酬部分；因雇员无须履行通知义务而解除雇佣服务合同的情形下，应当向雇主依法支付的补偿金；雇员应向雇主返还的不符合法律规定的预付工资，但不得扣减预付工资的利息；其他法律规定的扣减情形。经雇员书面申请可以扣减工资的情形：雇员应当向工会或储蓄及信用合作社支付的会费、认购费、分期付款、贷款利息以及其他应付款项；雇员购买雇主出售的股份应向雇主支付的款项。经雇员书面申请并由劳动总署长书面许可后可以扣减工资的情形：为雇员利益而应缴纳的养老金、公积金、雇主福利计划费或保险计划费；偿还雇主根据《马来西亚雇佣法》第22条规定向雇员预付的已扣除利息工资以及应支付的利息；代表雇员向第三方支付的款项；因雇员购买雇主销售的商品而应向雇主支付的货款；因雇员要求或依照雇佣服务合同规定应向雇主支付的房租、服务费和餐费。

如果雇员在依《1993年马来西亚合作社法》成立的合作社商铺信用购买食品和其他商品的，雇主在经雇员书面申请并提交该雇员和合作社商铺经理签订的合同情形下，可以从雇员工资中扣除应向合作社商铺支付且不超过信用授权数额的购物款。

雇主依法从雇员每月工资中扣除的各项费用总额不得超过雇员当月工资总额的50%。但是下列扣除事项不受此限制：从雇主依法应支付给雇员的赔偿金中实施的费用扣除；在解除雇佣合同的情况下，从最后支付给雇员的工资中，扣除雇员应向雇主支付或者尚未支付的款项；在扣除用于偿还经劳动总署长事先书面批准的雇员住房贷款时，允许该扣除数额超过雇员工资月收入的50%，但超出50%部分的扣除额不得高于雇员应得工资的25%。

（六）工资支付方式

雇主应当通过雇员在依法成立的银行、金融公司或金融机构开立的个人账户或者雇员指定的与他人共享的账户来支付雇员工作取得的所有报酬。雇主没有按期向雇员支付工资的，雇员有权利请求法院令雇主向其支付除法定扣除额之外的所有工资。

雇主也可以根据不包括家庭佣人在内的其他雇员的书面请求，以法定货币或者支票方式支付雇员的工资。对于家庭佣人，雇主可以根据其书面请求，在获得劳动总署长批准的情况下，以法定货币或者支票方式支付家庭佣人的工资。雇主不得无故阻碍或拒绝雇员提出的通过非银行账户工资支付方式的请求。雇员可以随时以书面通知的方式，撤回上述工资支付请求。该请求自书面通知送达雇主之日起4周后生效。雇主和雇员就雇员要求通过非银行账户支付工资发生的任何纠纷，应当提交于劳动总署长加以解决。劳动总署长就该纠纷作出的决定为终局决定。雇主不得在雇佣服务合同中就支付雇员工资的地点、方式和人员附加任何增加额外支付成本的条件。如有此类约定的，该约定条款无效。在工资支付日之前，雇主向雇员预付不超过月工资数额的工资时，不得扣除或收取任何形式的预付工资利息或者折扣金额。法律对雇主支付雇员工资的地方有一定的限制。雇主不得在酒馆或其他类似于酒馆场所、娱乐场所、商品零售店等地方支付员工工资，除非该员工在这些地方工作。

雇主可以在雇佣合同中约定向雇员提供除工资之外的其他福利待遇。工资外福利待遇可以是住宿、膳食、燃料、水、电、照明、医疗护理以及获准的其他生活设施或服务。但是，禁止雇主在雇佣合同中约定向雇员提供烈性酒服务。雇主向雇员提供便利或便利服务的，应当向劳动总署长提出书面申请。劳动总署长有权根据自己的判断作出是否批准该申请的决定，也可以在修改雇主申请的基础上作出批准决定。雇主对劳动总署长作出的决定不服的，可以在该决定送达雇主之日起30日内，就该决定向部长提出申诉。部长受理申诉后应当作出公平的决定或指令，部长所作的决定或指令是终局的。

（七）工资优先权

如果雇主对外负有债务时，雇主应当依法优先支付雇员的工资。雇员享受工资优先权。法院依照享有抵押权、担保权、留置权的雇主债权人或雇主债券持有人的申请，或者依照已对该雇主作出的债务履行判决，依法扣押、扣留该雇主财产或者变卖该雇主财产用于清偿上述申请人的债权时，如果该雇主尚未支付雇员工资，或尚未支付与其有合同关系的劳务承包商报酬的，则该法院、雇主财产接收人或者雇主财产管理人不得授权将变卖雇主财产所得或扣押、扣留的雇主金钱用于偿还享有抵押权、担保权、留置权的雇主债权人或雇主债券持有人的债务，除非法院、雇主财产接收人或者雇主财产管理人查明已用该雇主变卖财产所得之外的其他金钱清偿了该雇主所应支付的雇员工资或劳务承包商报酬。

工资优先权的行使范围和限制：一是不得超过自雇主财产被扣押、扣留或者变卖之日前连续4个月累积的雇员工资总额；二是不得超过自雇主财产被扣押、扣留或者变卖之日前，雇主以合同规定应向劳务承包商支付的报酬金额；三是在雇主为劳务承包商或者为次劳务承包商的情形下，不得超过自劳务承包商或者为次劳务承包商财产被扣押、扣留或者变卖之日前连续4个月累积的雇员工资总额。

工资优先权的行使应当和法院依法扣押、扣留的雇主财产或者变卖的雇主财产有一定的关联性。一是法院依法扣押、扣留的雇主财产或者变卖的雇主财产是在雇主应向雇员支付工资的工作地，或者雇主应向劳务承包商支付报酬地作出的；二是上述被扣押、扣留或变卖的财产是雇员用来工作使用的工作地产品或动产，或者是雇员或劳务承包商所生产的产品。

享受优先权的雇员工资包括雇员雇佣合同终止补偿费、临时解雇补偿费、年度休假工资、病假工资、公共假日工资和生育补助费。

（八）发包人和承包人承担的工资支付责任

发包人在商业经营过程中，可以通过承包合同方式将其业务的全部和部分承包给其他承包人实施或经营。在承包经营的情形下，项目发包人、承包人或次承包人应当对实施和完成该承包项目的所有雇员工资承担共同和连带支付责任，如同该雇员为其直接雇佣一样。但该责任制度并不适用于项目雇员的雇主。发包人和承包人对实施和完成承包项目雇员工资承担共同连带责任的限制：

（1）在建筑工程承包合同项目中，工程项目发包人对实施和完成该承包项目的雇员工资不承担共同和连带支付责任，除非工程项目发包人自身也是工程承包商或者是房产开发商；

（2）项目发包人、承包人或次承包人对实施和完成该承包项目的任何雇员承担的责任不应超出应支付给该雇员的任何连续3个月的工资数额。

参与发包项目工作的雇员在其工资得不到支付的情形下，自工资应支付之日起90日内，有权起诉项目发包人支付其应得工资，或者向劳动总署长提出相关申诉。

非雇主以外的任何人依法向雇员承担工资支付责任后，有权依法提起民事诉讼，向对该雇员负有工资支付责任的雇主追偿其已所支付的雇员工资。

提供雇员服务的劳务承包商应当在提供雇员服务前14日之内，向劳动总署长进行登记注册。劳务承包商应当保存载有雇员个人信息的登记册。管理部门有权监督和检查劳务承包商制作的雇员登记册。

三、女工制度

为了保护妇女的身心健康，马来西亚劳动法律制度规定了一些专门针对女性的劳动保护制度。这些保护制度内容主要为对雇主规定的禁止性义务以及女性职工的生育保护义务。具体内容为：

（一）雇主对女性职工所承担的禁止性义务
1. 有关雇主安排女性雇员夜间工作的禁止义务

在工业或农业领域，除非法律有特别规定，否则雇主不得安排女性雇员在夜间10点到次日凌晨5点期间工作，也不得安排女性雇员在未得到连续11小时休息后从事此类工作。

特殊情况下，如果无法按照上述要求安排女性雇员工作的，雇主应当向劳动总署长提出书面申请。劳动总署长在保证女性雇员身心健康和合法权益的基础上，可以给予雇主一定的豁免权，并允许雇主按其规定的条件安排女性雇员从事夜间工作。

任何受到劳动总署长作出决定或者附加条件影响的或者对该决定和附加条件不满意的人，在该决定作出或者该条件对其产生影响之日起30日之内向部长提起书面上诉。部长在受理相关上诉时，在公正合理的基础上作出变更或撤销原决定或附加条件的决定后指令，也可以作出新的附加条件的决定或指令。部长作出的决定或指令是终局的。

2. 有关雇主安排女性雇员地下工作的禁止义务

考虑到地下工作的危险性，以及对妇女身体可能产生的不利影响，雇主不得安排任何女性雇员从事地下工作。常见的地下工作包括地下矿物质、油气开采，地下管道工程等。

3. 部长规定的不得安排女性雇员从事相关工作的禁止义务

部长可以根据具体情况，通过指令禁止或者允许女性雇员在一定的条件下从事某项工作。

（二）雇主对怀孕女性职工所承担的保护义务

怀孕女性职工依法享受一定期限的带薪产假。带薪产假的时间一般不得少于60个连续日。产假开始之日一般不应早于怀孕女性职工分娩前30日，不得晚于分娩之日。如果经雇主指定的卫生官员或注册执业医师确诊，怀孕女性职工已经处于怀孕晚期，且该怀孕女性职工无法正常完成其承担的工作时，雇主可以要求该怀孕女性职工在其指定的卫生官员或注册执业医师确认的预产期前14日之内任何一日开始休产假。

怀孕女性职工在休产假期间，有权获得报酬，但应当符合一定的条件。怀孕女性职工申请带薪产假时，如果已有5个或5个以上孩子的，不得享受产假补助。申请享受带薪产假的女性职工应当符合一定的工作时间要求：女性职工在分娩前的9个月内，已经在雇主处工作或者累积工作时间不少于90日的；或者该女性职工在分娩前的4个月内的任何时间被雇主雇佣的。如果怀孕女性职工早于分娩30日前不再工作，开始休假的，则早于30日的休假时间不能计算为产假，该怀孕女性职工不能就该休假时间获得产假津贴。

有资格享受带薪产假的女性职工，有权获得和她日常工作日工资等额数量的津贴。如果部长规定的有关就怀孕女性职工产假津贴数额高于该女性职工日常工作日工资的，则可按照部长规定的数额执行产假津贴。

如果已休产假的怀孕女性职工按月收到雇主支付的数额并未减少的津贴，则该津贴应当视为该怀孕女性职工的产假津贴。女性职工依法向多个雇主主张产假津贴的，则她应获得产假津贴总额不得超过其有权仅由一个雇主应当支付的津贴数额。在多个雇主共同依法向同一个怀孕女性职工承担产假津贴支付义务的情形下，每个雇主承担的津贴数额应当依照该女性职工在分娩前9个月内在不同雇主处工作的时间比例来计算确定。一个雇主在支付女性职工全部应得产假津贴后，有权就超出自己承担的已付产假津贴部分，以民事债务为名向其他负有产假津贴支付义务的雇主追偿。

女性职工的产假津贴应当按照正常的雇主工资支付方式支付。如果女性职工在产假期间死亡，对该死亡女性职工承担产假津贴支付义务的雇主应当向其依法指定的人支付产假津贴。如果该死亡女性职工生前没有指定的，则应当向其法定代理人支付。支付的数额为产假开始之日到该女性职工死亡之日期间应得的津贴。

如果女性职工在即将离职前已经知道或者有理由知道，她将会在离职后4个月内分娩的，应当在她离职前向其雇主通知其怀孕情况，如果该女性职工没有履行通知义务的，她不能从雇主处获得任何产假津贴。

在预产期前60日，女性职工应当依法向其雇主履行有关产假开始日期的通知义务。如果女性职工在未履行通知义务的前提下，已经开始其产假的，则该女性职工的产假津贴会延迟到自她向雇主履行通知义务之日时计算。

怀孕女性职工一直拒绝接受或者没有申请享受注册医师认为其怀孕必需的由雇主免费提供医疗待遇的，如果她能获得产假津贴的话，她的该类预产期或产期津贴将减至为7天。

注册医师确认女性职工因为怀孕或分娩引起的疾病不适合该女性职工从事目前工作，且该疾病致使她在产假期限届满后仍然不能上班的，雇主因此而终止该女性职工雇佣服务合同或者通知终止雇佣服务合同的行为是违法的，除非该女性职工自产假期限届满之日起旷工时间已超过90天。

禁止雇主在雇佣服务合同限制女性依法享受带薪产假权利，如果合同中有要求女性放弃此类权利条款的，该类条款无效，雇主应当按照《马来西亚雇佣法》规定执行女性职工的产假待遇。

四、工作时间和休假制度

（一）工作时间制度

雇主应当依法安排雇员的工作时间，禁止雇主在雇佣服务合同中约定下列工作时间条件：

（1）超过5个小时的连续工作，且中间没有达到半个小时以上的休息时间；

（2）一天工作时间超过8个小时；

（3）延长一天工作时间超过10小时；

（4）每周工作时间超过48小时。

但是在特殊情况下，允许雇主可以作出上述某些约定或者规定。

（1）在连续5小时的工作中，如果少于半小时的休息不会破坏工作的连续性的；

（2）如果雇员从事的工作需要连续进行的，可以要求雇员连续工作8小时，但中间应当提供该雇员45分钟期间或者累积45分钟期间的用餐时间；

（3）雇员和雇主签订的雇佣服务合同约定，雇员一周内有一天或者数天工作时间少于8小时的，则该周内其余工作日工作时间可以不受8小时限制，此种情形下雇员每日工作的时间不得超过8小时或一周工作时间不得超过48小时。

由于工作特殊性使得雇主无法严格按照法律规定的工作时间安排雇员工作时间时，雇主可以向劳动总署长提出申请，允许该雇主在雇佣服务合同中约定相对灵活的工作时间。劳动总署长在考虑雇主工作特殊性的情况下，结合雇主提供的工作条件，在充分保护雇员合法权益的情况下，作出许可决定。劳动总署长有理由相信已作出的许可已无必要或者仅是一种权宜之计时，可以随时撤回已作出的许可。对劳动总署长作出的上述决定不服的任何人，在其收到该决定通知之日起30日之内可以向部长提请申诉。部长对该申诉作出的决定或指令是终局的。

另外，在下列情形中，雇主对雇员工作时间的安排不受上述有关规定的限制：一是在雇员工作的地方或关联地方，发生事故或者受到事故的威胁；二是完成社会生活之必要工作；三是为马来西亚安全或保障需要完成的工作；四是工厂企业需要紧急完成的工作；五是需要完成因无法预见的原因而导致中断的工作；六是雇员从事的工作对马来西亚经济发展起着关键作用，或者雇员从事的工作是《马来西亚1967年工业关系法》规定的重点服务工作。在上述情况下，劳动总署长有权调查和核实雇主所提供的工作情况是否合法和真实。

雇员工作时间超过法定工作时间的，超出部分的报酬应当按照不低于正常工作时间报酬的1.5倍计算和支付。

除了上述规定的例外情形，任何雇主在任何情形下不得要求任何雇员一天工作的时间超过12小时。对于那些无需雇员活动或者仅为旁观但需要长时间在岗的工作不受这些规定的限制。

上述有关工作时间的规定不影响雇主和雇员通过雇佣合同约定，以雇员完成的工作量而非工作时间为标准计算雇员工资。由于工作需要，雇主可以通过合同约定雇员轮班工作。雇员轮班工作时间可以一天内超过8小时以上，或者一周内超过48小时以上。但是，除了上述特殊规定情形外，雇员每天工作的最长时间不得超过12小时，任意3周时间内的平均周工作时间不得超过48小时。

（二）休假制度

1. 休息日制度

雇主应当每周为雇员提供至少1天的休息时间，每周内的休息时间可以由雇主随时确定。如果雇员从事不少于30小时的连续时间期间内的轮班工作，在该期间内应当为雇员安排一个休息日。雇主可以申请劳动总署长允许其在保证雇员合法权益的情况下，根据工作需要灵活安排当月每周的休息日。雇主应当在月初制作并公布雇员值勤表，在值勤表中安排特定雇员的休息日和雇员的共同休息日。雇主应当在工作地醒目的地方通知指定的雇员固定休息日。雇主应当妥善保存值勤表和特定记录，以供管理部门核查。值勤表和记录本保存的时间自制作月末之日起算不超过6年。

除了依照《马来西亚雇佣法》第60条A项第2款规定的情形外，任何雇主不得强迫雇员在休息日工作，除非雇员所从事的工作为需要连续进行或者需要两个或多个轮班持续进行。劳动总署长有权就雇员所从事的工作是否属于连续进行或者需要两个或多个轮班持续进行的争议作出决定。

雇主依法安排雇员在休息日工作的，应当按照下列规定向雇员支付报酬：一是雇主按日、小时或者其他类似时间单位计付工资的，雇员工作时间不到日常工作一半的，按照一天时间计付工资；工作时间超过一半但不满日常工作时间的，按照两天时间计付工资；二是雇主按月或者按周计付工资的，雇员工作时间不到日常工作一半的，按照相当于当天应得工资的一半计付工资；工作时间超过一半但不满日常工作时间的，按照相当于当天应得工资计付工资；三是雇主安排雇员在休息日工作时间超过日常工作时间的，应当按照不低于雇员每小时应得工资的两倍计付工资；四是如果雇主是按件计付雇员工资，雇员在休息日的工资应当按照每件报酬双倍的数额计付工资。

2. 公共假日制度

雇员有权依法享受政府确定的各类带薪公共假日。马来西亚政府每年在政府公报上公告的公共假日有11天，其中5天为马来西亚国庆日、最高元首诞辰日、各州最高元首诞辰日或联邦日、工人节和马来西亚节。而各州最高元首诞辰日或联邦日，只有在该州或联邦地区工作的雇员享受。除了这11日公共假日外，还有依照《1951年马来西亚假日法》规定在特定年份设有的公共假日。如果上述规定的公共假日和平常休息日或者其他假日重合的，则重复的公共假日向后一个工作日顺延。每一雇主应当在每年开始前，在工作场所的显眼地方向所有雇员公告上述5天节日外的其他6天带薪公共假日时间。

如果雇主和雇员双方同意，可以灵活安排其他6天公共假日，可以用其他时间来替代这这6天公共假日。雇主也可以向雇员灵活指定日期为带薪公共假日，用以替代《1951年马来西亚假日法》规定在特定年份设有的公共假日。如果雇员应当享受的上述公共假日或者其替代公共假日刚好和该雇员的病假、年度假或暂时性工伤假相重合的，雇主应当另行安排其他日期为该雇员应享受的带薪公共假日。

如果雇员在上述公共假日或者替代公共假日或者连续公共假日前后工作日无故旷工且没有取得雇主事先书面同意的，不得享受公共假日薪酬。如果雇员工资是以按月支付的，雇主按照正常工作日的月工资额支付雇员工资时，应当认定已支付的月工资含有该月的公共假日薪酬。

在上述带薪公共假日工作，如果雇员工资是按月、周、天、小时或者其他类似的方式计发的，雇主应当按照平常工作日工资额的双倍计付工资，且不考虑该公共假日工作时间是否达到日常工作时间要求；如果雇员工资是按件或者其他类似的方式计发的，雇主应当按照平常每件酬金额的双倍计付工资。雇员在带薪公共假日工作，实际工作时间超过法定工作时间的，雇主应当就雇员超出法定工作时间的部分按照日常小时工资额或者每件酬金额的3倍计发工资。

3. 年休假制度

雇员在同一个雇主处工作满一定时间的，应当享受法定年度带薪休假。年休假期限按照下列规定计算：一是在同一雇主处工作时间不满2年的，雇员在该雇主处每连续工作12个月后应当享受8天时间的年休假；二是在同一雇主处工作时间满2年或2年以上但不满5年的，雇员在该雇主处每连续工作12个月后应当享受12天时间的年休假；三是在同一雇主处工作时间满5年或5年以上的，雇员在该雇主处每连续工作12个月后应当享受16天时间的年休假。

在同一工作年度中如果雇佣服务合同终止时，雇员在同一雇主处连续工作未满12个月的，雇员年休假天数应当按照该雇员实际工作天数与年工作天数比例计算。在计算年休假时间时，不足半天时间的休假不计入年休假时间内，超过半天但不足一天的休假应按一天休假时间计算。如果雇员在上述连续12个月的工作时间内，无故旷工累积超过年度工作日1/10且没有取得雇主事先同意的，不得享受年休假。雇员享受年休假时，不影响其享受正常休息日和公共假日的权利。雇员在年休假期间，发生了需要请病假或生育假情况的，雇主应根据具体情况，准许雇员的病假或生育假请求。已准许的病假或生育假占去的年休假时间不计入年休假时间。雇员和雇主应当在雇员每连续工作满12个月后的12个月之内提出年休假申请和批准年休假申请。如果雇员没有在上述规定的时间内申请年休假的，则不再享受该年休假。雇员经雇主请求并书面同意在雇主支付其年休假报酬的情况下，不再享受部分或者全部年休假。在雇员雇佣服务合同将被终止的情形下，雇员有权享受合同终止前一年连续服务满12个月应享受的年休假以及雇佣服务合同终止当年累积工作时间应当享受的相应年休假。如果雇员在应享受带薪年休假之前已被终止雇佣服务合同的，雇主应当向该雇员支付应享年休假薪酬。如果雇员经雇主同意的无薪请假天数累积超过30日的，则该请假时间不得计入雇佣服务时间期限内。

马来西亚人力资源部部长可以通过政府公报向社会公告针对不同工业行业和不同职业实施不同时间和不同方式的年休假制度。

4. 病假制度

雇员生病需要检查的，应当由雇主指定的执业医师或者医疗官员进行检查。如果雇主没有指定执业医师或者医疗官员，或者因为雇员疫病情况无法在合理时间或地点接受雇主指定执业医师或者医疗官员检查的情况下，可以由其他任何执业医师或医疗官员进行检查。上述检查的费用应由雇主承担。雇员经过医师检查后，如果不需要住院治疗的，雇主应当准予雇员一定期间的带薪病假。带薪病假期间的长短按照雇员的工作年限来确定。雇员工作满2年的，每年累积带薪病假为14天；雇员工作满2年或2年以上但不满5年的，每年累积带薪病假为18天；雇员工作满5年或5年以上的，每年累积带薪病假为22天。如果雇员经指定执业医师或者医疗官员证明需要住院治疗的，雇员每年累积带薪病假为60天。此种情形下，不管基于何种原因，雇员没有实际住院治疗的，仍然应当按照住院标准享受带薪病假。雇员一年中所有应享受的带薪病假累积总数为60天。

雇员按照规定所做的牙医检查也应按上述规定享受带薪病假。雇员未经雇主指定的执业医师或者医疗官员检查证明便擅自休假，或者虽经检查证明但在擅自休假后48小时之内没有向雇主通知其休假情况的，且该雇员没有正当理由的，其休假应按旷工处理。

雇员在休产假期间，不得另行主张带薪病假。雇员因公致残或者因公暂时丧失劳动能力已获得相应赔偿的，也不得再另行主张带薪病假。

五、雇员备付基金制度

《1991年马来西亚雇员备付基金法》详细规定了雇员备付基金委员会、雇员基金缴纳、管理、投资、分红、发放等制度。所有雇主和雇员有义务为该雇员按法定工资比例定期缴纳基金。

雇员是马来西亚公民或者马来西亚永久居民情形下，雇主、雇员备付基金的缴纳比例：

（1）雇员年龄55岁以下且月工资5000林吉特以下的，雇主最少缴纳额为该雇员月工资额的13%，雇员最少缴纳额为其月工资额的11%；如果雇员月工资超过5000林吉特的，雇主最少缴纳额为该雇员月工资额的12%，雇员最少缴纳额仍为其月工资额的11%。

（2）雇员年龄55—75岁且月工资5000林吉特以下的，雇主最少缴纳额为该雇员月工资额的6.5%，雇员最少缴纳额为其月工资额的5.5%；如果雇员月工资超过5000林吉特的，雇主最少缴纳额为该雇员月工资额的6%，雇员最少缴纳额仍为其月工资额的5.5%。

雇员是外籍员工的情形下，缴纳雇员备付基金不是他们的强制性义务。雇主和雇员可以依照下列规则选择是否缴纳雇员备付基金：

（1）雇员年龄55岁以下的，雇主每月为每位雇员缴纳5林吉特；雇员缴纳额为其月工资额的11%；

（2）雇员年龄在55—75岁之间的，雇主每月为每位雇员缴纳5林吉特；雇员缴纳额为其月工资额的5.5%。

除非依法无须注册，所有雇主在雇佣员工后应立即向雇员备付基金委员会注册所有雇员。雇员注册为雇员备付基金会员后，按规定缴纳基金的，依法享受基金会员的各项权利。雇员缴纳的基金及其收益因雇员申请或者发生法定事由应予以退还。

六、雇员社会保障制度

《1969年马来西亚社会保障法》规定了雇员社会保障种类、合格雇主、合格雇员、社会保障局（the Social Security Organization，简称SOCSO）等内容。雇员社会保障内容主要有职业伤害保险计划和养老金计划。

职业伤害保险计划是在雇员因工作过程中发生事故或者职业性疾病遭受伤害时提供的保护措施。在职业伤害保险计划中，雇员的利益主要有医疗费用、暂时性丧失劳动能力补助、终生致残补助、固定照顾补助费、受抚（赡）养人生活费、丧葬费、康复费和教育费。

养老金计划是雇员因职业之外的任何原因致使雇员致残、丧失劳动能力或者致死的情况下提供的24小时保护制度。雇员在满足法定条件后，可以享受养老金保护待遇。雇员享受的养老金待遇主要有丧失劳动能力抚恤金、致残补助金、固定照顾补助费、抚恤金、丧葬费、康复费和教育费。

符合《1969年马来西亚社会保障法》规定的任何雇主应当向马来西亚社会保障局申请注册并依法缴纳相关费用。雇主应当为雇员缴纳的职业伤害保险费为雇员工资的1.75%，养老金费用为雇员工资的0.5%。月工资为3000林吉特或低于3000林吉特的雇员，应当向马来西亚社会保障局缴纳一定的费用。月工资为3000林吉特以上且未在马来西亚社会保障局注册和缴费的雇员，在取得雇主同意的情况下可以向马来西亚社会保障局注册和缴费。雇员一旦获得注册，便可终身受用，不受雇员将来工资变化的影响。

七、雇员职业安全和健康制度

为了贯彻和执行雇员安全和健康方面的法规政策，马来西亚成立了职业安全和健康局，该局隶属于马来西亚人力资源部。有关雇员职业安全和健康的法律主要有《1994年马来西亚职业安全和健康法》、《1967年马来西亚工厂和机械设备法》和《1984年马来西亚石油（保护措施）法》。

《1994年马来西亚职业安全和健康法》通过立法的方式促进并鼓励各行业采取并实施高标准的职业安全和健康标准，要求雇主和雇员通过自我规范的方式建立针对不同行业的职业安全和健康设施及工作环境。该法详细规定了雇主、雇员、自我创业者、产品和设备设计者、制造商、进口商、供应商的责任。依照该法的规定，雇主必须给雇员提供能够使用的职业安全、健康及福利设施，并保证此类设备的正常运行。所有类型的企业和工厂应当结合各自行业生产的产品或工作性质安排具体的措施，确保雇员的人身安全和健康。雇主应当采取措施最大限度地降低使用、储存或运输物质对人身健康带来的风险。雇主应当对雇员提供有关职业安全和健康方面的培训、指导、信息、监控以及包括针对解决特定风险或危害需经的法律程序等服务。雇员人数达到或超过40人的公司、企业应当在雇员工作地成立一个职业安全和健康委员会。其职责主要是定期检查并确保安全和健康设施正常使用和运转，负责调查任何与安全和健康有关的事务。

雇主必须向离工作地最近的安全和健康办事处通知已经发生或即将发生的任何事故、危险、职业性中毒或疾病。在使用危险化学物品过程中，应当安排专业技术人员监控空气质量、工作人员身体状况，职业健康官员和医师应当确保工作地的安全设施正常使用。

　　有关雇员安全和健康方面的条例主要有《1995年马来西亚雇主职业与健康通用政策条例》、《1996年马来西亚重大工业危险事故控制条例》、《1997年马来西亚危险化学物质分类、包装和标签条例》、《1996年马来西亚安全和健康委员会条例》、《1997年马来西亚安全和健康办事处条例》、《2000年马来西亚职业危险化学物品处置标准条例》和《2004年马来西亚事故、危险、职业中毒和疾病通知条例》。另外，《1967年马来西亚工厂和机械设备法》规定了工厂建设、运行过程中以及机械设备设计、制造或使用过程中有关雇员人身安全和健康的法律义务和责任。雇主应当将生产的机械设备所需的设计证、技术计算证、制造许可证等提交于马来西亚职业安全和健康局进行审核。审核获得通过后，雇主才能生产此类机械设备。所有在马来西亚建设、运营的工厂或者安装、使用的机械设备必须要在马来西亚职业安全和健康局进行登记注册。有些设备的安装、操作、维护或拆卸需要专业安全和保障技术人员在场才能进行，如起重机、载人电梯、蒸汽设备等。

第六章

马来西亚金融法律制度

第一节　传统金融法律制度

马来西亚金融系统由不同的机构组成，为国内经济发展提供金融服务。马来西亚金融体系由并行的传统金融系统和伊斯兰金融系统两部分组成。

一、中央银行

马来西亚国家银行（Bank Negara Malaysia，简称BNM）是马来西亚中央银行，总部设在马来西亚首都吉隆坡。马来西亚国家银行成立于1959年1月26日。马来西亚国家银行旨在促进国内货币和金融的稳定发展，为马来西亚国内经济持续发展创造良好的金融环境和基础。马来西亚于2009年制定新的《马来西亚中央银行法》替代了《1958年马来西亚中央银行法》。根据《2009年马来西亚中央银行法》的规定，马来西亚国家银行仍然保持原有的依照《1958年马来西亚中央银行法》规定所取得的主体身份资格，可以在马来西亚境内外根据自身发展需求设立分支机构或者任命代理人。

（一）马来西亚国家银行基本宗旨和职能

马来西亚国家银行的基本宗旨是保障马来西亚货币和金融稳定，以促进马来西亚国内经济持续发展。

马来西亚国家银行的基本职能主要有：

（1）制定和实施马来西亚国内货币政策；

（2）发行马来西亚货币；

（3）管理和监督依法成立的金融机构；

（4）管理和监督货币外汇市场；

（5）监管金融支付系统；

（6）促进金融机构稳定、全面发展；

（7）控制和管理马来西亚外汇储备；

（8）根据马来西亚基本经济发展需要，促进汇率制度发展；

（9）充当马来西亚政府的金融咨询、银行和金融代理人。

（二）国家银行的管理

马来西亚国家银行的法定资本为10亿林吉特，其资本可以由主管国家银行的财政部部长随时批准进行增加，对财政部部长批准增加的资本应当由马来西亚政府认购并从总储备基金中支付。马来西亚国家银行应当建立总储备基金。每年1月1日至12月31日是国家银行的财政年。在每一财政年后，国家银行应当就这一财政年内实施的各项事务向财政部部长提交报告。

马来西亚国家银行应当设立董事会。董事会由1名行长、3名以下副行长与5名以上和8名以下的董事组成。行长由马来西亚国家元首任命，副行长则由财政部部长任命。行长和副行长应当具有良好声誉，具有丰富的经验和金融专业知识。行长的任期为5年，副行长的任期为3年。符合条件的行长和副行长可以连任。行长全面负责国家银行的管理工作。在行长缺席或者不能履行职责时，董事会可以指定董事会管理委员推荐的副行长代理行长全面履行职责。下列人员不得任命为或者不得再担任国家银行行长、副行长和董事：众议院、参议院或者其他立法机构的成员；政府官员；受国家银行监管机构的官员；实施违法犯罪行为或者因犯罪被判处刑罚的人；破产人或不能清偿到期债务或者与多数债权人达成和解的人；卷入任何会影响其独立行为或责任事件的人；非马来西亚公民。

董事会主要履行下列职责：为国家银行实施的各项事务和业务负责，批准预算和执行国家银行计划；监督国家银行在履行其职责中实施的各项业务活动；履行其他中央银行法规定的职责。董事会有权要求国家银行各部门制作各类账簿和凭证，以供董事会监督和检查。为了更好地履行管理和监督职责，董事会有权制定必要的银行管理细则。

国家银行董事会应当每月至少举行一次会议。国家银行行长担任董事会主席。在银行行长缺席的情况下，出席会议的董事推选一名董事担任董事会主席。董事会主席或任何董事均可随时召集董事会会议。董事会会议有5名董事出席时方可召开，董事会会议表决事项由出席会议的董事过半数同意即可通过。表决时如果发生票数相等情况的，董事会主席享有决定性票决权。由所有董事签字的书面决定应当具有和董事会会议表决通过一样的效力。另外，为了有效管理国家银行业务和行使职责，董事会应当成立下列委员会：管理委员会、审计委员会和风险委员会。每个委员会至少由3名董事会董事组成。3个委员会在各自范围内履行管理职责。管理委员会的主要职责有：根据银行需求推荐货币政策委员会、评估委员会或其他银行委员会成员；为董事会审核、评估预算，执行银行计划；执行中央银行法规定的其他事项。审计委员会的主要职责是协助国家银行董事会监督下列事项：银行账户的完整性和银行各种财务报告；银行内部控制系统的运行效果；银行内部审计的执行情况；银行守法及执法状况。风险委员会的主要职责是协助董事会监管银行风险评估和管理。

（三）管理货币

依法制定货币管理政策是马来西亚国家银行的基本职能。国家银行履行其货币职能的首要任务是保证马来西亚货币的稳定性，进而保障马来西亚国内物价的稳定，促进国家经济的稳定发展。国家银行有权不受任何外界干涉独立制定和执行国家货币政策。为了有效履行国家银行的货币管理职能，马来西亚中央银行法规定国家银行应当设立银行货币政策委员会，负责制定国家银行货币政策以及执行货币政策的具体措施。货币政策委员会应当由国家银行行长、副行长与3名以上和7名以下的其他成员组成。货币政策委员会的其他成员可以从国家银行董事会成员或者管理委员会推荐的官员或成员中任命。货币政策委员会除行长、副行长以外的其他成员的任期不得超过3年，符合条件的可以连任。国家银行行长和副行长在位期间当然为货币政策委员会的委员。

下列人员不得任命为或者不得再担任货币政策委员会委员：众议院、参议院或者其他立法机构的成员；政府官员；受国家银行监管机构的官员；实施违法犯罪行为或者因犯罪被判处刑罚的人；破产人或不能清偿到期债务或者与多数债权人达成和解的人；卷入任何会影响其独立行为或责任事件的人；非马来西亚公民。

国家银行货币政策必须由银行货币政策委员会通过正当举行的会议制定。货币政策委员会由国家银行行长担任会议主席，在银行行长缺席时，由副行长担任。每次会议结束后，货币政策委员会应当公开会议表决和通过的货币政策，并说明政策实施的基本原理。为了帮助国家银行在金融领域管理货币流通而实施相关的货币交易活动，货币政策管理委员会应当制定国家银行货币交易的一般原则、指导细则和具体条件。国家银行为执行货币政策委员会制定的货币政策应当实施相应的交易活动。为此，国家银行可以从事下列行为：以自己的名义发行数额不超过外汇储备量的债券，并可以交易、赎回自己已经发行的债券；可以要求所有的金融机构向其缴纳一定数额的准备金；从事有关货币、债券、贵金属以及货币政策委员会批准的其他商品、金融证券的交易。

（四）维持金融稳定

马来西亚国家银行负有促进国家金融稳定的重要职能。马来西亚采用两套金融体系，即传统的金融体系和伊斯兰金融体系。影响金融稳定的风险通常包括银行系统产生的诸如不能兑付存款、票据等类似风险，货币及外汇交易市场等金融中介过程中产生的风险，影响公众对金融机构信心的风险等。为了保证金融的稳定性，国家银行有权要求马来西亚有关监督机构或政府部门对下列人员的交易、账户、客户账户、资金等进行监督，并向国家银行提供被监管人的有关资料。

（1）任何金融机构；

（2）金融市场中交易者、中介服务商、交易所以及提供票据交换、结算等业务的服务商；

（3）银行认为可能会影响金融稳定的任何人；

（4）与上述机构和个人合作的任何人。

如果国家监管部门或政府机构无法对上述人员或机构实施监管时，国家银行应当发出指令要求该机构或人员向其提供有关监管资料和信息。为了保障国家金融体系运行的稳健性，降低影响金融稳定的风险，国家银行有权针对某类人、某行业或者某些从事金融中介服务的特定人群实施特定措施。国家银行有权发布指令书面要求某类人、某行业或者某些特定人群实施其规定的特定措施。银行在向当事人发出指令前，应当给予当事人陈述有关事实的机会。

为了避免或消除金融风险，马来西亚国家银行还可以采取下列措施：为金融机构流动性提供帮助；和国外中央银行签订协议为国外机构在马来西亚设立的金融机构提供流动性方面的帮助；在金融机构出现生存困难的状况下，可以通过购买、交易该金融机构发行的股份、债券、资产等方式帮助金融机构摆脱困境。

为了有效履行国家银行的金融管理职能，马来西亚中央银行法规定国家银行应当设立银行金融稳定执行委员会。金融稳定执行委员会应当由国家银行行长、副行长以及3名以上和5名以下的其他成员组成。金融稳定执行委员会的其他成员可以从国家银行董事会成员或者管理委员会推荐的官员或成员中任命。金融稳定执行委员会成员应当由清明廉洁并且能够公平执法的金融专业技术人员担任。金融稳定执行委员会每次召开会议时，应当通知并邀请财政部秘书长以委员会委员的身份参加会议。另外，委员会应当通知国家银行认为存在风险的金融机构负责人参加委员会会议。金融稳定执行委员会由国家银行行长担任会议主席，在银行行长缺席时，由副行长担任。国家银行在金融稳定执行委员会召开会议期间，应当将采取的防止或消除金融机构风险的建议提交会议讨论表决。金融稳定执行委员会对国家银行提交的此类建议可以接受或拒绝，还可以提出新的建议或方案。

（五）管理货币或外汇市场

为了规范马来西亚国内货币或外汇市场交易活动，马来西亚中央银行法赋予国家银行制定有关货币市场或外汇市场管理规则和制度的权力。国家银行应当制定相关规则或制度用以规范下列货币市场或外汇市场事务或活动：维护市场交易秩序；货币或外汇市场参与者、建设者和经营者的权利、义务；发行、购买、持有或处置金融票据的行为。国家银行可以要求或者指定外汇或其衍生品交易市场经营者建立相应的自律组织，协助国家银行做好市场管理、发展、秩序稳定等工作。国家银行也可以通过协议委托自律组织行使国家银行的部分监督权。

国家银行或其建立的机构或者委托行使其权力的个人可以建立电子或者其他系统便于货币或外汇市场用于下列用途或目的：转让、交换或结算现金或债券；投标、发行或借贷债券；提供市场交易或有关债券投标、发行、交易价格等信息；无须提交证书即可进入国家银行账户就托管的债券进行集中交易的相关服务；市场信息的宣传等。国家银行同时为货币市场或外汇市场各方提供资金托管或代付服务。

（六）其他金融服务

1. 做好和金融机构的合作工作

为了改善和提高银行业与金融机构对社会公众的服务水平，培育高水准的马来西亚银行或金融服务业，马来西亚国家银行应当尽最大努力做好和其他金融机构之间的交流和合作工作。合作方式既可以通过业务指导的方式进行，也可以通过双方信息共享等方式实施。尤其是国家银行利用它的优势地位，为金融机构提供各类信息和金融业务服务。

2. 设立票据交换所

为了便于获得银行批准的金融机构或个人结算支票、信用卡或债券等业务，国家银行或其建立的机构在合适的时机和这些金融机构或个人共同在吉隆坡或其他地方建立票据交换所。获准参与票据交换业务的金融机构或个人，应当依照国家银行或其建立的机构书面通知的时间和方式结算与其他金融机构或个人产生的交易余额。

3. 设立征信局

马来西亚国家银行可以建立征信局，依照其规定的方式和范围收集信用信息，或者银行认为有助于评估金融机构客户的任何其他信息，包括支付银行因客户账户资金不足拒绝支付支票的信息。为了下述用途，国家银行可以按照其认为合适的方式和范围披露客户的信用信息：一是为了帮助金融机构正确评估客户的信用，以及帮助国家银行授权的金融机构评估申请人是否有资格申请开立相关账户，可以将客户信用信息披露给该相关金融机构。但是，未经客户要求不得公开该客户的信用信息。二是披露客户的金融机构账户信用信息、已产生的金融机构债务信息，或者帮助客户核实其在金融机构的信用信息。三是为了信用评估和其他信用服务的需求，国家银行可以向依法成立的信用报告机构披露有关客户的信用信息。但在披露信息前，国家银行和信用报告机构应当做好信息保密工作。如果披露的信息，依法需要取得客户同意才能披露的，国家银行在向信用报告机构披露信息前，应当取得该客户的同意。四是披露信息给从事信用信息收集和研究的人员，以便帮助国家银行更好地履行职能和管理业务。为了整理、集中或者出版信用信息，国家银行可以以合适的方式披露信息。但是，披露的此类信息不得泄露客户的个人身份。五是在取得客户同意的前提下，国家银行可以将该客户的有关金融机构账户信息披露给国家银行认为合适的其他人。任何人不得起诉、控告或者以其他形式指控国家银行依照本法规定善意实施的客户信息收集、披露等行为。国家银行董事会成员、管理人员、工作人员以及金融机构、信用报告机构的工作人员未按法律规定方式收集或披露客户信息的，将构成犯罪，处100万林吉特以下的罚金。

（七）国家银行和政府的关系

1. 国家银行是政府的银行和金融代理机构

马来西亚国家银行扮演着政府银行和金融代理机构的重要角色。国家银行管理和经营马来西亚政府收入和支付现金账户，承担证券、国库券以及其他政府发行的金融证券的发行和管理工作。但是，国家银行不承担为政府提供上述金融服务所产生的费用。

2. 为政府提供金融建议或意见

获得财政部部长同意的国家银行行长、副行长，或获得国家银行行长同意的国家银行官员，可以根据马来西亚政府的要求，以马来西亚政府任命的委员会委员的身份就马来西亚境内外的金融、财政、银行或货币问题提出建议或进行相关调查。另外，国家银行在不违反法律规定和其经营宗旨的前期下，在其能力和专业技术范围内，为政府就下列事务提供服务：因政府要求或自己认为，对国家经济发展有益的经济问题或事务应当向政府提供建议或意见；应政府要求可以担任处理马来西亚经济问题相关委员会的委员；应政府要求可以代表马来西亚政府和马来西亚境外政府或机构处理、磋商或交易有关金融、财政、银行、货币或其他经济事务和问题；以国家银行和政府同意的条件作为政府的代理人。

3. 为政府提供临时性资金供应

当政府出现临时性税收预算资金不足时，国家银行董事会可以以市场条件向政府提供临时性资金供应。政府应当及时偿还国家银行提供的临时性资金。无论怎样，政府偿还资金的时间不得超过政府接受资金财政年年末后3个月。如果到期后，政府仍然未偿还国家银行资金的，银行董事会不得再次向政府提供临时性资金供应。国家银行为政府提供的临时性资金供应不得超过一定的比例。依照《2009年马来西亚中央银行法》第72条第3款的规定：任何时候，国家银行给政府提供的临时性资金和购买的政府债券（不包括因执行金融政策购买或单独持有的政府债券）总额，不得超过资金供应时当年联邦政府依照联邦宪法第99条规定向众议院陈述的联邦政府预估收入的12.5%。

4. 政策执行

国家银行应当向财政部部长通知和其管理目标有关的政策。当财政部部长和国家银行就国家银行的主要管理目标有不同观点和看法时，双方应当尽力达成一致意见。如果财政部部长和国家银行就国家银行主要管理目标无法达成一致意见时，国家银行董事会应当向财政部部长提交有关产生不同意见的相关原因说明。财政部部长应当将其意见和国家银行董事会提交的说明一起提交于内阁。内阁在综合考虑财政部部长意见和国家银行董事会说明的基础上，就国家银行采纳的政策作出决定。内阁作出决定后，财政部部长应当向银行通知内阁所作的决定以及政府在此政策下所应当承担的责任。国家银行收到财政部部长通知后，应当执行内阁决定的政策。如果国家银行董事会反对内阁作出的决定，应当就反对意见和反对理由一起提交给财政部部长。财政部部长应当将国家银行提交的反对意见、理由以及内阁作出的决定及其理由一起提交于众议院会议。如果遇到众议院休会的，等众议院举行下次会议时提交。

（八）货币政策和外汇储备制度

马来西亚货币单位为"林吉特"（Ringgit），每一林吉特可以分为100"仙"（Sen）。"林吉特"（Ringgit）的缩写形式为"RM"或者为"MYR"。马来西亚国家银行是马来西亚国内唯一有权发行纸币和硬币的机构。纸币的印刷和硬币的铸造应当由马来西亚国家银行授权的部门完成。

联邦政府、任何州政府、公共部门、金融机构、其他机构或个人不得发行、印制、铸造或者授权发行、印制、铸造货币或者国家银行认为可能被误认为法定货币的见票即付的凭证或代金券。只有马来西亚国家银行发行的货币是马来西亚唯一的法定货币。

马来西亚国家银行可以随时收回已发行的任何货币。但在收回货币前1个月，应当在政府公报上登载有关货币收回的公告。收回货币的公告期限届满后，停止使用拟收回的货币，但是银行应当负责收回货币的兑换工作。马来西亚国家银行有权决定买卖林吉特以购买黄金或外汇贮备金所需的外汇。马来西亚货币汇率制度应当由马来西亚财政部部长在评价国家银行汇率制度建议的基础上作出决定。

保持稳健的外汇储备是国家经济稳定发展的重要保障。马来西亚国家银行负有建立和管理马来西亚外汇储备的重大职责。依照《2009年马来西亚中央银行法》第68条规定，马来西亚外汇储备由黄金或其他贵金属、外国货币、政府及其部门或国际金融机构发行或担保的债券、汇票以及其他金融机构发行的金融证券及其衍生品构成。国家银行应当按照董事会制定的外汇管理政策和实施细则持有和管理外汇储备。

二、马来西亚商业银行

1. 马来西亚商业银行体系

马来西亚的商业银行体系由传统商业银行、伊斯兰银行和投资银行组成，是马来西亚经济发展的主要资金来源。截至2013年12月底，马来西亚国内有27家商业银行机构，其中马来西亚公民控股的商业银行8家，外资控股的商业银行19家；伊斯兰银行16家，其中马来西亚公民控股的伊斯兰银行10家，外资控股的伊斯兰银行6家；国际伊斯兰银行5家；投资银行12家。银行总资产达到20430亿林吉特，其中非外资银行资产占银行总资产的78.6%。马来西亚国内著名的商业银行有马来亚银行、大众银行、丰隆银行、联昌银行等。马来西亚银行在全国境内设有2500多家银行分支机构。另外，有16家外国银行在马来西亚境内设有办事处，它们从事非银行业务之外的市场调研、业务联络、信息收集和交换等工作。马来西亚六大银行集团在全球包括全部东盟国家在内的22个国家设有分公司、代表处、持有当地银行股份或者投资成立合资银行。

2. 马来西亚新金融法的制定和实施

经过多年的发展，马来西亚已经形成了较为完善的金融法律制度。2013年6月，马来西亚新制定的两部金融法律开始生效实施，一部是综合性的《马来西亚金融服务法》，另外一部是《伊斯兰金融服务法》。这两部法律替代了马来西亚先前实施的《1989年马来西亚银行和金融机构法》、《1983年马来西亚伊斯兰法》《1996年马来西亚保险法》《1984年马来西亚伊斯兰保险法》《2003年马来西亚支付系统法》和《1953年马来西亚外汇管制法》。马来西亚两部新的金融服务法的制定和实施有效解决了以前所存在的分散立法和系统性差等问题。新的金融服务法的主要特点有：较大地提高了法律执行和实施的透明度；进一步明确和强化了伊斯兰法律对伊斯兰金融制度的约束力；针对不同的金融业务制定相应的法律规则，有利于进一步防范不同金融业务可能产生的风险；规定了规范金融控股公司的法律制度；加强了对金融商业经营行为的管控和对消费者利益的保护；强化了对金融机构事前进行风险监管的制度规则。总体来看，马来西亚新的金融服务法和伊斯兰金融服务法的颁布和实施为马来西亚金融机构创新服务和稳健经营奠定了坚实的法律基础。

马来西亚新实施的法律就金融领域的投资也规定了较为详细的标准和要求。基本要求有：新的金融投资能够提供高质量和高效率的金融服务，并能够促进马来西亚经济的快速发展；能够促进马来西亚和其他国家之间的联系，从而推动马来西亚国际贸易和投资的发展；保障马来西亚金融业的稳定发展，有效防范金融风险的发生；为更多的马来西亚公民提供金融业职位。

3. 商业银行监管机构

马来西亚国家银行对商业银行、伊斯兰银行以及主要的发展金融机构负有监督职责。对于投资银行由马来西亚国家银行和证券委员会共同履行监督职责。马来西亚财政部在征询马来西亚国家银行意见的基础上，负责银行执照的审批工作。除了国际伊斯兰银行外，所有的商业银行、伊斯兰银行应当在马来西亚本地成立银行公司。外资银行可以设立8家分支机构和10家小额资金分支机构。

4. 中国商业银行在马来西亚的业务发展

中国一些商业银行也在马来西亚设立了分公司或分支机构。其中中国银行早在1939年就已经在马来亚槟城设立了第一家分行，此后又在吉隆坡、怡保等地设立了分行。后来因历史原因，中国银行在马来亚设立的分行于1959年停业。2001年2月在中国和马来西亚两国政府的大力支持下，马来西亚中国银行分行在吉隆坡复业营业，分行实缴资本为8000万美金，为企业和个人提供全面的商业银行金融服务。目前，马来西亚中国银行在马来西亚境内主要城市设有经营网点。同时，在麻坡、槟城等城市设立中国签证申请服务中心。

2010年1月28日，中国工商银行马来西亚有限公司在吉隆坡成立。它是中国工商银行股份有限公司的全资子公司，总部位于吉隆坡城中城明讯大厦。中国工商银行马来西亚有限公司具有全商业银行业务牌照。目前，在马来西亚多个城市设有经营网点。

三、马来西亚发展金融机构

马来西亚发展金融机构（The Development Financial Institutions，简称DFIs）是马来西亚政府通过特别授权成立的专门金融机构。马来西亚发展金融机构旨在发展和促进马来西亚国内对实现社会经济战略目标具有重大影响的关键产业和领域。这些关键领域和产业包括农业、基础设施、中小型企业、海运业、出口导向性产业以及资本密集型和高新技术产业。作为专门型金融机构，马来西亚发展金融机构为上述战略型目标行业提供广泛的金融产品和服务以满足它们的发展需求。马来西亚发展金融机构同时也为经删选的那些需要扶持的产业提供咨询和建议服务。发展金融机构通过为这些关键产业提供金融产品和服务，进一步增强这些产业的竞争力，促进马来西亚国家经济的长远发展。马来西亚共有13家发展金融机构，它们或者由政府出资设立或者受政府控制。其中6家由马来西亚国家银行监督管理，另外7家由马来西亚相关部门或政府机构监督管理。2012年，发展金融机构的资产总额占马来西亚金融总额的5.6%。

2002年，马来西亚立法机构制定并颁布了《2002年马来西亚发展金融机构法》。该法的实施为马来西亚发展金融机构提供可持续金融服务奠定了法律基础。该法明确了马来西亚发展金融机构的职能作用、内部管理机构组成、业务禁止、基金来源、管理监督等内容。为了保证马来西亚发展金融机构有效完成其工作目标和履行工作职责，《2002年马来西亚发展金融机构法》规定由马来西亚中央银行管理和监督马来西亚发展金融机构。中央银行通过对马来西亚发展金融机构日常业务的监督和管理，有效促进该机构严格按照政府授权，勤勉履行对马来西亚关键行业提供专门金融支持和服务的相关职责。

《2002年马来西亚发展金融机构法》明确规定了马来西亚中小企业发展银行或中小企业银行（Small Medium Enterprise Development Bank Malaysia Berhad or SME Bank）、马来西亚发展银行（Bank Pembangunan Malaysia Berhad，简称BPMB）、马来西亚人民银行（Bank Kerjasama Rakyat Malaysia Berhad）、马来西亚进出口银行（the Export-Import Bank of Malaysia Berhad or EXIM Bank）、国民储蓄银行（Bank Simpanan Nasional）和马来西亚农业银行（Bank Pertanian Malaysia Berhad or Agrobank）等6家发展金融机构。

马来西亚中小企业发展银行有限公司或中小企业银行主要是为马来西亚制造业、服务业和建筑业领域的中小企业提供金融支持或者咨询服务。

马来西亚发展银行是由马来西亚金融公司全额出资成立的一家政策性金融机构。主要为马来西亚中长期基础设施建设、海运业、资本密集型行业、高新技术行业以及油气产业提供金融支持或者咨询服务。

马来西亚人民银行成立于1954年9月28日，是根据当时的《1948年马来亚合作社条例》（该条例后被《1993年马来西亚合作社法》替代）设立的。目前，马来西亚人民银行是马来西亚国内最大的伊斯兰合作银行，截至2014年12月底，共有资产891.8亿林吉特。2002年马来西亚人民银行从传统的金融机构转型为遵循伊斯兰教法的伊斯兰金融机构。2015年财政年，马来西亚人民银行税前和慈善捐款前收入创纪录地达到20.1亿林吉特。马来西亚人民银行设有148个分支机构。马来西亚人民银行为合作会员或非会员提供优质的金融服务，鼓励民众存款。马来西亚人民银行由马来西亚国内贸易、合作和消费事务部主管。

马来西亚进出口银行是由马来西亚金融公司全额出资成立的一家政策性金融机构。马来西亚进出口银行授权资本为30亿林吉特，银行总部设在吉隆坡，2005年12月30日和马来西亚出口信用保险公司合并，业务地理范围遍及全球五大洲109个国家。马来西亚进出口银行主要业务是为进出口商品提供金融支持和服务，同时也为马来西亚企业海外投资项目提供担保业务和服务。

国民储蓄银行成立于1974年12月1日，是由马来西亚金融公司全额出资成立的一家政策性金融机构。国民储蓄银行接管当时的马来西亚邮政储蓄银行的业务，为公众提供储蓄和投资金融服务，尤其是为个人等中小存款者提供储蓄等方面的金融服务。国民储蓄银行设有382家分支机构，有5100多名雇员，有将近700万顾客，截至2015年12月，该银行存款余额达到80亿林吉特。

马来西亚农业银行于1969年成立，基本宗旨是为马来西亚农业发展提供资金支持和金融服务。马来西亚农业银行授权资本为10亿林吉特，在马来西亚境内设有190多个分支机构，拥有3400多名员工。马来西亚农业银行不仅为农业产品的加工出口提供金融服务，也为农业初级经营管理和产品销售提供金融支持和服务。

2012年12月，马来西亚国家银行进一步强化了针对其管理的上述6家发展金融机构的会计报告和信息披露制度，以便提高发展金融机构工作的透明度。自2010年以来，马来西亚国家银行相继发布了发展金融机构反洗钱指导细则和审慎监管标准。

2012年度，马来西亚发展金融机构贷款总额达到1190亿林吉特，借贷总额的70%是属于消费信用借贷。其中，农业、林业和渔业直接借贷总额为71亿林吉特，制造业直接借贷总额为57亿林吉特，交通业、仓储业和通讯业直接借贷总额为54亿林吉特。

四、马来西亚出口信贷再融资制度

马来西亚出口信贷再融资（Export Credit Refinancing，简称ECR）计划是为直接或间接出口商提供的发货前后短期资金支持服务项目。产品制造商和出口商可以到任何一家从事出口信贷融资业务的商业银行申请产品出口信贷融资项目。马来西亚出口信贷再融资计划规定了两种发货前融资方式：以出口货物订单为基础的融资方式和以履行证书为基础的融资方式。以出口货物订单为基础的融资方式是指马来西亚货物出口商在获得海外进口货物订单后，有资格申请获得贷款资金支持；以履行证书为基础的融资方式是指马来西亚货物出口商在获得马来西亚进出口银行核发的履行证书后，有资格申请获得贷款资金支持。出口信贷再融资计划发货后方式主要是出口商将发货的相关凭证提交给从事出口信贷再融资业务的商业银行后，可以申请获得优惠汇率的贷款项目支持。另外，出口商在申请融资贷款时，出口的产品要符合出口信贷再融资计划所规定的基本条件：一是申请融资贷款的出口产品属于出口信贷再融资支持目录中的产品范围；二是该申请产品出口时的附加增值不得低于20%；三是该申请产品所使用的马来西亚国内资源价值应占该产品总价值的30%以上。

马来西亚出口信贷再融资计划对符合条件的出口产品发货前项目实施的最长融资期限为4个月，出口产品发货后项目最长融资期限为6个月。如果出口商以出口货物订单方式申请融资的，可以获得出口货物订单、国内出口信贷信用证或国内货物交易订单价值95%的资金贷款支持。如果出口商以发货前获得的进出口银行履行证书方式申请融资的，出口商从商业银行可获得的贷款融资数额取决于马来西亚进出口银行所具体许可的范围。出口商发货前申请融资贷款的，商业银行在收到货物出口相关凭证后向出口商发放贷款。如果出口商发货后申请融资贷款的，商业银行在收到货物出口相关凭证或货物装运单证后向出口商发放贷款，以二者早者为准。

五、马来西亚保险业

近年来，马来西亚国内保险业得到快速发展。截至2013年12月底，马来西亚境内注册的传统保险机构有32家，其中马来西亚公民或机构控股的保险机构有16家，外资控股的保险机构有16家；伊斯兰保险机构有12家，其中马来西亚公民或机构控股的伊斯兰保险机构有9家，外资控股的伊斯兰保险机构有3家；国际伊斯兰保险机构1家；传统再保险机构7家，其中马来西亚公民或机构控股的传统再保险机构有3家，外资控股的传统再保险机构有4家；伊斯兰再保险机构4家，其中马来西亚公民或机构控股的伊斯兰再保险机构有1家，外资控股的伊斯兰再保险机构有3家。这些保险机构在马来西亚境内设有900多个办事处和12万多个注册代理人。

2012年度马来西亚国内保险费总额为458亿林吉特，人寿保险费占全部保费的2/3，人均保费为514.2美元，世界排名为第38位。马来西亚国内保险业资产占金融业总资产的5.5%。由于马来西亚新的综合性金融服务法和伊斯兰金融法的实施，对保险机构经营的管理越来越规范。新制定的两部金融服务法对保险机构的信息披露和审慎监管规定了更高标准，从而有助于保险业的稳健经营和发展。同时新法规定，传统人身、财产保险和伊斯兰人身、财产保险必须由不同的独立保险机构经营。对目前混合经营的保险机构，新法规定了5年的过渡时间。伊斯兰保险业经营者必须保证所经营的保险业务符合伊斯兰法的规定。当保险公司股东的利益和伊斯兰保险投保者权益产生冲突时，公司委员会必须优先维护伊斯兰保险投保者的权益。马来西亚财政部在征询马来西亚国家银行意见的基础上，负责保险机构的审批工作。

六、马来西亚证券市场

2015年，马来西亚证券市场投资增长了2.6%，投资总额达到了1.7万亿林吉特。由于证券市场增长的波动性导致全年市场投资的谨慎。

1. 马来西亚证券委员会

马来西亚证券委员会（The Securities Commission Malaysia，简称SC）成立于1993年，专门负责马来西亚资本市场的管理和监督工作。马来西亚证券委员会是一个具有监督调查权和执行权的法定机构，负责向马来西亚财政部报告证券市场的管理工作，并且每年向马来西亚国会提交会计报表。其主要职责有：向财政部部长就马来西亚证券市场事务提供咨询服务；监管证券交易所、结算机构和中央托管机构；负责公司招股说明书的登记注册，不包括未上市的娱乐性俱乐部；审批公司债券发行；管理有关证券及其衍生品合同；管理公司兼并行为；管理单位信托计划事务；颁发和监管证券业从业人员执业证书；鼓励行业自律；确保证券市场机构和人员正当行为。证券委员会履行上述职责的最终目的在于保护投资者的合法权益。除了管理和监督职责外，证券委员会还肩负着鼓励和促进马来西亚证券市场的健康和快速发展的重任。

2. 马来西亚证券交易所

马来西亚证券交易所成立于1964年，成立之初共同为新加坡和马来西亚提供证券交易服务。1965年新加坡脱离马来西亚联邦，原证券所更名为马来西亚和新加坡证券交易所。1973年马来西亚和新加坡政府停止货币互换，原来共享的证券交易服务也随之中断。随后，马来西亚和新加坡各自成立了吉隆坡证券交易所和新加坡证券交易所。1973年7月，马来西亚吉隆坡证券交易所依照《1965年马来西亚公司法》改建为有限公司。1976年12月，吉隆坡证券交易有限公司转型为吉隆坡证券交易担保有限公司。1983年，吉隆坡证券交易所创建了证券清算交割自动服务系统，极大地提高了交易的效率。1986年交易所建立了证券交易新综合指数（KLSECI），并于1987年设立股票即时报价系统（MASA）。2004年4月，吉隆坡证券交易所改名为马来西亚证券交易所。2009年9月，马来西亚证券交易所与芝加哥商品交易所建立战略合作伙伴关系。2015年3月18日，马来西亚证券交易所参加了联合国可持续证券交易所项目。

马来西亚证券交易所提供综合性的证券交易服务，具体包括股票、各类证券衍生品、离岸证券交易、债券、伊斯兰证券产品以及多种国际性的证券交易产品。马来西亚证券交易所管理和实施马来西亚境内的证券交易行为。在马来西亚证券交易所上市交易的公司有1000多家，上市公司的业务涉及50多个经济领域。资本规模大公司在马来西亚证券交易所主板市场挂牌交易，其他公司可以在二板市场挂牌交易。马来西亚二板市场建立于1988年，主要为有潜力的中小企业进入资本市场提高机会和创造条件。马来西亚衍生品有限公司是一家隶属于马来西亚证券交易有限公司的子公司，主要提供期货和期权交易服务。马来西亚衍生品有限公司的拳头产品是棕榈油期货，其所提供的棕榈油期货合同是全球棕榈油期货及其关联产品的价格基点。2009年，芝加哥商品交易所集团获得马来西亚证券交易所25%股权。自此，全球的交易者可以通过芝加哥商品交易所在线电子交易系统交易马来西亚衍生品有限公司所提供的各类产品。近年来，马来西亚证券交易所通过产品创新和提高服务质量吸引全球的投资者在马来西亚投资和交易，并将其逐步打造为全球重要的证券交易市场之一。目前，马来西亚证券交易所有35家股票经纪公司提供股票交易服务。其中有14家为投资银行，它们既有中央银行依照《1989年马来西亚银行和金融机构法》核准的商业银行执照，又有证券委员会依照《2007年马来西亚资本市场和服务法》核准的资本市场服务执照。因此，这些投资银行可以提供包括公司股票、债券交易等内容的资本和金融服务。为了更好地保护投资者的权益，马来西亚证券交易所设立了三种赔偿基金：证券赔偿基金、衍生品保证基金和存贮赔偿基金。投资者在遭受证券法所规定情形的损失时，可以从上述基金中获得赔偿。马来西亚证券交易所建立了较为完整的风险防范系统，对主要风险作了分类和分级规定，并规定了相应的防范措施。

七、纳闽金融服务制度

为了进一步加强马来西亚国际金融的发展，马来西亚政府在纳闽地区建立了国际商业和金融中心（the Labuan International Business and Financial Centre，简称Labuan IBFC），并成立了纳闽金融服务局（Labuan Financial Services Authority，简称Labuan FSA）专门负责该中心的管理工作。纳闽金融服务局为方便投资者办理相关投资审批事务设立了一站式服务中心。纳闽服务中心的主要职责有：不断提高和发展金融服务，将纳闽建设成为国际商业和金融中心；通过发展和执行马来西亚国内各项政策以有序促进和管理纳闽国际金融服务工作；代理纳闽国际商业和金融中心履行集中管理、监督和执行职责。纳闽金融服务局成立了有关国际税收、基金管理、财产管理、保险经营以及伊斯兰金融业务发展等方面的专家服务团队，为投资者提供全面的金融产品和业务服务工作。

纳闽国际商业和金融中心提供包括传统金融和伊斯兰金融服务在内的综合性金融服务，具体有银行、保险、伊斯兰保险及再保险、租赁、信托管理以及资金筹集等业务。2010年，新的《纳闽金融服务和证券法》和《纳闽伊斯兰金融服务和证券法》正式生效，新的法律采用国际标准管理和规范纳闽有关金融产品和服务，进一步提高了纳闽国际金融交易的安全和服务水平。

纳闽国际商业和金融中心不断丰富其服务内容，为国际社会提供多样化的商业和金融服务。2010年以后，该中心建立了一批业务覆盖广、效益高的商业机构。这些商业机构包括纳闽控股公司、纳闽有限责任合伙和特别信托等机构。纳闽国家贸易公司于2011年成立，主要为纳闽及周边地区从事油气交易的大公司提供油气交易优惠措施，以帮助这些公司从交易中获得最大的投资利益回报。另外，纳闽国际金融交易所通过无限制的国际市场金融证券上市、交易和结算为企业和投资者所提供全面的资金募集服务。

纳闽国际商业和金融中心根据公司所从事的业务性质，将公司业务行为划分为交易性行为和非交易性行为。交易性行为是指公司所从事的银行、保险、基金管理、租赁、货币经纪等交易业务和活动；非交易性行为是指公司所实施的持有证券、股票和股份等投资行为。根据《1990年纳闽商业税收法》的规定，在纳闽地区从事商业交易业务的企业可以选择依照其年度审计净利润额的3%缴纳税收或者按年度缴纳2万林吉特固定数额的税收。对于企业的非交易行为不实施征税。另外，纳闽地区从事商业交易业务的企业也可以选择依照《1967年马来西亚所得税法》缴纳税收。但是，企业一旦作出此类选择后不可更改。灵活的税收制度不仅有助于企业有效选择商业结构模式，而且为投资者通过或者在纳闽国际商业和金融中心实施商业行为获得更为优惠的税收待遇。纳闽地区的企业也可以根据税收法的规定实施宗教慈善捐款。在纳闽地区企业从事管理工作的非马来西亚员工可以享受收入所得50%的税收豁免待遇。

八、马来西亚外汇管理制度

马来西亚国家银行（即马来西亚中央银行）声称马来西亚继续实施自由兑换的外汇管理政策。马来西亚采用审慎外汇管理措施从而确保马来西亚宏观经济实现货币和金融的稳定发展并保障支付系统的整体平衡。马来西亚政府积极采取外汇自由化的管理措施，逐步放宽对外汇的管制，以提高马来西亚国家经济的整体竞争力，从而达到吸引更多投资和贸易的目的。

（一）适用于非马来西亚居民的外汇管理制度

1. 投资外汇制度

马来西亚投资市场是向非马来西亚居民开放的，并且对其在马来西亚从事投资活动并无外汇方面的限制。非马来西亚居民可以从事任何形式的林吉特资产投资项目，可以直接投资某一项目，也可以购买组合类的投资产品。非马来西亚居民可以将其在马来西亚投资所得的利润、红利或者其他投资收入自由汇出。非马来西亚居民在马来西亚投资项目时或者将其在马来西亚投资所获得的收益汇出时，并不需要在银行进行外汇兑换。另外，非马来西亚居民也可以通过马来西亚国内银行集团在马来西亚境外设立的银行购买相关投资产品。

2. 外汇借贷制度

在马来西亚境内，非马来西亚居民（包括银行或非银行机构）可以从境内银行获得外汇借贷。外汇借贷可以通过马来西亚境内或离岸银行完成。非马来西亚居民也可以在马来西亚境内发行以外汇计价的股票或债券，募集的基金可以用于马来西亚境内也可用于马来西亚境外。

3. 林吉特借贷制度

另外，非马来西亚居民（不含银行机构）在马来西亚境内从事商业经营时，可以从境内银行自由获得以林吉特计价的贷款；非马来西亚居民也可以在马来西亚境内发行以林吉特计价的股票或债券。非马来西亚居民和马来西亚居民就发生的货物和服务贸易可以以外汇或者林吉特进行结算。

4. 开设外汇和林吉特账户

在马来西亚境内从事投资和贸易业务的非马来西亚居民可以在任何一家马来西亚境内银行或国际伊斯兰银行开设外汇现金账户。账户资金可以自由汇出境外。账户资金可以是买卖外汇所得林吉特以及在马来西亚获得的以林吉特计价的利息、租金、利润、分红以及财产征收补偿收益等。账户资金也可以在境内银行兑换成外汇后自由汇出境外。

（二）适用于马来西亚居民的外汇管理制度

1. 外汇资产投资制度

马来西亚居民可以用自己的外汇资金、外汇借贷收益以及在证券交易所主板市场发行原始股票所获外汇收益进行外汇资产投资。马来西亚居民机构用境内借贷的林吉特兑换外汇进行投资时，每年度累积投资金额上限为5000万等额林吉特，马来西亚居民此种年度累积投资金额上限为100万等额林吉特。

2. 外汇借贷制度

马来西亚居民公司从境内银行、非居民非银行类关联公司可以自由获得外汇借贷，且不受数量限制。居民公司从非居民银行和其他非居民公司借贷的外汇资金年度累积总额上限为1亿等额林吉特，居民个人从境内银行和非居民机构借贷的外汇资金年度累积总额上限为1000万等额林吉特。

3. 林吉特借贷制度

马来西亚居民在境内从事商业经营时，可以从非居民非银行关联公司自由获得林吉特贷款；也可以从其他非居民非银行公司或个人处获得累积总额上限为100万林吉特的贷款。居民个人可以从非居民直系亲属处自由获得数量不受限制的借贷；也可以从非居民非银行公司或者其他非居民个人处获得累积总额上限为100万林吉特的借贷。

4. 进出口货物和服务外汇制度

马来西亚居民应当将出口货物所获得收入，自货物出口之日起6个月内，就每笔出口货物交易所得全额汇回马来西亚。货物出口可以用外汇或者林吉特结算。

5. 外汇账户制度

马来西亚居民可以在境内和离岸银行自由申请开立外汇账户。马来西亚居民个人可以单独开立外汇账户，也可以和其他居民个人或者直系非居民个人共同开立外汇账户。居民机构可以用其在国际伊斯兰银行或者离岸银行开设的外汇账户接受除货物出口所得之外的其他外汇资金。

第二节　伊斯兰金融法律制度

在马来西亚国内，除了传统的国家金融体系外，还建立了伊斯兰金融体系。马来西亚伊斯兰金融体系是一个综合性的相对独立运行的体系，形成了受传统法律和伊斯兰教法规范的综合性制度。规范马来西亚伊斯兰金融体系的主要法律制度有《2009年马来西亚中央银行法》、《1975年马来西亚伊斯兰发展银行法》、《2002年马来西亚伊斯兰金融服务委员会法》、《2013年马来西亚伊斯兰金融服务法》、《2011年马来西亚纳闽地区伊斯兰金融服务和证券法》等法律。

一、《2009年马来西亚中央银行法》关于伊斯兰金融制度的规定

《2009年马来西亚中央银行法》第7编专门规定了马来西亚国家银行有关伊斯兰金融体系的整体管理制度。为了促进马来西亚国内伊斯兰金融体系的稳健和快速发展，马来西亚银行法规定应当在国家银行设立专门的伊斯兰教法律咨询委员会，专门负责有关伊斯兰金融建设发展方面的伊斯兰教法律事务和问题咨询与处理。马来西亚国家银行伊斯兰教法律咨询委员会有自己独立的工作程序，其主要职责为：

（1）查询和明确有关金融事务的伊斯兰教法律制度，依照马来西亚中央银行法的规定制定有关伊斯兰金融事务的实施细则；

（2）就国家银行在从事伊斯兰金融业务、活动及交易过程中出现的伊斯兰教法律问题提供咨询或建议；

（3）为各类伊斯兰金融机构以及法律规定的相关人员提供法律咨询或建议；

（4）国家银行决定的其他类似法律服务。

马来西亚国家银行伊斯兰教法律咨询委员会委员应当由具备伊斯兰教法律和金融知识，或者接受过类似专门训练和教育的且具有相关领域丰富经验的人员担任。在具体任命上，财政部部长在咨询国家银行意见的基础上向国家元首提出人选建议，最终由国家最高元首决定委员任命。国家银行应当在咨询联邦法院首席大法官或伊斯兰法院首席法官意见后，才能将高等法院、上诉法院、联邦法院法官或者伊斯兰上诉法院法官任命为国家银行伊斯兰教法律咨询委员会委员。国家银行根据伊斯兰教法律咨询委员会的工作需要，设立相关的秘书处或者业务处。

国家银行在从事有关伊斯兰金融业务或者履行伊斯兰金融职责时，应当就遇到的伊斯兰教法律问题向伊斯兰教法律咨询委员会委员咨询，听取他们的处理意见。伊斯兰金融机构在从事伊斯兰金融业务时，可以请求伊斯兰教法律咨询委员会提供其制定的规范伊斯兰金融活动的规则制度，并就遇到的伊斯兰金融业务法律问题寻求伊斯兰教法律咨询委员会的意见或建议。法院或仲裁机构在解决任何有关伊斯兰金融法律问题时，应当考虑伊斯兰教法律咨询委员会公开制定的相关规则，或者在需要时，请求伊斯兰教法律咨询委员会提供与其咨询问题有关的规则。当其他伊斯兰金融机构制定的调整伊斯兰金融事务的规则和国家银行伊斯兰教法律咨询委员会制定的规则相矛盾时，国家银行伊斯兰教法律咨询委员会制定的规则优先适用。

二、马来西亚伊斯兰金融业体系

马来西亚伊斯兰金融体系主要由四部分组成，即伊斯兰银行业、伊斯兰保险和再保险业、伊斯兰银行间货币市场与伊斯兰资本市场。截至2013年12月底，马来西亚境内共有53家各类伊斯兰金融机构提供不同的金融服务。马来西亚境内伊斯兰银行总资产达到5565亿林吉特，市场占有率达到25%。2002年至2013年期间，伊斯兰银行总资产年增长率达到19.7%。与其同时，马来西亚伊斯兰保险业也得到快速发展。2013年，马来西亚伊斯兰保险业总资产达到246亿林吉特，市场占有率达到10.2%。2008年至2013年期间，伊斯兰保险业总资产年增长率达到10.7%。到2013年末，马来西亚资本市场上，证券总额达到5121亿林吉特，占整个市场总额的49.7%。

截至目前，马来西亚金融市场有100多家伊斯兰银行产品和服务。在严格遵循全球伊斯兰教基本原则的前提下，马来西亚伊斯兰金融机构在国际市场上发行具有创新性的金融产品和证券。最为典型的实例是，马来西亚伊斯兰金融机构面向全球市场发行可以以美元、新加坡元和中国人民币等多国货币购买的债券，吸引了大量的外国投资者。经过多年的发展，马来西亚已经成为世界上重要的多货币债券市场，投资者对马来西亚多货币债券的需求量逐年增多。2013年，马来西亚在国际多货币债券发行市场仍然保持领先地位，当年发行的多货币债券占全球市场总额的69%，发行总量达到826亿美元。

（一）马来西亚伊斯兰银行体系

《1983年马来西亚伊斯兰银行法》的制定和出台为马来西亚伊斯兰金融机构的建立奠定了法理基础，该法后被《2013年马来西亚金融服务法》所替代。1983年7月1日，马来西亚境内第一家伊斯兰银行——马来西亚伊斯兰银行有限公司（Bank Islam Malaysia Berhad，简称BIMB）正式成立。起初，马来西亚伊斯兰银行主要为穆斯林提供金融服务。此后，随着业务和规模的不断扩大，马来西亚伊斯兰银行成为全国性银行机构。20世纪90年代初期，为了进一步促进马来西亚境内穆斯林经济发展的需求，马来西亚政府允许并鼓励传统金融机构为伊斯兰民众提供伊斯兰金融产品和服务。自此，马来西亚国内传统金融体系和伊斯兰金融体系并存发展的时代正式开启。1999年，马来西亚境内第二家伊斯兰银行成立。此后，马来西亚国内伊斯兰银行进入一个快速发展时期。截至2013年12月底，马来西亚境内共有16家伊斯兰银行机构，其中马来西亚公民控股的伊斯兰银行有10家，外资控股的伊斯兰银行有6家。这一时期，马来西亚还引进了5家国际伊斯兰银行。伊斯兰银行资产总额大幅度提升，市场占比也得到快速提升，促进了马来西亚国内伊斯兰产业经济的快速发展，提升了马来西亚伊斯兰金融业在国际社会上的地位和影响，马来西亚逐步成为世界上重要的伊斯兰金融中心之一。

（二）马来西亚伊斯兰保险体系

由于传统保险的理念和伊斯兰教原则有所冲突，所以伊斯兰保险业的起步较晚。1984年马来西亚立法机构制定并颁布了《伊斯兰保险法》（该法后被《2013年马来西亚伊斯兰金融服务法》替代），为伊斯兰保险业务的开拓奠定了法律基础。1985年马来西亚境内第一家保险公司——马来西亚伊斯兰保险有限责任公司成立。为了进一步提升伊斯兰保险公司的地位和安全运营，1988年马来西亚政府决定由马来西亚国家银行行长兼任马来西亚伊斯兰保险公司负责人，并规定由马来西亚国家银行依法监管马来西亚伊斯兰保险公司经营管理业务。1988年马来西亚境内第二家伊斯兰保险公司——国民伊斯兰私人保险有限责任公司成立。这一时期，在东盟国家区域内，伊斯兰保险业合作也得到快速发展。1995年东盟地区的新加坡、马来西亚、文莱、印度尼西亚等国家的保险运营商共同联合起来成立了"东盟伊斯兰保险集团"（ASEAN Takaful Group，简称ATG），该集团旨在促进东盟地区伊斯兰保险业务的合作和发展。为了减少伊斯兰保险公司对传统再保险公司业务的依赖，1997年在马来西亚纳闽岛成立了"东盟再保险国际有限公司（简称RIL）"。该区域性再保险组织的成立和运作有效促进了东盟地区不同国家之间伊斯兰保险业的互相合作和发展，完善了马来西亚国内伊斯兰保险制度和体系。至此，马来西亚国内以"相互合作""相互提供援助和帮助"为基本理念的伊斯兰保险业初步建成。马来西亚伊斯兰保险公司提供的保险业务主要有家庭险和一般险。家庭险业务主要有教育险、个人家庭险、团体险、健康险等；一般险业务主要有车险、火灾险、意外事故险、工程险、海运产业险等。截至2013年12月底，马来西亚境内共有12家伊斯兰保险公司和4家伊斯兰再保险公司，其中有9家伊斯兰保险公司和3家伊斯兰再保险公司由马来西亚公民控股，有3家伊斯兰保险公司和4家伊斯兰再保险公司由外资控股。另外，马来西亚还引进了1家国际保险公司。

（三）马来西亚伊斯兰资本市场体系

伊斯兰资本市场是根据伊斯兰法建立的马来西亚国内重要的一级证券市场。马来西亚证券署伊斯兰法咨询委员会（The Shari'ah Advisory Council of the Securities Commission Malaysia，简称SAC）负责伊斯兰资本市场的法律问题和相关管理。马来西亚伊斯兰资本市场主要包括伊斯兰债券市场、伊斯兰基金市场和伊斯兰股票市场。

1990年马来西亚壳牌公司发行了总额为1.2亿林吉特的伊斯兰债券。这是伊斯兰债券的全球首次发行。此后经过多年的发展，马来西亚伊斯兰债券市场基本建立。与传统债券有所不同的是，伊斯兰债券的发行必须要符合伊斯兰法的基本原则和精神。发行伊斯兰债券的基本条件主要包括：一是债券发行人必须要有自身资产，并且要设立一个具有特殊目的或用途的实体；二是债券收益不得以利息方式取得。由于伊斯兰债券持有人享有对相关资产收益的所有权，债券持有人的权利并非为债权，因此，伊斯兰债券的收益一般来自于债券发行人资产收益或者租金收益。马来西亚在向国内投资者发行伊斯兰债券的同时，向世界20多个国家或地区的投资者提供以美元、新加坡元和中国人民币等多国货币购买的债券，形成了目前世界最大的伊斯兰债券市场之一。

马来西亚不动产投资信托基金（Real Estate Investment Trust，简称REIT）是马来西亚国内允许实施的一种结合了不动产投资和基金信托特点的投资形式。伊斯兰不动产投资信托基金（Islamic Real Estate Investment Trust，简称IREIT）则是符合伊斯兰教法的基金投资。2005年11月，马来西亚政府通过证券署发布了伊斯兰不动产投资信托基金指导细则，规定发展此类基金的全球实施标准。依照该指导细则的规定，伊斯兰不动产投资信托基金的收入必须满足两个基本条件：一是获得收入来源的行为必须符合伊斯兰教法规定；二是如果基金行为是伊斯兰和传统伊斯兰不动产投资信托基金混合行为，则传统伊斯兰不动产投资信托基金获得的收益不得超过总收益的20%。根据伊斯兰不动产投资信托基金指导细则的规定，下列行为为伊斯兰法所禁止：以获利为基础的金融服务；赌博或投机行为；生产或销售非清真食品；不符合伊斯兰法规定的娱乐行为；生产或销售烟草及其关联产品；有关不符合伊斯兰法证券的交易或经纪代理行为等。目前上市投资的不动产投资信托基金主要有AL-Aqar Healthcare REIT（医院不动产投资信托基金）、Al-Hadharah Boustead REIT（种植园不动产信托基金）、Axis-REIT（混合不动产信托基金）等。

马来西亚证券署伊斯兰法咨询委员会负责伊斯兰股票市场上市公司审批工作及股票更新工作。伊斯兰法咨询委员会每年两次公布上市公司和上市股票的相关信息。委员会公开的信息应当达到以下目的：一是为投资者提供有关符合伊斯兰法规定的投资股票；二是集中公布委员会的决定；披露市场信息，保证市场信息的透明度；促进马来西亚伊斯兰资本市场的发展；鼓励伊斯兰证券创新。伊斯兰法咨询委员会依法监管伊斯兰股票市场上市交易的各类股票。根据初步监管的情况，将股票分为伊斯兰股票（符合伊斯兰法规定的股票）和非伊斯兰股票（不符合伊斯兰法规定的股票）。从事下列业务或活动的公司发行的股票属于非伊斯兰股票：以获利为基础的金融服务；赌博或投机行为；生产或销售非清真食品；不符合伊斯兰法规定的娱乐行为；生产或销售烟草及其关联产品；有关不符合伊斯兰法证券的交易或经纪代理行为；其他不符合伊斯兰法规定的行为。马来西亚政府采取多种措施积极鼓励伊斯兰股票市场的发展。据统计，截至2015年12月底，在马来西亚证券交易所上市交易的全部股票总数为901支，其中伊斯兰股票共有667支，伊斯兰股票占整个证券交易所上市股票总量的74%。

（四）积极推进马来西亚国际伊斯兰金融中心计划

2006年8月，马来西亚政府启动将马来西亚建设为国际伊斯兰金融中心（International Islamic Financial Center，简称MIFC）的计划，将马来西亚建设成为国际伊斯兰金融服务的知识中心。马来西亚国际伊斯兰金融中心计划内容涉及金融网络系统、各类市场主体、政府部门、金融机构、人力资源发展机构以及专业服务机构等多部门参与的综合性伊斯兰金融市场业务。马来西亚国际伊斯兰金融中心计划得到了国际社会尤其是伊斯兰产业界专业人士的大力支持。同时，马来西亚政府为致力于伊斯兰金融中心计划的各类投资者提供多种优惠鼓励措施。近年来，为了给国际投资者创造更为宽松的投资环境，马来西亚政府放宽外汇管制，逐步完善国内金融市场，尤其是伊斯兰金融市场，创新伊斯兰金融投资产品，为国际投资者进入国际伊斯兰金融市场搭建平台和创造机会。

第七章

马来西亚环境保护法律制度

第一节 环保政策与环保管理机构

为了保护环境安全和促进社会经济的可持续发展，马来西亚政府建立了较为健全的环境保护法律机制。马来西亚政府鼓励投资者在投资前期积极做好有关环境保护设计和规划工作。投资者在具体实施投资项目时，应当遵循马来西亚法律所规定的污染物最小排放标准、污染防治设施建设、废物回收等规则。马来西亚政府在2020年发展远景中明确指出环境保护的基本目标：为当代和子孙后代创建一个清洁、安全、健康和丰产的生存环境；动用社会一切力量积极参与保护国家特有的文化和自然遗产；形成可持续的消费和生产社会生活方式。为实现这一环境保护的基本目标，马来西亚政府坚持可持续发展的社会经济策略，反对不加选择及过度消费自然资源的经济发展模式，正确解决生态保护和经济发展之间的矛盾和冲突。

一、马来西亚环境保护政策

马来西亚环境发展与保护政策的核心基础是坚持和实施以经济发展、社会发展和环境保护为三大支柱的可持续发展策略。做好可持续发展必须要协调好上述三大支柱之间的关系，缺一不可，不可偏废。环境保护问题解决不好，往往会直接影响到国家经济和社会发展的质量和水平。马来西亚在制定环境保护政策时，非常注重环境保护、经济发展和社会发展三者之间的平衡关系，不盲目实施为追求一时经济发展而牺牲环境利益的行为和政策。因此，马来西亚环境保护的目标是通过健康和可持续的环境发展，促进国家经济、社会、文化的进步，从而提高马来西亚国民的生活质量和水平。

为顺利实现上述基本目标，马来西亚确定了下述环境保护基本原则：依照最高道德和伦理标准尊重和保护环境；维护自然的生命力和多样性，保护自然生态系统以保证生物多样性和生命维持系统的统一性；在追求实现经济增长和人类发展目标的同时，保证持续改进环境质量和生产力的发展；以可持续的方式利用自然资源，防止对自然资源的毁灭性利用和破坏；在综合考虑环境容量的基础上制定和实施全社会保护环境的政策、目标和法律制度；加强社会民众在环境保护和管理方面的作用；所有的公共或私人机构决策者、资源使用者、非政府组织和广大社会公众在计划和实施各自的行为时，应以最大的努力保护环境并承担相应的责任；主动并有效参与地区或国际社会旨在努力推动环境保护和发展的各种活动。

二、马来西亚环境保护战略的主要内容

马来西亚要求环境决策和环境保护行为做到有机统一，强调环境决策和环境保护应着眼于促进国家经济和人的长期发展，应当和包括林业、工业政策以及国际环境保护条约等有关的其他政策统一协调。马来西亚政府要求包括政府部门、商业机构、工业企业、非政府组织、科研单位、社区和家庭在内的全社会都要参与环境保护活动，并履行各自的环境保护义务和承担相应的法律责任。马来西亚环境保护战略的主要内容有：

（一）做好环境保护教育和认识工作

做好环境保护工作的首要任务是要马来西亚社会各界充分认识到环境保护的重要性。国家应当通过多种教育方式和渠道促使和帮助政府部门、商业机构、工业企业、非政府组织、科研单位、社区和家庭了解环境健康和可持续性发展的概念和内容，让他们懂得保护环境的基本常识和方法。具体采取的措施有：设计和实施综合性的正式或非正式环境教育和培训项目，向社会公众提供有关环境保护方面的综合信息；应当将环境保护教育内容纳入到马来西亚各级各类学校教学内容中，组织专业机构和人员编写环境保护的教材和培训材料，研究环境保护教学和培训的方式和方法，有效提高环境教育和培训的效果；建立马来西亚国家环境跨学科研究和教育高级中心，为环境教育和培训提供高层次的智力支持，从而促进马来西亚国家环境教育和培训的整体水平；严格审核各级各类学校环境保护教学和培训使用的教材资料，确保所用教材能够符合环境保护和发展的实际需求；国家和地方政府应当积极推进非正式环境保护教育和培训活动，鼓励社会群体积极参与环境保护活动，引导社会家庭形成良好的环境保护观念；为社会公众提供以多媒体、音像视听等形式承载的环境保护和发展信息，鼓励举办有关环境保护和发展方面的公共或学术论坛；鼓励艺术界和文化界积极创作有关环境保护和发展主题内容的作品，或者在艺术或文学作品中积极宣传环境保护和发展的相关内容；充分发挥媒体在环境保护教育方面的宣传作用，提高环境保护杂志的刊文质量和环境保护机构专业记者的报道水平；做好媒体、娱乐界和广告业之间的协调

合作工作，动员并鼓励他们积极引导社会公众形成良好的生活和消费习惯；开展以专业协会、工会、雇主等社会群体为基础的环境保护教育和培训工作，实施包括决策者、雇主、雇员等在内的全方位的环境保护教育和培训体系；人力资源培训中应当涉及环境保护方面的内容，并使受训者能够处理相关的环境保护问题。

（二）提高自然资源和环境保护管理效率

保护环境所采取的措施应当符合马来西亚人民生存发展需要，要充分考虑包括土地、森林、生物和水资源等自然资源的生产能力。在自然资源和环境保护管理方面制定了下列具体措施：一是做好国家环境、自然资源种类、数量等目录编制工作，并定期维护和更新相关内容，为环境保护政策的制定和实施提供一手资料，建立合适的环境保护监督体系，并对相关项目和工程进行环境评估；建立自然资源保护区和生态保护系统，划分专门的动、植物群落和生物基因保护区。二是在开发和利用土地前，应当全面评估土地的适应性、承载量等指标因素，并考虑现在和未来社会对土地的整体需求。发展自然资源绘图技术，建立地理信息系统，建立坡地、山地、湿地等生态脆弱土地信息资源库，确保这些土地的恰当使用。采取特别措施，尽量防止因土壤流失、开矿等原因造成的土地破坏。三是做好国家森林资源可持续发展管理工作，处理好森林资源利用和经济发展需要及生态系统之间的平衡关系，确保森林区居民的社会稳定。四是全面编制系统的水资源目录（包括地下水），制定长期水资源管理和保护计划，防止水资源的污染和浪费，鼓励水资源的高效、再循环利用。做好河流流域及相关项目管理工作，制定项目实施程序和监管措施，保证河流流域的可持续利用和发展。五是保障海洋、沿海水域、江、河、湖泊、珊瑚礁和红树林的生态安全，防止非持续性的海洋生物资源开发和利用。六是做好能源保护和高效利用工作。建立适当的能源价格机制和能效标准，促进先进能源技术转让。鼓励全社会使用清洁能源，增加清洁能源和可持续能源研发方面的投资。七是采取措施保护国家历史、文化和自然遗产包括具有显著特点的自然风景区。

（三）确保环境保护计划和实施的统一性和整体性

环境保护计划的制定、实施以及相关决定的出台，应当做到相互间的连贯性和统一性。在制定地区、产业等经济发展计划时，应当同步制定环境保护计划和措施，确保经济发展的每一阶段都能够贯彻和执行相应的环境保护措施和政策，保证经济发展和环境容量相适应。在评估项目的可行性时，应当综合考虑经济、社会效益及成本和环境资源利用之间的关系。制定全面的国家自然资源发展和战略，实现资源利用和环境保护之间的平衡发展。国家社会经济政策、项目、计划的制定和实施应当包括相应的环境保护计划和措施，国家应当制定综合性的项目环境保护评估程序，并严格依照该程序评估计划实施的项目工程。土地、海洋和水资源发展计划的制定应当以该地区整体经济发展和环境保护为基础，而不是以某一具体项目为基础。

（四）防止环境污染和退化

企业应当采取必要措施，避免和防止项目实施造成环境污染和其他对环境产生的不利影响。国家制定政策鼓励企业投资和实施对环境产生负面影响小的项目，并通过下列方式防止污染发生：一是要求企业在项目实施前应当采取正确的预防措施，防止污染发生；二是禁止任何企业向空气、土地和水体排放污染物；三是企业应当采取最有效的方法减少污染，鼓励企业使用清洁生产技术；四是国家建立并实施污染付费以及其他恰当的环境保护技术、经济奖励和惩罚机制。国家鼓励工业企业尤其是资金雄厚的大企业建立和实施企业自身独立的污染防治和控制体系，支持私营企业建立和实施环境管理体系，促进大型企业和中小型企业建立环境管理体系合作关系，促进双方之间信息共享和环境保护经验交流。全社会应当关注中小企业的环境污染问题。国家应当通过资金支持、技术革新、使用清洁能源、重新选址等方法解决中小企业的环境污染问题。鼓励工商业企业提高环境保护技术的研发资金，促进工商业企业和环境科研机构之间的合作。国家实施环境保护奖励制度，鼓励企业实施流水线式的管理制度，为社会提供环境友好型的产品和服务。国家应当制定并实施防止空气、水体和海洋污染的综合性计划。在农业领域，国家限制企业对杀虫剂的使用，鼓励企业广泛使用有机肥料，开拓和发展环境友好型的有机农业种植技术。鼓励投资者向高收益、低污染、大容量的城市大型运输业或海洋运输进行投资，发展非机动化的交通运输方式，并积极实施系统的交通管理和控制制度。各级政府采取措施做好污水排放、固体废物管理系统等环境基础设施投资建设工作，对已经造成环境污染和破坏的区域，采取有效措施积极治理，使该区域能够恢复原状。从事危险化学物品生产的企业应当建立环境安全管理体系，强化对危险化学物质、有毒废物的储藏、运输和处理工作。地方政府机构通过媒体宣传、集中培训等方式提高社会民众环境保护意识，积极防范环境意外事故及环境问题的发生。工业企业、公共场所应当设立环境事故应急和救护场所，并配备一定数量的具有环境风险评估技术和事故处理经验的专业人员。国家采取措施优先支持有关环境先进技术的研发和转让项目或活动，优先支持企业、科研机构进行污染防治、废旧处理及再循环利用等技术的研发。

（五）政府机构应当统一协调，共同履行环境管理职责

在环境保护过程中，政府部门肩负着制定环境保护政策、监督企业履行环保义务、培育民众环境保护意识等重要职责。政府部门之间应当建立相互协调、相互合作、共同负责的环境管理机制，从而实现高效的环境保护和管理目标。政府机构应当做好以下各项工作：一是建立统一协调的政府环境保护与发展政策制定机制，保证环境保护政策的有效执行和监督。定期审查和修改有关环境保护立法，确保环境保护立法和其他法律之间的统一和协调，保证法律能够有效执行。二是鼓励国家各部和政府机构，将环境保护和发展纳入各自的工作计划和项目中，做到环境保护和社会经济事业的同步发展。积极提高联邦、州和地方政府环境保护管理能力与专业技术水平，确保环境法律制度的有效执行。联邦和各州政府经济发展计划部门在政策计划和实施中起着中心作用，是联邦、州和地方政府之间沟通和交流环境、资源保护政策制定和实施的重要桥梁和渠道。三是努力提高私营部门环保责任意识，鼓励他们积极参与环境保护培训。鼓励每个商业和工业领域制定各自行业自我监督、自我评估和自我审计的环境保护行为准则。四是做好政府部门和社会其他组织之间的合作和协调工作，包括联邦及州政府、非政府组织、新闻媒体、私营部门、专业机构等。努力做好环境保护宣传工作，建立环境保护信息共享体系，提高全社会的环境保护意识。五是采取多种激励措施鼓励私营部门建立和发展生态及环境科学研究、环境技术培训和政策分析中心。

（六）积极参与地区和国际环境保护合作

马来西亚政府积极开展和世界其他国家之间的环境保护合作活动和工作，尤其是和东盟国家开展广泛的交流和合作，积极协调和解决地区环境问题。另外，马来西亚政府和国际环境保护组织建立了良好的合作关系，并积极致力于解决国际社会所共同面临的环境保护问题。马来西亚政府在地区和国际环境保护合作方面将做好以下方面的工作：一是继续和周边邻国全力合作，努力做好跨界环境保护问题。马来西亚将采取积极措施有效解决自己管辖区域内已发生的环境污染。

在边界地区可能发生工业意外事故或自然灾害将会对边界地区邻国环境产生不利影响时，马来西亚政府应当及时通知和警告邻国政府，并且和邻国通力合作共同解决发生的环境问题。二是马来西亚政府将以积极态度采取有效措施和国际社会一道共同致力于解决包括臭氧层消耗、气候变化、跨界污染、危险化学物及有毒废物管理、海洋保护、生物资源保护、危险物种贸易等全球所面临的环境保护问题。三是马来西亚政府积极参加和签订有关环境保护方面的地区和国际性条约，积极承担国际环境保护义务和责任。四是马来西亚将积极促进环境安全技术转让，努力提高环境保护管理水平，并愿意和国际社会共享环境保护方面的经验和技术。马来西亚将积极参与并大力支持国际社会就环境保护问题开展多种形式的合作和协调工作。

三、马来西亚环境保护管理机构

马来西亚具体负责环境保护管理职责的机构是马来西亚自然资源和环境保护部下设的环保局。其主要使命是保护环境，提高人民生活质量和水平，促进马来西亚社会经济可持续发展。

1975年4月15日，马来西亚在地方政府和环保部设立了环保处。1976年，环保处被划归到科学、技术和环保部管理。考虑到环境保护的重要性，1983年9月1日，环保处升级为现在的环保局。2004年3月，环保局划归到自然资源和环境保护部。环保局是依照《1974年马来西亚环境质量法》建立的。

马来西亚环保局下设行政管理及财政处、执行处、有害物质管理处、空气质量管理处、水资源和海洋处、环境评估处、战略沟通处、信息技术处、绿色工业处和法规处等11个主要处。

马来西亚环保局主要履行下列主要职责：

（1）防止、消除和控制环境污染，改善环境质量；

（2）履行国际环境保护公约所规定的马来西亚政府应当履行的义务；

（3）收集、整理环境保护信息和技术，并为社会提供环保信息查阅等服务；

（4）贯彻和执行马来西亚政府制定的各项环境保护法律和政策；

（5）提供各类环境保护知识和技术培训；

（6）促进和发展马来西亚绿色工业项目；

（7）依法处理环境污染投诉案件。

第二节　环境保护法

马来西亚并无一部统一的环保法典，环保法律体系复杂，由法律、法规、条例和令组成。其中，环境保护条例和令数量众多。立法机构根据不同时期社会经济发展和环境保护需要不断修正和补充环境保护法的内容。马来西亚基本环境保护法律是《1974年马来西亚环境质量法》。截至2016年底为止，该法共进行了6次修订，最近一次修订是在2012年完成的。该法共有6编，分别规定了术语解释、环境管理、许可证制度、禁止和控制环境污染、废物排放控制、上诉和上诉委员会、征收废物税及环境基金制度及附则等内容。

一、环境管理制度

（一）环境质量总署长

为了确保马来西亚环境质量法的各项内容得到有效贯彻和实施，马来西亚政府依照《1974年马来西亚环境质量法》第3条规定任命专门负责环境质量管理职责的总署长1名和数名副总署长。总署长和副总署长由马来西亚自然资源和环境部部长从政府工作人员中任命。

总署长的主要权力、职责和作用主要包括下列内容：一是负责环境法律、法规、条例和令的实施和执行；向马来西亚自然资源和环境部部长就环境保护政策、环境保护类型、废物排放量、环境保护长期规划、自然环境自我吸纳废物能力标准和容量等内容提出建议和意见。二是负责并协调废物排放，预防和控制环境污染，保护和提高环境质量；通过颁发许可证数量、类型的方式控制废物及其他对环境质量有害或者可能产生有害的排放物的排放数量、种类及效果。三是就环境污染事件发生的原因、性质、范围以及污染防治行使调查权，并可以协助其他单位或个人行使此类调查权。对各类机构是否遵守环境保护法行使调查权，并对投诉的违反环保法行为实施调查。四是做好环境污染防治研究工作，发展和提高环境保护标准。五是和其认为合适的人员合作，组建解决环境专业问题的专家组；为有效实施环境质量法，详细规定已采用的环境保护样本或检测方法。六是在每年9月30日公开上年度环境保护年度报告以及其他环境保护方面的报告和信息；向社会公众提供环境保护信息和培训服务；管理各类环境保护基金。七是在马来西亚各州之间以及马来西亚和世界其他国家之间建立联络和合作关系，共同做好环境保护、污染控制和废物管理工作。八是向马来西亚自然资源和环境部部长提交有关环境保护法律的修改报告；促进、鼓励、合作和执行环境保护、污染防治以及废物管理的各项环境计划。

（二）环境质量委员会

环境质量委员会是依照《1974年马来西亚环境质量法》的规定依法成立的组织，其基本职能是向马来西亚自然资源和环境部部长就环境问题提供咨询和建议。环境质量委员会由1名自然资源和环境部部长任命的主席和多名其他部任命的委员组成。委员会各委员的任期不超过3年，符合条件的委员可以连选连任。下列人员不得选为委员会委员：一是精神失常或者不能履行职责的人；二是实施诈骗犯罪行为的或者不诚实、道德有污点的人；三是破产或者和债权人达成安排协议的人。委员会委员出现下列情形之一的，应当解除其职位：一是死亡；二是辞职；三是未经部长同意，连续3次未参加委员会举行的会议；四是任职期间出现上述不能任职情形的。

委员会每4个月召开一次会议，委员会主席可以自行决定召集会议。委员会会议应当由8名委员出席才能有效。委员会依照本法规定有权制订自己的议事程序和规则。委员会应当保存会议记录，并向部长提交会议记录副本。非委员会人员应由部长邀请可以参加委员会会议，并就会议讨论事项发表意见和建议，但是就会议事项不享有表决权。委员会主席主持委员会举行的各项会议。当委员会主席因病、缺席或其他原因不能主持会议时，从出席会议的委员中选举1名委员主持会议。会议表决出现等票情况时，委员会主席或会议主持人享有决定性投票权。

二、许可证制度

依照马来西亚环境质量法的规定，从事法律规定的经营事项和运输事项应当依法获得许可证。譬如，从事棕榈原油生产、橡胶原材料加工、废物处理等事项。

环境质量总署长负责许可证的审核和颁发工作。许可证申请、更新或者转让应当提交规定格式的申请书并缴纳一定的费用。对于符合条件的申请，总署长可以颁发许可证，并在许可证上注明取得该类许可证应当具备的条件。在许可证有效期间，许可证持有人如果发生许可证被撤销、授予许可证条件发生变化或者增加新的许可条件的，不论该条件是对现有许可条件的增加还是减少，总署长应当通知许可证持有人按照新的条件从事经营和管理。对于那些与城镇建设规划或土地法律规定相矛盾或冲突的企业建设许可申请，总署长不得颁发许可证。在许可事项条件发生变化或增加新的条件之前，总署长在审核相关许可申请时应当考虑下列因素：一是该申请中所涉及的设备、建筑等是否适合现有的设备、控制系统或厂房，以便符合即将变化或新增加的许可条件；二是自购买之日起，申请人现有设备、控制系统或厂房的适用年限情况及经济价值；三是在变化或增加新的许可条件下，废物处理、储存以及废物排放减少的数量或程度；四是在变化或增加新的许可条件下，被许可人可能增加的成本；五是申请人从事的贸易、加工或工业性质和规模。

除了在证书上载明或者法律条例规定外，许可证的有效期限为自颁发之日起满1年。许可证持有人在许可证期满前3个月且不早于4个月的期限内申请续展。许可证持有人没有在上述规定时间内提出续展申请的，应当支付许可证申请费1%或者每日支付10林吉特的迟延续展申请费，二者中以数额高者为准。许可证有效期限届满后才提出续展申请的，总署长可以拒绝该续展申请；也可以要求申请人在缴纳不超过许可证申请费5%或者支付1万林吉特的迟延续展申请费的情况下，准予该续展申请。

持有人不再占有许可证所记载许可适用的厂房、设备时，新的厂房、设备的受让人可以向总署长申请将该厂房、设备的相关许可证进行转让。

获得的许可证应当依照法律规定进行注册。许可证持有人应当按照许可证所记载的各项条件和要求进行经营和生产。违反许可证条件和要求的持有人将被处以2.5万林吉特罚金或者处以2年以下监禁，或者并处2.5万林吉特罚金和2年以下监禁。

三、禁止和控制环境污染

（一）禁止使用未经许可的土地、厂房、机械、设备以及其他设施

对于法律明确规定的需要获得许可才可以进行生产、经营使用的土地、厂房、机械、设备以及其他设施，未经依法获得许可之前不得擅自使用。自然资源和环境部部长在咨询环境质量委员会后，可以通过发布令的方式明确规定未经获得许可便擅自占有或者使用土地、厂房、机械、设备、设施的人将违反本

法规定。

　　未经环境质量总署长的书面许可，任何人不得将法律规定范围之外的车辆、船舶用于运输、转运、存贮废旧物品，不得将普通土地、建筑改为或者设计为法律规定使用范围内用于贸易、生产或者经营用途的土地和建筑。

（二）环保设施计划要求和审批

　　任何人从事生产、经营时，应当依照法律规定向环境质量总署长提交有关土地、厂房、机械、设备以及其他设施的适用、建设申请书和计划书。计划书应当由具有资质的机构进行审核。不得批准计划书未获批准的项目申请。申请书和计划书应当包括下列内容：一是计划经营的项目内容、建设情况、控制设备的安装等；二是经营项目、建筑物的位置，项目实施、建筑物建设将会对周边环境带来的变化；三是对上述土地、厂房、机械、设备的具体使用情况和过程；四是废旧物品的成分和特点；五是环境质量总署长要求提供的其他相关信息。另外，提交申请时应当缴纳规定的费用。环境质量总署长可以依据条件要求或者无条件地批准此类申请，同时可以要求申请人安装环境控制设备以及实施环境监控项目并承担由此产生的成本。

（三）关于污染物排放条件和区域的规定

　　自然资源和环境部部长在咨询环境质量委员会后，可以通过发布条例的方式详细规定废气、废水、固体废物、烟尘、有毒物质、噪声等排放、储藏及释放的可接受环境条件，可以划定禁止或者限制排放、储藏及释放废气、废水、固体废物、烟尘、有毒物质、噪声等影响环境质量的区域。

（四）环境污染限制

1. 大气排放物和噪音污染限制

　　未经许可，任何人不得向大气排放超出法定环境可接受标准的有害物质、污染物或废物。

　　未经许可，任何人不得制造、发出超出法定环境可接受标准的噪声。

　　任何违反上述规定的行为将构成犯罪，对行为人处以10万林吉特以下的罚金或5年以下监禁，或者处以10万林吉特以下的罚金并处5年以下监禁。如果行为人在收到环境质量总署长要求其停止排放行为的通知后，仍然实施排放污染物的，可加处每日1000林吉特的罚金。

另外，对任何人实施的下列行为，尽管法律没有规定具体限制，但被认为是属于向大气排放或释放废物的行为：一是在任何地方放置具有向大气自然分解或释放性质的任何物质；二是向大气排放或释放难闻或令人不舒服的气味；三是焚烧商业、生产、工业中产生的废物；四是使用没有配套排放物控制系统的燃油设备。

2. 土壤污染限制

未经许可，任何人不得向土壤、土地表层排放、释放超出法定环境可接受标准的有害物质、污染物或废物。

另外，对任何人实施的下列行为，尽管没有上述规定的限制，但被认为是属于污染土壤或土地的行为：一是在土壤表面、里面或者其他任何可接触到土壤的地方放置液体、气体或固体物质；二是在任何地方建造的垃圾分解厂，土壤、矿石处理厂，淤渣沉积厂，废物灌注井，以及其他使用土地用以处置对人体有不利影响的物体或者对地下水、土壤及土地表层正常利用产生阻碍的固体或液体废物处理设施。

3. 水污染限制

未经许可，任何人不得向内陆水排放、释放超出法定环境可接受标准的有害物质、污染物或废物。

另外，对任何人实施的下列行为，尽管没有上述规定的限制，但被认为是属于向内陆水排放、释放废物的行为：一是在水体上、里面或者其他任何可接触到水体的地方放置任何种类的废物；二是故意或者疏忽大意将废物放置于任何发生或者可能发生废物掉落、降落、排出、蒸发、冲刷、吹落、渗透到内陆水体的行为；三是导致用水温度高于或低于法律规定限制的行为。

未经许可，任何人不得向马来西亚水域排放、渗漏超出法定环境可接受标准的任何类型的油或者含有油类成分的混合物。任何违反本规定的行为将构成犯罪，对行为人处以50万林吉特以下的罚金或5年以下监禁，或者处以50万林吉特以下的罚金并处5年以下监禁。如果被指控实施上述违法行为的人能够证明此类排放或渗漏是属于下列情形之一的，可构成对此类指控的有效抗辩：一是此类排放或渗漏是为了确保船只的安全；二是为了救护人的生命；三是船舶损坏导致渗漏，并采取一切合理措施防止、阻碍或减轻此类渗漏的发生；四是在提炼油的过程中，在正常处理废物环节之外发生废物渗漏，并采取一切措施从废物中分离出油的行为。

未经许可，任何人不得向马来西亚水域排放超出法定环境可接受标准的有害物、污染物或废物。

4. 禁止露天焚烧

马来西亚环境质量法禁止在厂房、房屋、土地等场合或地点进行任何形式的露天焚烧行为。露天焚烧行为是指非直接经过烟囱、堆放方式进行的露天放火、燃烧或熏烧行为。马来西亚自然资源和环境部部长可以在政府公报上，以令的方式公告不构成法律禁止的露天焚烧行为。凡是以令中规定的条件且不在令中禁止的地方焚烧的，均不属于上述法律禁止的露天焚烧行为。

尽管有上述规定，如果发生下列情形时，环境质量总署长通知社会公众，临时禁止任何人进行露天放火、燃烧或熏烧行为：一是该地区的空气质量下降到不健康的级别；二是实施非通知规定之外的放火、燃烧或熏烧行为将会对周边环境产生危害。

建筑物、工厂、厂房、土地等财产的物主或占有人要对发生在其财产领域内的非法露天焚烧行为承担法律责任。如果有下列情形的，物主或占有人可对有关自己非法露天焚烧指控构成抗辩：一是露天焚烧超出他的控制，或者露天焚烧是在他不知道或者没有同意的情形下发生的；二是已经采取了一切合理预防措施，或者尽了一切努力防止露天焚烧行为的发生。同时，物主或占有人还须证明上述情形下已经履行自己能力范围内应尽的责任。

（五）马来西亚自然资源和环境部部长的防止环境污染管理权

为了有效保护环境和控制污染，《1974年马来西亚环境质量法》规定了马来西亚自然资源和环境部部长一定范围内的环境管理权。

1. 禁止使用指定设备或材料

马来西亚自然资源和环境部部长在咨询环境质量委员会后，在政府公报上以发布令的方式，公告在指定的地区不得实施下列行为：禁止在贸易、加工或生产中使用所制定材料；通过描述方式或指定品牌名的方式禁止使用指定设备或设施。

2. 实施环境产品认证制度

马来西亚自然资源和环境部部长在咨询环境质量委员会后，在政府公报上以发布令的方式公告下列行为：规定对环境有害的物质，并要求以规定的方式减少、回收或者规范此类物质的使用；指定含有最低比例循环利用物质的产品为法定销售产品，并要求在此类产品上应说明其所含有的循环利用物质成分、制造及处理方法。另外，在销售按照上述规定生产的产品或者含有上述规定成分的产品时，应当在标签上注明此类产品或物质是环境友好型产品或物质。

3. 制订环境非友好产品处置计划

马来西亚自然资源和环境部部长在咨询环境质量委员会后，可以制订详尽的指导规则和程序用以规范环境非友好产品或对环境产生不利影响的产品减少和处理计划，从而保证此类产品的有效回收，并能以安全的方式循环利用或处理此类产品。

4. 发布禁止令

如果企业排放有害物质、污染物、废物不符合法律规定时，环境质量总署长可以根据不同情形向企业主发布具有下列内容的禁令：限制或禁止排放；规定排放条件；指定排放的期限；对已经造成的环境损害采取补救措施。

马来西亚自然资源和环境部部长在咨询环境质量委员会后，可以就上述内容在政府公报上发布禁止令详细规定具体实施的情形和条件。

马来西亚自然资源和环境部部长在认为环境、公共健康或安全受到威胁或者可能受到威胁的情况下，可以指示环境质量总署长发布禁令要求行为人停止排放环境有害物、污染物或废物。

（六）多家企业累计排污管理

在同一地区，同时有多家企业或个人依法获得向该地区排放环境有害物、污染物或废物许可证，尽管每个获得许可证的企业或个人都按照许可证规定的条件和范围排放环境有害物、污染物或废物，但是这些企业或个人累积排放的环境有害物、污染物或废物超出了该地区的环境承受能力。如果允许这些企业或个人继续排放的话，将会影响该地区居民健康、安全，或者对该地区的动物，如鸟类、鱼类或者其他水生生命造成威胁。在这种情形下，环境质量总署长可以通知这些拥有排放许可证的企业或个人在规定的期限内，按照规定的方式减少环境有害物、污染物或废物的排放量，将排放量控制在环境承受能力范围内，以确保周边的环境安全。

（七）环境审计

《1974年马来西亚环境质量法》规定了严格的环境审计制度。马来西亚环境质量总署长可以要求车辆、船舶、土地、厂房、建筑物等财产的物主或占有人依照马来西亚自然资源和环境部部长或者环境条例规定的方式进行审计，并提交相关审计报告。同时，为了有效完成环境审计，环境质量总署长应当向社会提供能够进行环境审计并能撰写审计报告的专家人员名单。接受环境审计的企业或个人应当在环境质量总署长处注册的审计专家中任命相关的审计人员。

（八）指定行为环境影响评估报告制度

1. 环境影响评估报告审核

为了做好环境保护预防工作，《1974年马来西亚环境质量法》第34条A部分规定了投资者在从事生产经营前的环境评估义务，要求投资者必须在设计投资方案时，具体考虑项目建设、生产、经营等过程中的环境因素，并详细规定生产过程中具体控制污染、减少废物排放的具体措施和实施计划，要把环境保护和预防污染作为投资者生产经营管理的一个重要组成部分。根据《1987年马来西亚环境质量法令》的规定，必须进行环境评估的主要项目包括：将土地面积500公顷以上的森林地改为农业生产用地，50公顷以上住宅地开发，石化与钢铁项目以及电站项目，水面面积200公顷以上的水库／人工湖的建造等。

马来西亚自然资源和环境部部长在咨询环境质量委员会后，可以以发布令的形式规定具体需要进行环境影响评估的投资行为范围和内容。任何准备从事需要进行环境影响评估投资行为的企业或个人，在该投资获得有关部门的许可之前，应当向环境质量总署长提交该投资项目或行为的环境影响报告。该环境影响报告应当按照环境质量总署长规定的指导准则制作。环境影响报告内容应当包括该项目或行为具有的或者可能具有的环境影响，以及应当采取的防止、减少或控制此种环境影响的具体措施和方法。环境质量总署长在认为必要时，可以要求申请人提交多份环境影响报告。

环境质量总署长对提交的投资项目或行为环境报告进行审核并进行必要调查后，认为报告中所采取的措施符合环境质量保护各项条件和要求，能够有效防止、减少或控制投资项目或行为实施后对环境产生的影响，就应当无条件或者附条件批准该环境报告，通知申请人执行核准的项目或行为，并向其他审批机构提交该环境报告以获得批准。

环境质量总署长对提交的投资项目或行为环境影响报告进行审核并进行必要调查后，如果认为报告中所采取的措施不符合环境质量保护各项条件和要求，或者不能有效防止、减少或控制投资项目或行为实施后对环境产生的影响，就不得批准该环境影响报告，并应当告知不予批准的理由。

环境影响报告未能获得批准的,申请人可以对该环境影响报告进行修改和补充,并可以就修改后的环境影响报告提交环境质量总署长进行审核。环境总署长不得无理拒绝接受修改后的环境影响报告。

任何人在环境影响报告未获得环境总署长批准之前不得擅自从事所规定投资项目或行为。在环境影响报告获得批准后,申请人在实施获批项目或行为的过程中,应当提供足够的证据证明已经采取报告中所列明的措施,并能有效防止、减少或控制该投资项目或行为对环境产生的影响;如果环境影响报告获批时有附加条件的,申请人还应当证明获批项目或行为实施中已经满足了该附加条件。

任何违反上述规定的行为将构成犯罪,对行为人处以10万林吉特以下的罚金或5年以下监禁,或者处以10万林吉特以下的罚金并处5年以下监禁。如果行为人在收到环境质量总署长要求其遵循上述规定的通知后,仍然实施违法行为的,可加处每日1000林吉特的罚金。

2. 《1987年马来西亚环境质量法令》规定的环评项目或行为

根据《1987年马来西亚环境质量法令》的规定,必须进行环境评估的主要项目包括:

(1)农业项目

a. 将土地面积500公顷以上的森林用地改为农业生产用地项目计划;

b. 需要重新安置100户以上家庭的农业项目计划;

c. 面积500公顷以上,且涉及到农业用地用途类型改变的农业资产开发计划。

(2)飞机场项目

a. 飞机场建设项目(含有2500米以上的临时紧急跑道);

b. 国家或州停车场飞机临时紧急跑道项目计划。

(3)排水和灌溉项目

a. 水域面积200公顷以上的人工扩建湖以及水库、人工湖建设项目计划;

b. 面积100公顷以上的原始林区、湿地或野生动物栖息地排水项目计划;

c. 面积5000公顷以上灌溉项目计划。

(4)土地开垦项目

面积50公顷以上的沿海土地开垦项目计划。

(5)渔业项目

a. 渔业港口建设项目计划;

b. 码头扩张能力达50%以上的渔业港口扩建项目计划;

c. 面积50公顷以上，以清理红树林沼泽地为基础而建设的陆地水产品养殖项目计划。

（6）林业项目

a. 将面积50公顷以上的山地林地改变为其他土地用途的项目计划；

b. 将用于城市供水、灌溉或水力发电，或者邻近州、国家公园或海洋公园的水库区域内树林进行砍伐或者将其改变为其他土地用途的项目计划；

c. 面积500公顷以上林区砍伐项目计划；

d. 将面积50公顷以上的红树林沼泽地改变为工业、住宅或农业用地项目计划；

e. 清理岛屿上邻近国家海洋公园的红树林沼泽地项目计划。

（7）房屋开发项目

面积50公顷以上住宅地开发项目计划。

（8）工业项目

a. 单一产品或混合产品的日产量100公吨以上的化工项目计划；

b. 所有类型和规模的石油化学制品项目计划；

c. 有色金属的初级熔炼；所有类型和规模的铝、铜项目；日产量50公吨以上的其他有色金属项目计划；

d. 每小时产量30公吨以上的熔渣项目计划；日产量100公吨以上回转窑烧石灰项目计划或者日产量50公吨以上立窑石灰项目计划；

e. 日产量100公吨以上以铁矿石为原材料的产品项目；日产量200公吨以上以铁屑为原材料的产品项目计划；

f. 静负载超过5000公吨以上的造船项目计划；

g. 日产量50公吨以上的造纸或纸浆项目计划。

（9）基础设施项目

a. 在海滨地区建设的养生医院项目计划；

b. 面积50公顷以上的为中型或重型工业提供工业发展基础的项目计划；

c. 高速公路建设项目计划；

d. 国家高速公路建设项目计划；

e. 新城镇建设项目计划。

（10）港口项目

a. 港口建设项目计划；

b. 年处理能力提升50%以上的港口扩建项目计划。

（11）采矿业项目

a. 采矿用地面积超过250公顷以上的，在新地区实施的采矿项目计划；

b. 矿石筛选，包括铝、铜、金或钽的提炼项目计划；

c. 面积50公顷以上挖沙项目计划。

（12）石油项目

a. 石油和天然气开发项目计划；

b. 长度超过50公里以上的境内、外输油管道建设项目计划；

c. 石油、天然气分离、加工、处理和储藏设施建设项目计划；

d. 石油精炼厂建设项目计划；

e. 在商业区、工业区或居民区3公里以内修建的整体能够储藏石油、天然气或柴油超过6万桶以上的储藏剂产品建设项目计划。

（13）发电和电力传输项目

a. 发电量超过1000万瓦特以上的，以石油、天然气、煤等矿物燃料为原料的蒸汽发电厂建设项目计划；

b. 符合下列条件之一或者同时符合二者条件的水坝和水力发电项目：一是水坝高度超过15米高，且其他设施所占总面积超过40公顷的项目；二是水域面积超过400公顷的水库项目；

c. 复合循环发电站建设项目计划；

d. 核燃料发电站建设项目计划。

（14）采石场项目

在商业区、工业区或居民区3公里以内建立的，或者获批的用于商业、工业或家居用途不受区域限制的石灰石、硅石、石英石、砂岩、大理石、建筑装饰石料或者综合性采石场建设项目计划。

（15）铁路项目

a. 铁路新线路建设项目计划；

b. 铁路支线建设项目计划。

（16）交通项目

大容量快速交通建设项目计划。

（17）度假胜地和娱乐设施项目

a. 海滨度假设施或拥有80间住房以上的饭店建设项目计划；

b. 覆盖区域达到50公顷以上的山中避暑地及酒店建设项目；

c. 国家公园旅游发展及娱乐设施建设项目；

d. 国家海洋公园内岛上旅游发展及娱乐设施建设项目。

（18）废物处理项目

a. 有毒有害废物处理项目：焚化厂建设，非现场回收厂建设，非现场废水处理厂建设，垃圾填埋安全设施建设，储藏设施建设；

b. 城市固体废物处理项目：焚化厂建设，混合堆肥厂建设，回收厂/再循环利用厂建设，城市固体废物填埋设施建设；

c. 城市污水处理项目：城市污水处理厂建设，出海口建设。

（19）供水项目

a. 水面面积超过200公顷以上的水库或蓄水池建设项目；

b. 日供水量超过4500立方米的工业、农业或城市供水用途的地下水开发项目。

四、废物控制和管理制度

根据《2005年马来西亚质量条例（指定废物）》的规定，共有77种类型的废物被列入该条例附件1当中，这些指定废物被划分为五大类：一是金属类或者含有金属的废物（共有10种指定的废物）；二是以无机成分为主要含量且含有部分金属和有机材料的废物（共有7种指定的废物）；三是以有机成分为主要含量且含有部分金属和无机材料的废物（共有27种指定的废物）；四是含有无机成分或者有机成分的废物（共有32种指定的废物）；五是其他废物（共有1种指定的废物）。

指定的废物可以在用于废物发电的厂房设施里进行贮藏、回收或者处理。以这种方式处理废物的不需要获得环境局的许可。每台废物发电机可以贮存的自产废物自废物产生之日起不得超过180天，同时，厂房贮存的废物总量不得超过20公吨。如果贮存的废物总量超过20公吨时，可以以书面形式向环境质量总署长提出申请。自废物产生之日起，应当在储存废物的容器上明确记载贮存日期、名称、地点及废物发电厂的电话号码。利用废物进行发电的企业可以申请使用他们自己的设备或处理方法，采取特别措施管理用于发电的废物，可以不采用《2005年马来西亚环境质量条例（指定废物）》第7条第1款的规定的处理方法或设备。

在没有事先取得环境质量总署长书面同意的情况下，任何人不得在法律规定的建筑、设备或地点之外的其他地方或马来西亚水域，放置、储存及处理或者许可他人进行放置、储存或处理法律指定的废物；不得从马来西亚境内外接受、运送或者许可他人接受、运送任何指定废物；不得运输或者许可运输指定废物。

在非现场处理、储存、焚化或者回收废物时，应当在法律规定的建筑、设备或地点内进行，并应当获得马来西亚环保局的许可。

马来西亚不鼓励对指定废物的现场焚化处理。如果必须在现场要安装废物处理焚化设备时，应当严格按照马来西亚环境局颁发的马来西亚废物焚化设备安装指导细则进行安装，向环境管理部门提交环境影响评估报告，并向社会公开环境影响报告供公众提出评论意见。

五、上诉和上诉委员会

为了有效解决环境管理过程中出现的各种诉求和矛盾，《1974年马来西亚环境质量法》第36条专门规定了上诉委员会制度。

具有下列情形之一的任何人可以在法定期间内以法定方式向上诉委员会提出上诉：一是被拒绝颁发许可证或转让许可证；二是在颁发的许可证上附带条件、限制或约束；三是撤销、中止或者变更许可证；四是依照环境质量第47条规定所作的罚金；五是环境质量总署长就环境影响评估报告作出的附条件核准或者不予核准；六是环境质量总署长或其他官员依照环境质量法第48条A款（2）或（5）项所作的决定。

上诉委员会由3名成员组成，其中1名为上诉委员会主席。上诉委员会还应任命1名副主席，副主席在主席因病或其他原因不能履行其职责时履行主席的职责。上诉委员会主席和副主席由马来西亚首席大法官提名。被提名的人选应当是具有7年以上法律工作经历的马来西亚高等法院辩护律师和出庭律师，或者是在马来西亚从事司法和法律服务的人员。马来西亚自然资源和环境部部长通过政府公告任命上诉委员会主席和副主席。上诉委员会主席和副主席的任期为3年，符合任职条件的，可以连任。上诉委员会主席从马来西亚自然资源和环境部部长任命的成员中召集两名共同组成上诉委员会。除非辞职或被撤职，上诉委员会其他成员的任期为3年。马来西亚自然资源和环境部部长在不告知任何理由的情况下，可以免除上诉委员会主席、副主席和其他成员的职务。

上诉委员会成员如果和委员会裁决的事项有利益关系的，应当向上诉委员会披露该利益关系，并说明其性质。上诉委员会应当记录有利益关系的成员所作的披露，且不得允许该成员参加与该事项有关的任何裁决程序。上诉委员会主席在听取其他两名成员意见的基础上应当就上诉的事项作出裁决。上诉委员会主席就争议事项作出裁决时不受其他成员不同意见的限制，但是应当记录其他成员的不同意见。上诉委员会除了行使法律赋予的权力外，有权就提交给其解决的上诉案件产生的费用作出裁决。上诉委员会成员应当享受马来西亚自然资源和环境部部长所确定的报酬和津贴。

六、征收废物税及环境基金会制度

1. 征收废物税

为了有效实施、促进和协调环境污染调查和环境污染防治工作，马来西亚自然资源和环境部部长在咨询马来西亚财政部部长和环境质量委员会意见的基础上，有权发布命令就产生的废物进行征税或者变更、取消征税。对废物实施征税时，应当依照废物的数量、组成规定不同的税率。征税的具体方式由环境质量总署长确定，收缴的废物税应当交给环境保护基金。

2. 环境基金会

为了做好环境保护工作，有效应对环境突发或紧急事件，马来西亚环保质量法规定了环境基金会制度。环境基金会采取在马来西亚联邦统一基金内设立信托账户的方式进行管理和运行。环境基金会的资金来源：一是马来西亚政府定期拨付的一定数额的资金；二是由马来西亚境内外各界人士或机构所作的捐献或捐赠资金；三是征收废物税收所得资金；四是依照环境质量法第36条D规定所取得的全部资金。

环境基金会由基金委员会进行管理。环境委员会由环境质量总署长、两名由马来西亚自然资源和环境部部长任命的高级环境官员以及两名由马来西亚自然资源和环境部部长任命的其他政府官员组成。环境质量总署长担任环境基金委员会主席。在环境质量总署长缺席的情况下，环境基金委员会不得召开任何会议。环境基金委员会举行会议的法定人数为3人。在不违反环境质量法的前提下，环境基金委员会有权制定自己的会议程序和规则。

马来西亚自然资源和环境部部长在咨询环境质量委员会意见的基础上，可以要求从事下列行为或工作的人员向环境基金会缴纳规定数额的资金：一是石油探测、提炼、精炼、生产、大批量运输、分销或储存工作；二是环境有害物质的生产、大批量运输、分销或储存工作；三是废物的大批量运输或储存工作。

环境基金将用于下列用途：一是有效实施、促进和协调环境污染调查和环境污染防治工作；二是废物回收、取除、分散、破坏、清除、分解或减轻污染；三是防止泄漏、排放或倾倒石油以及排放、储存或倾倒环境危险物品或废物；四是发生石油、环境危险物或废物泄漏时，采取的保护措施。

七、其他环境保护制度

（一）信息收集

环境质量总署长可以要求车辆、船舶、飞机、厂房、土地、建筑、设备等财产的所有人或占有人提供一定期间内有关财产的信息。提供的信息包括：车辆、船舶、飞机、厂房、土地、建筑、设备等财产的所有人状况；在车辆、船舶、飞机、厂房、土地、建筑、设备等财产上所使用的原材料、环境有害物、生产、加工及控制设备等信息；排放的或者可能排放的环境有害物、污染物或者废物信息；在使用或加工原材料或者环境有害物质的过程中可能导致的任何环境风险信息。另外，环境质量总署长有权力询问车辆、船舶、飞机、厂房、土地、建筑、设备等财产的所有人或占有人就其所有或占有的有关财产的信息问题。

（二）环境质量总署长的拦截、登临、调查和询问权

为了进一步加大对环境违法行为的打击或处罚力度，《1974年马来西亚环境质量法》第38条规定了马来西亚环境质量总署长及其授权的官员，在特定情况下，有权行使拦截、登临、调查和询问权。在有证据证明或者有理由相信当事人实施了违反环境质量法的行为时，环境质量总署长或者由其书面授权的官员基于对行为人违法行为进行调查的目的，在没有强制令的情况下有权行使下列各项权力：一是拦截、登临和调查任何车辆、船舶、飞机；二是进入厂房、建筑等场所，调查、检测、没收或扣押任何设备、计算机或者工业设施；三是调查、检查、没收或扣押任何有关设备、工业设施使用、运行或者环境危险物、污染物及废物的说明书、票证、记录、许可证或其他文件；四是调查、检查、没收或扣押任何指定废物、环境有害物以及用于运输指定废物、环境有害物的车辆或船舶；五是必要时，可以询问当事人，并对船舶、设备、动力系统、储藏室以及货物进行检查；六是对没收、扣押的说明书、票证、记录、许可证或其他文

件进行复制或摘录；七是对在贸易、工业、生产中使用、可能使用或者经常使用的物质、材料，或者对在汽车、船舶、飞机等运输工具上载运的物质材料进行检查、检测或采集样本；八是对从车辆、船舶、飞机、厂房、土地、建筑、设备中释放、排出或储存的或者可能释放、排出或储存的环境危险物、污染物及废物采集样本。

马来西亚环境质量总署长或者由其书面授权的官员依照环境质量法的规定在进行调查时，有权对知道案件事实的人进行口头询问，并应当就询问人所做口头陈述做成书面记录。书面记录制作完毕后，应当向被询问人宣读书面记录内容，并容许其对其认为不对的记录进行纠正，在确定无误后，要求被询问人在书面记录上签字或者按下大拇指手印。如果被询问人拒绝在书面记录上签字或按大拇指手印的，进行询问的环境质量总署长或者由其书面授权的官员应当在该书面记录背面书写被询问人拒绝签字或按手印的事实和拒绝的理由。

被询问人应当如实回答环境质量总署长或者由其书面授权的官员所提的全部问题。在询问前，环境质量总署长或者由其书面授权的官员应当告知被询问人下列内容：一是被询问人的回答具有法律约束力；二是如果回答环境质量总署长或者由其书面授权的官员的提问将可能会导致其被指控犯罪、刑罚或者没收财产的，被询问人可以拒绝回答此类问题。

（三）证据规则

除非有相反规定，否则凡是依照或者为执行《1974年马来西亚环境质量法》的规定预制、发布或者送达的任何文件内容都是正确的。那些用于说明依照本法颁发的许可证的任何书面材料是证明是否取得许可证以及许可证有效期限的初步证据。

因违反《1974年马来西亚环境质量法》及其条例规定，所提起的诉讼中有必要证明相关事实时，环境质量署署长签发的书面形式的许可证则是证明下列事实的初步证据：某人在某日或某一期间是否获得许可证，或者获得的许可证是否附有一定条件或者受到一定限制，或者许可证在一定期限内是否被中止。此种情形下，不得对环境质量总署长就签发的上述许可证内容进行交叉询问，除非他在10天前收到有关说明他这样做的目的以及对被指控的特殊事项进行陈述的通知。

第八章

中国与马来西亚签订的投资协议

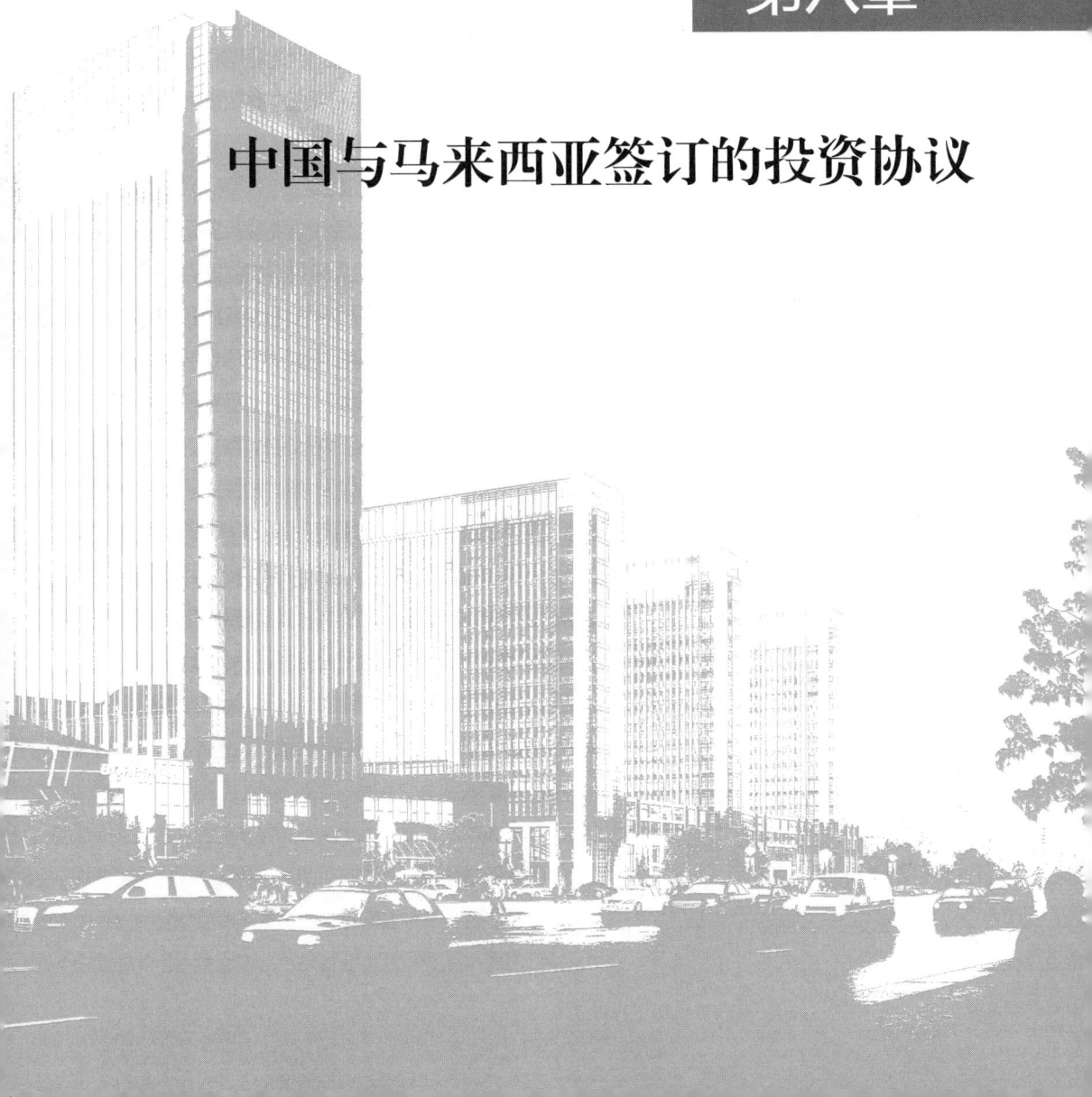

第一节　双边投资保护协定

　　为了促进中国和马来西亚之间的经贸往来及两国之间的相互投资发展，中国政府代表团和马来西亚代表团于1988年11月21日在马来西亚吉隆坡签订了《中华人民共和国政府和马来西亚政府关于相互投资鼓励和保护投资协定》（以下简称《中马投资协定》）。《中马投资协定》经中国和马来西亚政府正式批准后于1990年3月31日正式生效。

　　《中马投资协定》共有13条，主要内容包括协定术语定义、促进和保护投资、最惠国条款及例外、征收、投资争议的解决、缔约双方之间的争端解决、代位、住所位于第三国的投资者、更优惠待遇、适用的投资以及协定的生效、期限和终止等事项。下文将详细介绍《中马投资协定》签订的背景、内容和存在的主要问题。

一、《中马投资协定》签订的背景

（一）中国和马来西亚深受国际投资发展新趋势的影响

　　20世纪60年代以后，国际投资得到了快速发展。为了给本国投资者在海外开拓更好条件的投资环境，发达国家通过签订双边投资条约、建立和发展区域性自由贸易区等方式促进发展中国家不断开放本国资本市场。经过多年努力，国际投资规则在20世纪后期取得了实质性的进步和发展，尤其是1995年1月1日WTO的建立和正式运行，为改善国际投资法律环境带来了新的契机。很多发展中国家积极参与国际投资规则的制定活动，签订了数以千计的双边投资条约和几个较有影响的多边投资公约。鼓励和促进国际投资活动是这一时期国际投资法的基本宗旨。

　　中国与马来西亚也深受这一时期国际投资法体系发展的影响，并积极采取措施促进本国投资市场的对外开放。其主要表现为中国和马来西亚顺应国际投资法的发展趋势，制定、修改和完善各自国内的投资法律制度。马来西亚先于中国对外采取开放政策。马来西亚于1957年8月获得独立后，就积极着手制定有关外商投资促进方面的法律，1958年马来西亚制定和颁布了《新兴工业条例》，允许外国资本在符合一定条件的情况下，可以在马来西亚进行工业投资并可以获得包括税收等方面的优惠。由于《新兴工业条例》存在内容简单、法条粗略等缺陷，因此，马来西亚于1965年制定并颁布了升级版的新的《新兴工业法》。此后，马来西亚根据国内经济发展和投资市场不断变化和需求，先后又制定和颁布了《1968年马来西亚投资鼓励法》和《1986年马来西亚投资促进法》。尤其是《1986年马来西亚投资促进法》，制定了更为宽松的外商投资法律制度，取消了先前投资鼓励法所规定的一些限制，修正和完善了外资税收优惠制度。我国对外资的真正开放始于1978年。为了有效规范外资在我国的投资活动，我国先后制定了调整外商投资法律关系的基本法律：《中外合资经营企业法》（1979年）、《外资企业法》（1986年）、《中外合作经营企业法》（1988年）以及这3部法律的实施细则。从法律效果来看，由于我国制定的这3部外商投资法均是在应急情形下制定或出台的，不论是从法律本身质量还是和其他法律之间的有效衔接方面均存在很多问题。这3部外商投资法早已无法满足我国快速发展的外商投资法律事务需要。因此，我国需要尽快制定一部高质量、高水准的外商投资法。

（二）签订双边投资协定符合中国和马来西亚经济发展的需求

中国和马来西亚在国际投资发展需求方面，有着较多的共同点：一是两国曾经不同程度地受到外国垄断资本的控制，国内经济发展结构单一，需要大量外国资本促进本国经济发展。从历史发展角度来看，马来西亚饱受西方殖民者的长期统治，其国内经济发展受到外国垄断资本的控制，经济结构畸形发展并高度依赖于国际市场。1949年中华人民共和国成立以前，有大量外国企业在中国投资。但是，作为对华外国殖民制度的组成部分之一，这些外国资本所起的作用是负面的。中国和马来西亚获得独立后，需要消除外国垄断资本长期控制本国经济造成的负面影响，两国需要从根本上建立起各自的国内健康和独立的经济结构，以促进本国经济的快速稳定发展。二是中国和马来西亚之间的相互贸易和投资自20世纪80年代以来得到快速发展。尤其是快速发展的相互投资需要两国政府给予对方投资者更有利的法律保护和待遇。三是中国和马来西亚在国际投资规则制定方面有着同样的利益需求。两国政府通过签订双边投资保护协定，不仅为各自的投资者提供了更好的法律保护，而且也丰富了两国政府国际投资规则谈判经验，有助于两国将来作为一个共同利益代表体参与区域性或国际性投资规则的制定，从而维护双方共同的合法权益。

二、《中马投资协定》的主要内容

（一）《中马投资协定》的基本宗旨

《中马投资协定》序言明确了签订该协定的基本宗旨：为发展两国间的经济合作，愿在相互尊重主权和平等互利原则的基础上，鼓励和保护缔约一方的投资者在缔约另一方领土内的投资，并为之创造条件。因此，鼓励和保护相互投资是《中马投资协定》的基本宗旨和核心内容。鼓励投资的核心问题是如何推动外资准入的自由化以及给予外资进入本国市场的便利化。保护投资的核心问题是东道国给予外资的投资待遇、东道国对外资政治风险的处理制度以及投资者与东道国之间的投资争端解决制度。遗憾的是，《中马投资协定》在鼓励和保护相互投资的核心问题方面并没作出详细的规定。

（二）核心概念界定

《中马投资协定》第1条定义条款分别就"投资"、"投资者"、"收益"和"自由兑换货币"作了界定。其中关键概念是"投资"和"投资者"。依照《中马投资协定》的规定，"投资"是指根据接受投资缔约一方的法律和法规在其领土内作为投资的各种资产，主要是：动产和不动产及其他物权，如抵押权、留置权或质权；公司的股份、股票和债券或在该公司的其他形式的利益；金钱请求权或具有财产价值的行为请求权；版权、工业产权、专有技术、工艺流程、商名和商誉；法律授予的经营特许权，包括勘探或开发自然资源的特许权。显然《中马投资协定》对"投资"概念采用了我国双边投资协定常用的定义方法，通过例举用于投资的"资产"外延形式来界定投资的范围。值得注意的是，《中马投资协定》就"投资"的界定另外附加了中马政府对这些资产的审核条件，如在马来西亚领土内的"投资"，系指根据马来西亚立法和行政实践，再由马来西亚适当的部门归类为"批准项目"中进行的全部投资；在中华人民共和国领土内的"投资"，系指根据中华人民共和国立法和行政实践，由中华人民共和国适当的审批机构批准的全部投资。所投资产形式上的任何变化不应影响其作为投资的性质，但该变化不得违背对原投资资产的批准。这样的限制反映了中马对外资严格的审核批准要求。显然，对投资附加的批准条件增加了投资的制度成本，在一定程度阻碍了外资的进入，不利于中马两国之间的相互投资发展。另外，在界定"外资"概念时，《中马投资协定》没有明确"领土"的范围和含义。

"投资者"包括自然人和非自然人投资者。在自然人投资者界定方面，中国和马来西亚所指的自然人范围在本质上没有区别，都是以公民作为判断标准。考虑到中国和马来西亚法律体系的差异性，在非自然人投资者概念界定方面有较大的差异：在中华人民共和国方面是指根据中华人民共和国法律设立、其住所在中华人民共和国领土内的经济实体；在马来西亚方面系指在马来西亚领土内设立或合法组建的任何有限或无限责任公司或任何法人、社团、合伙或个体业主。协定对于我国非自然人投资者的规定更为抽象，且没有采用例举的方式指明非自然人投资者的具体范围。考虑到当时我国法律制度相对不完善的特定背景，采取这样的定义方式对我国的投资者有一定的好处。协定对于马来西亚非自然人投资者的规定则更为具体和明确。

（三）投资待遇

一般认为，投资待遇条款是双边投资协定中的核心条款。因为投资待遇直接涉及到投资者在东道国所享受的投资权利和利益保护。显然，《中马投资协定》在投资待遇方面，规定得过于简单和粗略。从条文内容来看，直接涉及投资待遇的条款有3条：第2条第2款、第3条和第4条。第2条第2款仅规定"缔约一方投资者在缔约另一方领土内的投资应始终受到公正和公平的待遇，并享受充分的保护和安全"。表面看来，该条内容规定了投资者在东道国享受的公平、公正待遇，但从内容来看该条内容并无多大实际意义。这主要是因为，公平、公正待遇的规定必须放到一定的范围才有意义，必须要规定具体的实现措施和程序才能落到实处。第3条规定了最惠国待遇：缔约一方投资者在缔约另一方领土内投资的待遇，不应低于任何第三国投资者的投资所受到的待遇；缔约一方投资者在缔约另一方领土内的投资，由于该另一方领土内的战争或其他武装冲突、全国紧急状态、叛乱、暴乱或骚乱遭受了损失，假如该缔约另一方采取任何恢复、补偿、赔偿或其他解决办法，所受待遇不低于给予任何第三国投资者的待遇。从内容性质来看，第3条第1款规定了一般意义上的最惠国待遇，第2款则是对东道国特定原因导致的投资损失在恢复、补偿、赔偿或其他解决办法上规定了最惠国待遇，第2款从性质上来看应当属于政治风险范围内的最惠国待遇。双边投资条约缔约国基于对整体利益的考虑，往往会在条约中制定一些例外条款，以便对未来的外国投资管理留有一定的机动空间。《中马投资协定》第4条规定了最惠国待遇的例外条款，主要包括中马已加入或者将来加入的关税同盟、自由贸易区、共同对外关税区、货币联盟或其他形式的区域合作，基于税收的国际协议安排或税收的国内安排，边境贸易安排等情形。

（四）投资保护

《中马投资协定》第5条和第6条规定了对投资者的利益保护规则，这两条内容均属于投资政治风险的保障和防范。第5条规定了投资征收的法律条件：一是投资征收的目的是为了公共利益；二是投资征收应当遵循采取征收措施缔约一方的法律程序；三是投资征收措施应当是非歧视性的；四是对实施的投资征收应当给予公平合理的补偿。同时该条也规定了对投资征收进行补偿的计算方法和标准：一是按照投资征收公布或为公众知道前一刻投资的市场价值为基础进行计算；二是市场价值不易确定的情形下，补偿应根据公认的估价原则和公平原则确定，具体计算补偿数额时，应当考虑投资者已经投入的资本、折旧、已汇回的资本、更新的价值和其他影响投资价值的因素。补偿的货币应当是广泛用于国际交易支付的可自由兑换货币，补偿数额一旦确定，就应当及时向被征收者支付补偿金，补偿金支付不应无故迟延。从上述条文内容来看，在对待投资征收方面，中国和马来西亚所坚持的基本原则是一样的：限制非公共目的之外的投资征收；规定了非歧视性待遇；采用"补偿"一词而非"赔偿"；采用"公平、合理"的补偿标准而非"充分"标准；规定了投资者启动东道国申诉、司法审查或国际仲裁程序的权利。

《中马投资协定》第6条则详细规定了投资的汇回制度。投资者可以将投资所得依照缔约一方的法律或法规，以可以自由兑换的货币从缔约一方境内转出。可以转出的投资所得包括：缔约另一方投资者从其投资中取得的净利润、股息、提成费、技术援助费、利息和其他经常性收入；缔约另一方投资者全部或部分清算其投资所得款项；缔约一方投资者向缔约另一方投资者偿还贷款的款项，该贷款已由缔约双方承认为投资；与承包项目有关的支付；缔约另一方国民在缔约一方领土内经允许从事与投资有关工作的收入。从上述规定看出《中马投资协定》采取了例举式的方式来规定投资转移的款项范围。在汇率确定方法上，协定针对中马两国的不同汇率制度规定了不同的确定方法。马来西亚方面，转移款项的汇率按照转移之时通用的汇率；对于中国方面，按照转移之日中国的官方汇率。另外，协定明确了在投资转移方面给予投资者最惠国待遇。

《中马投资协定》第9条规定了代位权的取得制度。如果缔约一方或其代表机构对其投资者在缔约另一方领土内的某项投资提供了担保，并根据其担保对已发生的投资损失进行担保支付后，可以代位取得和行使该投资者在缔约另一方领土内与该投资有关的任何权利或请求权。代位的权利或请求权不得超过该投资者的原有权利或请求权。代位权的规定有利于投资者母国更好地为本国投资者提供海外投资担保制度，帮助投资者有效防范或解决东道国可能发生的投资政治风险。

（五）投资争端解决

《中马投资协定》第7条和第8条规定了投资争端解决程序。投资争端依其性质不同分为三类：第一类是缔约一方与缔约另一方投资者之间就投资发生的争议；第二类是缔约一方投资者与缔约另一方投资者之间的争议；第三类是缔约双方之间就投资协定本身的解释与适用发生的争议。

1. 缔约一方与缔约另一方投资者之间就投资发生的争议

《中马投资协定》将缔约一方与缔约另一方投资者之间就投资发生的争议分为因投资征收补偿款额引发的争议和缔约一方与缔约另一方投资者就该投资者在缔约一方领土内有关投资发生的争议。因投资征收补偿款额引发的争议，投资者可以先向采取征收措施的缔约一方主管部门提出申诉。申诉提出后1年内未加以解决的，投资者可以选择向缔约一方国内有管辖权的法院或者国际仲裁庭请求审查征收补偿。

缔约一方与缔约另一方投资者就该投资者在缔约一方领土内有关投资发生的争议，应当先通过友好方式解决；如果双方未能在自争议任何一方要求友好解决之日起6个月内解决的，双方又无法达成其他解决程序的，投资者可以选择向投资所在缔约一方的行政管理部门申诉或者有管辖权的法院起诉。另外，在双方同意的前提下，可以将争议提交于国际仲裁庭仲裁。

《中马投资协定》较为详细地规定了国际仲裁庭的组成。如果争议按照规定提交给国际仲裁庭进行仲裁时，应当组成专门的仲裁庭，仲裁庭由3名仲裁员组成，争议双方各委派1名仲裁员，再由委派的两名仲裁员共同委派1名与缔约各方均有外交关系的第三国国民为仲裁庭主席。从一方将争议提交仲裁之日起两个月内完成仲裁员的委派，并在4个月内完成主席委派。如果在规定期限内未能完成委派任务，且没有达成其他协议的，任何一方可以请求斯德克尔摩商会仲裁院主席进行委派。仲裁庭自行制定仲裁程序。仲裁庭应当依照《中马投资协定》的规定、有关国内法规定、缔约双方间签订的协定和公认的国际法原则作出裁决。

裁决应当以仲裁庭的多数票作出，仲裁庭的裁决是终局的，对双方均有法律拘束力。仲裁庭应当在裁决中陈述其理由，并应根据任何一方的要求，对作出的裁决进行解释。

2. 缔约一方投资者与缔约另一方投资者之间的争议

对于缔约一方投资者与缔约另一方投资者之间的争议，可以根据双方订立的仲裁条款通过国际仲裁解决。

3. 缔约双方之间就投资协定本身的解释与适用发生的争端

对于缔约双方间就《中马投资协定》的解释与适用发生的争端，首先应当通过外交途径解决，如在6个月内不能解决争端的，缔约任何一方可要求将争端提交仲裁庭。仲裁庭由3名仲裁员组成，缔约双方各委派1名仲裁员，再由委派的两名仲裁员共同推举1名第三国国民，由缔约双方批准任命为仲裁庭主席。缔约双方应在收到仲裁之日起两个月内完成仲裁员的委派，仲裁庭主席应当自其他两名仲裁员委派之日起的两个月内完成委任。如果在规定期限内未能完成委派任务，且没有达成其他协议的，缔约任何一方可以提请国际法院院长进行委派；如果国际法院院长是缔约任何一方的国民，或者因为其他原因不能履行委派职责的，应请副院长进行委派。仲裁庭自行制定仲裁程序。仲裁庭应当依照《中马投资协定》的规定和公认的国际法原则作出裁决。裁决应当以仲裁庭的多数票作出，仲裁庭的裁决是终局的，对缔约双方均有法律拘束力。仲裁庭应当在裁决中陈述其理由，应缔约任何一方的请求，仲裁庭应当说明其作出裁决的根据。

三、对《中马投资协定》的评价

从整体来看，中国和马来西亚签订的双边投资条约存在条约规则简略、缺乏可操作性、遗漏甚多等问题，不能解决现今复杂的中马投资法律问题。近年来，随着中马两国之间投资的快速发展，引发的投资问题也越来越多，这就需要中国与马来西亚从各自的实际情况出发，客观、公正地确定修订、完善双边投资条约内容，为两国投资者创造更为公平和成熟的投资法律环境。

（一）《中马投资协定》回避了外资准入和外资便利化问题

通观《中马投资协定》，除了该协定第2条第1款简单提到"缔约一方应鼓励缔约另一方的投资者在其领土内投资并为之创造有利条件，并依据其法律赋予的权力接受此种投资"外，再无其他条款规定外资准入和外资便利化的内容。这样原则性的规定在实践中根本无法操作。考虑到外资准入制度的重要性，建议在将来的中马投资协定修订或完善中首先明确双方各自的在外资市场准入和外资便利化方面的义务。为此，建议双方政府做好以下工作：

1. 减少外资市场准入环节的不合理限制

国际投资所遭遇的第一道门槛便是东道国所设置的外资准入制度。一般来说，外资准入制度往往跟东道国的经济主权相关联。对外资实施管辖权则是国家经济主权的一项基本内容。通常，各国法律都会根据本国的利益和实际情况作出关于外商投资的规定，即明确宣布列为鼓励、允许、限制、禁止的领域和项目。所不同的是，放得宽些，还是管得严些；或者在某一个时期，对某些领域和项目加以控制；而到了另一个时期，又逐步发生松动。由于中国和马来西亚的经济发展水平、国内投资环境、法律制度等差异较大，在投资准入制度方面有很大区别。马来西亚在开放领域、组织形式、投资比例方面有很多限制。我国在投资市场层面也有较多的限制，如限制外资进入电信、通讯、航空运输等领域，在组织形式方面也存在很多和马来西亚法律规定不相同的地方。

这些市场准入方面的限制措施对双方的投资会产生很大影响，我们应当在相互尊重和理解的基础上在双边投资条约中加以解决。建议在将来的条约修订中从以下几个方面来完善投资自由化的内容：

（1）将逐步消除外资市场准入环节的不合理限制确定为中马双边投资协定的核心内容之一。从现实情况来看，脱离中国和马来西亚的政治、经济等客观条件一步到位地确定很高目标的资本市场开放是不切实际的。可行的做法应当是双方在相互尊重对方主权和平等互利的基础上，通过充分协商，在双边投资协定中确定逐步消除外资市场准入环节的不合理限制。

（2）在外资市场准入模式上可以采用一般原则+具体承诺的方式约束中马各方在外资准入方面的不合理限制。中马双方可以在双边投资协定中明确外资市场准入的一般原则，明确双方国家在外资市场准入方面承担的最低义务。在具体行业开放方面，可以采取具体承诺的方式，明确外资进入的条件和要求，消除和约束中马双方对外资的不合理限制，譬如业绩要求、外汇平衡等附加额外条件，逐步推动外资准入环节上的内外平等。

（3）在双边投资协定中规定动态的投资行业、地域目录。缔约双方应承继目前我国和马来西亚在投资市场方面的做法，在条约中明确规定禁止、限制对方资本进入的行业和地域，规定调整目录的规则和期限，明确缔约双方的权利和义务。

2. 在《中马投资协定》中规定更为具体的外资便利化措施

投资便利化是投资法律规则中的重要组成部分。其内容主要涉及到投资审核、许可证颁发、环境评估、财产转移、企业登记、营业执照申领等具体投资程序问题。

（1）做好中马投资法律、政策的透明度工作。完善法制建设，营造一个统一有序、公平透明、信用度高的投资法制环境是当前中国和马来西亚的首要任务。建议在中马双边投资条约中建立法律情报交换机制，设立投资信息联络点，及时公布中马两国各自的投资法律和投资信息，让两国各自的投资者充分知晓对方国家的投资机会和有关投资的法律法规。

（2）提高外资投资服务水平。中国和马来西亚的投资软环境良莠不齐，都存在政府办事效率低、市场中介服务水平低、人员素质差等问题。中国和马来西亚可以通过修订双边投资条约促进缔约方提高外资投资服务水平，提高政府效能，为双方资本的流动创造良好条件。

（3）以条约义务的方式简化中马对外资设置的审批、登记程序。中国和马来西亚近年来通过修订、完善国内投资法律，精简投资审批、登记程序，取得了不俗的成绩。但在实践中仍有部分审批、登记程序游离于法律之外，"行政性"壁垒很多，加上地方政策变化频繁，外资进入时，在程序方面仍然面临很多困难。在将来的条约修订中，可以考虑将精简投资程序、明确投资程序作为缔约方的义务确定下来。

（二）国民投资待遇的缺失

投资待遇条款直接关系到外国投资者在东道国的核心利益。《中马投资协定》没有规定国民待遇内容。国际投资中，国民待遇是指东道国给予外国投资者及其投资的待遇不低于在相似情形下给予本国投资者及其投资的待遇。国民待遇的核心是要求东道国在投资环节做到内外平等。考虑到最惠国待遇和国民待遇实现内容的差异性，二者在投资协定的地位和作用也大不相同。虽然在语句表述和例外方面有所差别，但可以肯定的是最惠国待遇内容基本上是全部双边投资协议的标准条款。而国民待遇则完全不同，国民待遇并不是所有双边投资协定的标准或必备条款。在20世纪90年代以前所签署的很多双边投资协定中只包含最惠国待遇而没有国民待遇。譬如，我国在20世纪80年代和90年代签署的双边投资协定中没有国民待遇条款。产生这种情形的主要原因是最惠国待遇和国民待遇所解决待遇关系主体不同，两种待遇给东道国产生的实际影响不同。最惠国待遇是东道国处理不同外国投资者之间的待遇关系，最惠国待遇不会直接影响到东道国本国投资者及投资的利益。国民待遇是东道国处理外国投资者和本国投资者之间的待遇关系，国民待遇会直接影响到东道国投资者及投资的利益，进而影响到东道国本国经济稳定与安全。因此，东道国尤其是发展中国家在是否给予以及如何给予外国投资者及投资国民待遇问题上持谨慎态度。

尽管东道国在是否给予外国投资者国民待遇时有种种担忧或顾虑，但这并不影响国民待遇逐步成为双边投资协定中的标准条款的发展趋势。在新近签订的双边投资协定中几乎都规定了国民待遇条款内容，尽管这些国民待遇条款的大部分内容仅涉及到外资进入东道国之后的市场经营阶段，但这对于外国投资者及投资来说具有重要的意义。当然，也有部分国家将国民待遇扩展至外资准入前的环节。如美国、日本、加拿大等国家在签订的部分双边投资协定中明确了外资市场准入前的国民待遇。随着中国和马来西亚相互投资规模的扩大，以及两国经济的快速发展及投资法制的完善，两国政府没有必要回避给予相互投资者及投资国民待遇问题。因此，在修订和完善中马双边投资协定时，应当充分考虑各自的经济发展需求和投资者的实际利益，适当引入和规定符合两国国情的国民待遇制度。

（三）投资者政治风险保障制度

衡量双边投资协定质量的另一重要标准是双边投资协定是否规定了较为全面的政治风险保障制度。对于外国投资者而言，他们不仅关注东道国如何让他们进入东道国投资市场，而且关注他们的投资进入东道国市场后的安全和利益保障。因此，中马政府只有把保护投资者合法权益作为双边投资协定的核心内容，才能使投资者私人权利保护得到制度保障，真正促进中国和马来西亚各国投资的良性发展。

在国际投资活动中，国际投资者面临的风险包括商业风险和非商业风险。对于国际投资中发生的商业风险，投资者可以通过购买商业保险或者自己承担等方式来处理。国际投资中的非商业风险主要包括自然灾害和政治风险。对于自然灾害造成的国际投资损失可以由投资者购买商业保险、适当减免责任等方式来解决。国际投资中的政治风险是由东道国政治、社会、法律等因素所直接造成的投资损失。由于政治风险是人为直接造成的投资损失，投资者自身很能控制和防范政治风险的发生。目前国际社会普遍认可的政治风险主要有战争及内乱风险、财产征收风险、外汇风险和东道国违约风险。

实践中外国投资者防范和化解投资政治风险的法律途径主要有：一是通过东道国自身国内外商投资法加以保护和防范；二是利用投资者母国设立的海外投资保险制度加以保护和防范。这种保护模式下，往往以投资者母国和东道国签订双边投保护协定为前提；三是利用投资者母国和东道国共同缔结、参加的多边条约加以防范。其中，以投资者母国的海外投资保险制度为基础，通过双方国家签订投资保护条约是防范投资政治风险最为有效的法律途径之一。

中国和马来西亚签订的双边投资保护协定中明确规定的政治风险有战争、内乱风险、征收风险和外汇风险。对于战争、内乱或暴乱造成的投资损失，协定仅规定发生战争、内乱或暴乱的缔约一方如果采取恢复、补偿、赔偿或其他解决办法，对缔约一方投资者实行最惠国待遇。显然，该条款的规定存在两个明显的问题：一是没有直接规定缔约方对本国境内发生的战争、内乱或暴乱等造成的投资损失承担赔偿责任，仅规定为一种"假设"性责任；二是没有规定具体的赔偿标准和计算办法。建议在修改和完善中马双边投资协定时做好以下两点工作：一是在中马投资保护协定中明确此种情形下缔约方政府的赔偿责任，并非是一种"假设"性责任；二是做好此种风险的分类工作，并结合不同的类型规定具体的赔偿标准、计算方法和赔偿程序等内容。

投资征收风险方面，在将来的双边投资协定中进一步明确间接国有化或征收措施的具体含义和范围，界定公共目的的含义。

投资项目在转出东道国时，主要面临两个核心问题：一是投资项目能否从东道国境内自由转出；二是资产能否自由兑换为外汇。中国与马来西亚签订的投资保证协定中，就投资项目的转出和兑换制度规定较为详细：明确规定了投资者从东道国境内自由转出其投资款项的权利；已具体例举了可转移的投资项目内容和范围；规定投资者在投资项目转移方面可享受最惠国待遇；明确了以可兑换货币转移投资项目及汇率的计算方法。中马双边投资保护协定中明确规定投资项目转移必须依照东道国法律、法规进行。我国法律就外国资本的转移业已取消限制。由于马来西亚国内法律对投资项目的转移还有一些限制，在修改双边投资保护协定时，应当依照对等原则，对此种限制加以约束，以便保护我国投资者在马来西亚的合法权益。

《中马投资协定》并没有明确规定东道国违约问题。在国际双边投资协议中，缔约一方和缔约另一方投资者在投资过程中签订的协议主要有两种：一种是缔约一方以主权国家身份签订的，以给予缔约另一方投资者某种优惠、权益保障、改善投资环境等为主要内容的承诺或者协议。多数情况下，这种承诺或协议多以缔约一方国内的法律规定为前提。由于此类协议中双方法律地位的不平等，依据国际法理论，缔约一方的此种行为多被看作是缔约一方行使其主权的一种方式。缔约一方的在修改国内有关优惠、保障内容的法律制度情况下，投资者遭受的损失难以得到赔偿，缔约一方往往以国家主权行为为理由而主张主权豁免。另外一种是缔约一方作为商业交易的平等主体，和投资者签订的商事协议。如缔约一方作为买方与投资方签订的买卖合同。此类协议可归属于一般的私人协议范畴。因而，此种情况下的缔约一方签订商业协议的行为不属于国家主权行为，在发生其违约或者毁约的情况下，缔约一方不能主张主权豁免。政府违约将会给投资者带来极大的损失，影响投资者的投资信心。为了有效规范政府行为，有必要在修改和完善《中马投资协定》时，在坚持国家主权行为原则的基础上，规范政府的违约行为，从而从制度上保证投资者的合法权益。

（四）投资争端解决

中国和马来西亚间签订的双边投资保护协定中较为详细地规定了东道国和投资者之间投资争议的解决方式和途径。概括来说，这些解决途径主要有友好协商、在东道国申诉或向法院起诉、提交国际专设仲裁庭仲裁。由于我国在国际场合始终坚持国家的绝对主权豁免立场，因而在我国相关法律还不完善、经济体制改革尚未完成之前，有必要继续坚持这一立场。在将来修订中国与马来西亚的双边投资条约时，应当充分反应我国的这一态度，以免发生争议，致使我们处于不利地位，并进一步完善和补充每种解决方式之间的衔接关系及具体的争议解决时限。

第二节 《中国—东盟全面经济合作框架协议投资协议》

一、《投资协议》签订的背景

2002年11月4日，为了进一步促进中国和东盟国家之间的经贸往来和相互投资发展，中国和东盟十国领导人在柬埔寨金边共同签署了《中国与东盟全面经济合作框架协议》。该协议就中国—东盟各国之间的货物贸易、服务贸易、投资、争端解决等重要问题达成了框架性意见，并要求和促使中国和东盟各国按照该协议规定的框架内容逐步制定和签署中国和东盟之间的具体协议。2004年11月，中国和东盟各国签署了《中国—东盟全面经济合作框架协议货物协议》和《中国—东盟全面经济合作框架协议争端解决机制协议》；2007年1月，中国和东盟各国签署了《中国—东盟全面经济合作框架协议服务协议》；2009年8月，中国和东盟十国在泰国曼谷签署了《中国—东盟全面经济合作框架协议投资协议》（以下简称《投资协议》）。《投资协议》的签订是对《中国与东盟全面经济合作框架协议》第5条投资条款"促进建立一个自由、便利、透明并具有竞争力的投资体制"要求的具体落实。

二、《投资协议》对中国和马来西亚的意义

与《中华人民共和国政府和马来西亚政府关于相互投资鼓励和保护投资协定》有所不同的是，《投资协议》是中国作为缔约一方和东盟十国作为一个集体，共同商谈所签订的区域性投资协议。尽管《投资协议》缔约方数量众多，但在适用效果上，二者均对中国和马来西亚具有同样的拘束力。《投资协议》规定的内容更为丰富和完善，有效弥补和解决了《中华人民共和国政府和马来西亚政府关于相互投资鼓励和保护投资协定》所存在的内容简陋、适用性差等问题。同时，《投资协议》的生效和实施有助于中国和马来西亚在将来时机成熟时，修改和完善内容更为详尽、适用性更强的中、马双边投资促进和保护协定。

三、《投资协议》的主要内容

《投资协议》总共有27条，其内容涵盖了协议适用范围、投资待遇、征收、补偿措施、外汇制度、投资便利、投资促进、争端解决、例外条款等方面的内容。

（一）《投资协议》的基本宗旨

《投资协议》序言部分确定了其基本宗旨：一是具体贯彻和执行《中国与东盟全面经济合作框架协议》第5条和第8条所确定的投资发展目标：建立中国—东盟自由贸易区和促进投资，建立一个自由、便利、透明及竞争的投资体制。逐步实现投资体制自由化，加强投资领域合作，促进投资便利化和提高各成员方投资法律法规的透明度，为投资者提供更为全面的保护。二是采取差异化措施，规定针对特殊国家实际发展需求的特定内容，以促进区域内不同经济发展水平的国家共同发展。由于《投资协议》各缔约方之间社会、经济等处于不同的发展阶段、水平和发展速度，以及考虑到柬埔寨、老挝、缅甸和越南等东盟新成员国内发展的实际情况，协议实行特殊和差别待遇，并采取灵活性的制度设计。三是允许缔约各方灵活处理各自敏感领域问题，鼓励缔约各方在平等互利的基础上实现经济的可持续增长与发展，实现双赢的结果。

（二）核心概念界定

《投资协议》第1条定义条款分别就"AEM"、"自由兑换货币"、"GATS"、"投资"、"一缔约方投资者"、"一缔约方法人"、"措施"、"MOFCOM"、"一缔约自然人"、"收益"、"SEOM"和"WTO协定"等概念作了界定。其中关键概念主要有"自由兑换货币"、"投资"、"一缔约方投资者"、"一缔约方法人"、"措施"、"一缔约方自然人"和"收益"。

《投资协议》在"自由兑换货币"的认定方面，依照国际货币基金组织所制定的自由兑换货币为标准，并没有采用市场交易和实际使用标准。这样的概念界定，使得自由兑换货币的范围更为明确，不易产生歧义。

"投资"是整个《投资协议》中的核心和基本概念。《投资协议》采用列举式的定义方式，指明了"投资"所包括的主要"资产"范围。"投资"是指一方投资者根据另一缔约方相关法律、法规和政策在后者境内投入的各种资产，包括但不限于：

（1）动产、不动产及其他财产权利，如抵押权、留置权或质权等；

（2）股份、股票、法人债券及此类法人财产的利息；

（3）知识产权，包括版权、专利权和实用模型、工业设计、商标和服务商标、地理标识、集成电路设计、商名、商业秘密、工艺流程、专有技术和商誉等权利；

（4）法律或依合同授予的商业特许经营权，包括自然资源的勘探、培育、开采或开发的特许权；

（5）金钱请求权或具有财产价值的行为请求权。

值得注意的是，《投资协议》将投资收益也认定为投资范畴，对于已经投入或再投入资产不管发生任何形式的变化，都不影响其最初被认定的投资性质。

"一缔约方投资者"是指正在或已在其他缔约方境内进行投资的一缔约方自然人或一缔约方法人。在自然人投资者身份认定方面，《投资协议》采取了国籍、公民资格或永久居民身份标准。考虑到中国和东盟十国在永久居民法律制度方面的差异性，《投资协议》就永久居民问题采取了差异化规定：一是对于不授予外国人永久居民权或不给予永久居民与其国民或公民同等权益的印度尼西亚、老挝、缅甸越南和泰国，没有法律义务将《投资协议》所规定利益给予任何其他缔约方的永久居民，或者不要求其他缔约方将上述利益给予该缔约方的永久居民。二是中国颁布有关外国永久居民待遇国内法律前，在对等待遇的情况下，中国给予其他缔约方永久居民待遇在同等条件下不低于给予第三国的待遇。但是此种情况下，拟享受该待遇的其他缔约方永久居民应放弃其依据中国与其他第三国签订投资协定或安排中的有关争端解决规定的权利。

在法人投资者身份认定方面，《投资协议》采取了"定义+列举"的界定方法。法人投资者应当满足两个基本条件：一是在缔约一方境内依其法律组建或组成法人实体；二是在缔约一方境内具有实质经营。对于法人实体的实质经营，不考虑其是否以营利为目的，同时，也不考虑该法人实体的所有制性质。列举的法人投资者主要包括公司、信托、合伙企业、合资企业、个人独资企业或协会。由于中国和东盟十国法律制度的复杂性和差异性，很难统一法人投资者的概念范围，《投资协议》所采取的"定义+列举"的方法比较好地解决了这一难题。

"措施"这一概念主要出现在《投资协议》第3条"适用范围"和第6条"不符措施"部分中。其中"适用范围"条款通过正反两面限定了《投资协议》内容对缔约方"措施"的规制范围；第6条"不符措施"部分是缔约各方谈判妥协的产物，是一个临时性的条款。"措施"具有两个特点：一是普遍性。只有那些普遍适用且影响投资者或其投资的法律、法规、规则、程序、行政决定或者行政行为才属于《投资协议》第6条规定的"不符措施"范围。二是主体特定性。采取此类措施的主体限于中央、地区或地方政府和主管机关或其授权行使权力的非政府机构。

对于投资者来说，"收益"概念的界定直接影响到其税收、利益汇回等具体投资权益。《投资协议》采用了较为宽泛的概念界定："收益"是指获利于或源于一项投资的总金额，包括但不限于利润、利息、资本所得、红利、版税或酬金。

（三）适用范围

在适用范围方面，《投资协议》采用"正面规定+反面排除"的缔约技术。正面规定：《投资协议》适用于一缔约方对另一缔约方的投资者及投资采取或保留的措施。反面排除：《投资协议》对下列情形不适用：

（1）任何税收措施。包括依WTO的权利和义务准予或征收的；依照《投资协议》第8条（征收）、第10条（转移和利润汇回）的规定和第14条（投资者与国家之间的争端解决）的规定（争端源自第8条）；避免双重征税的任何税收协定的规定。

（2）规范政府机构为政府目的进行货物或服务采购的法律、法规、政策或普遍适用的程序，且该采购不以商业转售或商业销售为目的。

（3）一缔约方提供的补贴或补助及附带的条件，且不论此类补贴或补助是否仅提供给国内投资者和投资。

（4）一缔约方相关机构或主管机关行使政府职权时提供的服务。该服务是指既不以商业为基础，也不与一个或多个服务提供者竞争的任何服务。

（5）一缔约方采取或维持的影响服务贸易的措施。

（四）投资待遇

《投资协议》第4条、第5条和第7条分别规定缔约一方给缔约另一方投资者及其投资给予的国民待遇、最惠国待遇和公平及公正待遇。

国民待遇是指缔约一方给予缔约另一方投资者及其投资的待遇不得低于其给予本国投资者及其投资的待遇。国民待遇旨在解决外国投资者和当地投资者之间的公平竞争问题。国民待遇早期适用于双边投资保护协定中，经过多年发展，被广泛适用于区域性或国际性投资条约中。传统的国民待遇仅仅适用于外资准入后在东道国国内市场所享受的和当地投资者同等的经营、管理、国内税、知识产权、民事诉讼、清算等方面的权利。考虑到外国投资者和本国投资者在东道国的地位差异性，国民待遇往往设有很多限制，外国投资者也仅仅是在东道国规定的一定范围内享受有限的国民待遇。另外，国民待遇的给予以对等待遇为基础。20世纪80年代后，美国、加拿大、日本等国家将国民待遇的范围逐步扩展到外资市场准入前的环节。《投资协议》仍然采用了传统的外资市场准入前的国民待遇标准，是指外国投资者及其投资在管理、经营、运营、维护、使用、销售、清算及其他形式处理方面享受和当地投资者及其投资同等待遇。

最惠国待遇旨在解决东道国境内不同国家外国投资者之间的公平竞争问题。最惠国待遇似乎是目前所有投资协议中的标准条款。因此，最惠国待遇的实际作用不完全取决于有关该待遇的条款本身，而往往是取决于最惠国待遇的例外条款内容。东道国不会也无法给予外国投资者绝对的最惠国待遇。这种情形下，例外条款就能够很好地帮助东道国在坚持平等对待所有外国投资者原则的基础上，合理且合法地给予和东道国有特定关系的外国投资者更优惠的待遇。这种被允许的特定关系常见的有关税同盟、边境安排、区域经济一体化组织等。《投资协议》规定了3项最惠国待遇的例外内容：一是缔约一方依照其作为成员的将来协议规定，给予另一缔约方或第三国投资者及其投资的更优惠待遇，其他缔约方投资者及其投资不能自动享受；二是该优惠待遇不包括缔约一方与非缔约方之间现存的双边、地区及国际协定或任何形式的经济区域合作中，给予投资者及其投资的优惠待遇，不包括在东盟成员国之间及一缔约方同其他单独关税区之间的协定中，给予投资者及其投资的优惠待遇；三是优惠待遇不适用于争端解决程序。

公平和公正待遇。虽然目前绝大多数的双边投资保护协定、区域性或国际投资协议规定了公平和公正待遇，但是对于公平和公正待遇的具体内容认定及其具体适用方面，国际社会存在较大的分歧。部分国家主张应根据东道国国内法规定来解释公平、公正待遇的具体内容和标准，另一部分国家则主张应根据国际法规定来解释公平、公正待遇的具体内容和标准，即就是通常所说的"国际最低待遇标准"。到目前为止，有关公平、公正待遇判断标准的争论并未停止，也并未形成一个最后的定论。从条文内容来看，《投资协议》规定的是以东道国国内法规定而非以国际法规定来解释的公平和公正待遇。依照《投资协议》第7条规定：公平和公正待遇是指各方在任何法定或行政程序中有义务不拒绝给予的公正待遇和要求各方采取合理的必要措施确保另一缔约方投资者投资的安全。该条第3款明确指出"违反《投资协议》其他规定或单独的国际协定的决定，并不构成对本条的规定"。

（五）政治风险

《投资协议》第8条、第9条和第10条规定了政治风险保障制度。从类型来看，《投资协议》规定了征收险、战争及内乱险和外汇险3种政治风险。

《投资协议》第8条强调只有为了东道国公共目的才可以对投资者的投资实施征收、国有化或采取类似措施。该条第一款明确规定了实施征收的具体条件：为了公共目的；依照国内法；以非歧视性方式实施；给予补偿。第2款规定了补偿额的计算方式以及补偿的履行要求。补偿数额应以征收公布时或征收发生时被征收投资的公平市场价值计算。补偿支付不应有不合理拖延，补偿应以可自由兑换货币从东道国自由转移。第3款规定了补偿发生拖延情形下的利息计算方法。第4款就土地征收问题的特殊规定：对于土地征收的措施及补偿金额，应由各缔约方各自现有的国内法律、法规及任何修正案进行解释。第5款规定了缔约方对股份性质的法人财产征收时，如果另一缔约方投资者拥有该被征收法人的股份的，应按《投资协议》规定征收条款进行补偿。第6款规定征收条款不适用依照《WTO》协定附件《与贸易有关的知识产权协定》给予的有关知识产权方面的强制许可。

第9条规定投资者投资在东道国境内因战争、武装冲突、革命、国家紧急状态、叛乱、起义或骚乱而遭受损失的，东道国在采取恢复原状、赔偿、补偿和其他解决措施时，应给予该投资者最惠国待遇或国民待遇，二者以优者为先。

第10条规定了投资利润汇回制度。《投资协议》以列举的方式规定了投资者可以从东道国境内实施的七大类转移：初始投资、投资所得、销售及清算所得、被认定为投资的还款、依合同所得支付款项、征收或补偿损失所得以及受雇于投资者的其他缔约方自然人的净收入和补偿所得。该条第3款规定了破产、未履行税收义务、因犯罪追缴等8种情形下的投资转移限制。第4款强调投资转移应当遵循东道国有关外汇管理法律、法规及相关程序。第5款规定了《投资协议》在外汇管理方面和《国际货币基金协定》之间的衔接和统一关系，以及东道国对资本交易进行限制的3种例外情形：因东道国国际收支平衡问题而采取的保障措施；依国际货币基金组织要求实施的限制；资本流动导致东道国严重的经济或金融动荡或者威胁而实施的限制。第6款规定了东道国在采取上述3种情形下的资本交易限制措施时，应当履行的程序和必要的减损措施。

（六）透明度

《投资协议》第19条规定各缔约方履行的透明度义务：发布在缔约方境内有关或影响投资的法律、法规、政策和普遍性行政指南；应当及时并至少每年向其他缔约方履行通报显著影响其境内投资或其在《投资协议》下所作承诺义务的新的法律或者现有法律、法规、政策和普遍性行政指南的变化；建立或指定供其他缔约方自然人、法人等需要查询或获取相关信息的咨询点；至少每年一次通过东盟秘书处向其他缔约方通报该方作为缔约方将来给予优惠待遇的投资协议或安排。另外，任何一缔约方不得要求另一缔约方披露会阻碍法律实施、违背公共利益或损害特定法人、公众或私人合法商业利益的机密信息。

（七）投资促进和便利化措施

《投资协议》在投资促进和便利化方面规定了较为详细的措施，有助于推动中国和东盟各国减少投资方面的繁琐程序，提高对外资进入东道国国内市场的服务水平和办事效率。在投资促进方面，《投资协议》第20条规定了5个方面的具体措施：各缔约方增加在中国—东盟地区的投资；组织投资促进活动；促进商贸配对活动；组织各种投资机遇、投资法律和政策发布会和研讨会；就投资相关问题开展信息交流。

在促进投资便利化方面，《投资协议》第21条要求各缔约方共同合作做好以下工作：一是为各类投资创造必要环境；二是简化投资批准程序；三是做好投资规则、法律、政策和程序等投资信息的发布工作；四是在各缔约方境内建立投资一站式服务中心，为投资者提供有关营业执照和许可证发放等方面的便利服务。

四、《投资协议》取得成就

中国—东盟《投资协议》的签署和实施对促进区域内国家间资本流动，减少相互投资中的不合理管制，实现区域经济共同发展有着重要意义。其取得的成就主要体现在以下几个方面：

一是《投资协议》的签署标志着中国—东盟自贸区形成了自己统一的区域性

投资法律制度。由于中国和东盟十国在法律体系、法律传统和法律文化等方面存在着较大的差异，11个国家的投资法律制度也表现出较大的差异性。法律制度的差异性在一定程度上阻碍了资本的自由流通。而《投资协议》的签署和实施有利于协调不同国家的差异性法律规定，为投资者提供统一规范的投资法律服务。

二是《投资协议》在一定程度上减少了相互投资中的不合理限制和管理，为投资者提供更为公平合理的投资法律环境。自20世纪80年代以来，在国际投资领域，人们通过签订双边投资保护协定、区域投资协议等方式促进资本跨国界自由流动和优化配置，以建立和发展无国界限制的国际投资市场。实现投资自由化的最主要的障碍之一就是国家对外资采取的不同形式的不合理限制和管理。中国—东盟《投资协议》的签订和实施有效规范了东道国单方管制外资的局面，有效减少了东道国对外资的不合理管制内容及其行使方式，从法律制度层面上促进了跨国资本在中国—东盟国家间的自由流动。

三是《投资协议》借鉴了国际社会尤其是欧美国家新近签订区域投资协议的技术和经验，反映了本协议相对较高的缔约层次，有利于促进和提升中国和东盟各国参与国际性缔约的水平和能力。包括《投资协议》在内的中国—东盟系列协议的谈判和签署，为中国和东盟各国积累了丰富的缔约实践经验，中国和东盟国家的缔约技术和水平得到了明显提升。在过去，有关国际法规则的制定方面，中国和东盟国家只能被动接受西方发达国家制定的以维护他们的核心利益为内容的国际性条约。中国和东盟国家在规则适用方面经常处于劣势和被动地位，很少有自己的话语权，这种消极的规则接受使得中国和东盟国家不能有效利用国际法规则维护自己的合法权益。中国和东盟国家在自贸区系列协议签订过程中所积累的缔约经验，有助于他们将来积极参与国际性条约规则的谈判和商定，并不断提高他们参与国际法规则制定的话语权。

四是《投资协议》坚持灵活性原则，在考虑不同缔约方实际经济、社会等发展水平和层次的前提下，规定了缔约方差异性条约义务。中国—东盟自贸区内的11个国家在经济、社会、文化等方面呈现出很大的差异性：区内既有新兴经济发达国家，又有发展中国家和经济最不发达国家。缔约方在经济、社会、文化等方面发展水平的巨大差异对统一规则的采用和实施带来很大挑战。若采用传统的"要么同意，要么放弃"的缔约模式，中国—东盟自贸区投资协议则可能无法形成。基于这样的实际考虑，中国和东盟各国在《投资协议》的谈判和商定过程中，展现了各自高超的缔约水平和技巧，采取缔约方差异性义务的缔约模式，从而促成了《投资协议》的最终签订，并恰当地照顾和协调了区域内不同国家之间因经济发展水平、政治制度差异等造成的国家利益诉求的特殊性，从而有助于促进区域内国家的共同发展和进步。差异性义务内容主要有：

（1）在确认《投资协议》是否适用于某一具体投资时，针对泰国规定了差异性义务。对于泰国之外的其他缔约方，《投资协议》应适用于一缔约方投资者在另一缔约方境内的所有投资，不考虑该投资是否发生在《投资协议》生效之后。考虑到泰国国内法律制度对外国投资的特定要求，对于缔约方泰国，《投资协议》仅适用于在泰国境内被确认并依据泰国境内适用的法律、法规和政策，获得其主管机构明确书面批准保护的另一方投资者投资。

（2）缔约方在对另一缔约方投资者投资实施征收后，发生补偿迟延情况的，就迟延造成的损失计算标准方面，《投资协议》规定的一般计算方法为从征收发生之日起到支付日之间的按主要商业利率计算的利息。对马来西亚、缅甸、菲律宾、泰国、越南五国则规定在非歧视性的前提下，依据其国内法律、法规和政策确定应当对投资者迟延补偿的实际利息。

（3）在缔约方与缔约另一方投资者之间发生的投资争端无法通过谈判和磋商解决时，在是否可通过国际投资争端解决中心解决方面，针对菲律宾规定了差异性内容。对于菲律宾之外的其他缔约方，只要双方都是国际投资争端解决中心公约的会员，则由投资者选择是否直接提交该机构仲裁。对于菲律宾，则必须得到争端双方书面同意，才能根据《解决国家和他国国民之间投资争端公约》和《解决投资争端国际中心仲裁程序规则》提交该机构仲裁。

（4）关于投资者与东道国间的投资争端选择程序规则的差异性。依照《投资协议》第14条第4款之规定，当投资争端提交于适格的东道国国内法院，在最终裁决下达前，投资者有权撤回其申请并可将此争端提交给国际投资争端中心进行仲裁。但对于印尼、菲律宾、泰国和越南，若投资者选择了诉讼或者仲裁，那么这种选择是终局性的，即在相关裁决或仲裁结果下达之前不能撤回申请，也不能选择与此相反的程序。

（5）在利益拒绝条款中，针对泰国和菲律宾规定了差异性内容。若投资者或其投资被非缔约国或者拒绝利益给予方的法人、自然人所控制或拥有，泰国可依据本国法律、法规，拒绝给予该投资者或投资在资本准入等方面相应的《投资协议》所规定利益。对于菲律宾，在遵从利益拒绝条款的前提下，对于那些违反该国《108号联邦法案》或称之为《反欺诈法》的缔约方投资者或其投资有权拒绝给予《投资协议》所规定的有关利益。

五是《投资协议》第8条征收条款中具体规定了因东道国征收行为对投资者造成投资损失时的补偿标准和具体计算方法。这一规定有利于保护投资者的合法权益。

五、《投资协议》存在的问题及其解决路径

（一）存在的问题

1. 《投资协议》没有对一些关键概念作出解释

对《投资协议》中的核心概念作出明确、清晰的解释和定义，会有效帮助缔约方、投资者对协议内容的准确理解和适用，更会有效避免将来可能发生的因概念涵义理解不同而产生的纷争。同时，是否对条约中的核心概念作出明确界定是判断条约缔结水平的重要标准之一。中国—东盟自贸区《投资协议》存在诸多核心概念缺乏明确解释的问题，如《投资协议》第6条关于"不符措施"、第8条征收规则中关于"公共目的"等核心概念。

2. 《投资协议》规定了有限的国民待遇

《投资协议》所规定的国民待遇范围有限，与投资者期望的国民待遇存在较大的差距。东道国给予外国投资者或其投资的待遇标准和类型直接影响到后者在前者境内的公平竞争和经营。通常来说，不公平的投资市场准入待遇，往往在起步环节就会产生不平等的市场竞争条件或环境，这也会导致一部分外国投资者望市兴叹的不利后果，从制度规则上阻碍外国资本顺利进入东道国市场。中国—东盟自贸区《投资协议》中规定的国民待遇，仅限于外国投资者在东道国市场准入后的管理、经营、运营等环节所享受的待遇。由于《投资协议》没有规定外资市场准入前国民待遇，从而降低了对外资的促进和保护力度，影响了《投资协议》的实际效果。考虑到东盟和韩国、日本、澳大利亚和新西兰等签订的FTA协定中所相互给予的外资市场准入前国民待遇，将会对中国在东盟国家的投资者产生不利影响，并将直接降低中国和东盟之间的经贸合作效果。2015年11月22日正式签署的《中华人民共和国与东南亚国家联盟关于修订〈中国—东盟全面经济合作框架协议〉及项下部分协议的议定书》中也没有规定外资市场准入前的国民待遇。

3. 《投资协议》仍然采用"正面清单"的市场开放方式

中国—东盟自贸区《投资协议》以及和投资有关的《服务贸易协议》均采取

传统的区域经济一体化区域贸易协定（RTA）市场开放模式，即通过东道国所列的"正面清单"方式确定其所承担的市场开放义务。"正面清单"的市场开放模式有利于东道国对外国投资者或外资实施更为有效和广泛的管辖权，并可以有效控制外国投资者及其投资进入东道国的市场范围进而达到保护本国产业的目的。实践中，大部分东盟国家在外资市场准入领域、准入条件等环节设置诸多限制，从而阻碍了中资的有效进入。2014年8月在第13次中国—东盟经贸部长会议上，正式启动中国—东盟自贸区升级谈判，经过四轮谈判，于2015年11月22日正式签署了《中华人民共和国与东南亚国家联盟关于修订〈中国—东盟全面经济合作框架协议〉及项下部分协议的议定书》。升级版的《议定书》并没有像中国期望的那样在服务贸易市场开放和投资市场开放方面采取"负面清单"的模式，仍然沿用了《服务贸易协议》和《投资协议》原来采用的"正面清单"开放模式。

（二）解决路径

1. 做好投资者私益和东道国国家权益平衡工作

在修改和完善《投资协议》时，应当做好投资者私益保护和东道国国家权益维护的平衡工作。若过分保护投资者的合法权益，势必造成东道国国家权益受损的结果。后果严重时，甚至会影响东道国的国家经济安全和社会稳定。《投资协议》没有做好投资者私益和东道国国家权益的平衡工作。如在外资市场准入环节上没有合理限制东道国对外资的过多限制，较大牺牲了投资者的利益；而在纠纷解决方面，赋予了外国投资者较大的选择权，从而造成了可能会损害东道国权益的潜在危险。中国和东盟国家在修改和完善《投资协议》时，应当坚持投资者私益和东道国国家权益平衡的缔约理念，反对任何国家通过资本控制等手段损害东道国国家利益和破坏东道国社会稳定；反对任何外国资本借资本开放和保护之名，阻挠东道国为维护其正当国家权益而对外资实施的管理措施和行为。只有在尊重、维护东道国国家权益前提下，才能使保护外国投资者合法权益的措施落到实处。

2. 做好《投资协议》和其他协议之间的统一性、关联性工作

《投资协议》和其他协议之间的统一性、关联性工作主要包括四个层面：

一是各成员国外资法与《投资协议》之间的统一性、关联性工作。考虑到各成员国社会制度、传统文化、法律体系等的巨大差异性，对于各成员国外资法与《投资协议》之间的统一性、关联性工作主要依靠成员国自己的努力来完成。作

为区域性组织，可以借助《投资协议》义务和责任条款促使成员国努力废除和改进与其所承担的协议义务相矛盾的国内法律制度。

二是双边投资协议和《投资协议》之间的统一性、关联性工作。对于此类统一性工作可以通过修订和完善双边投资协议来完成。目前，国内也有学者主张在完善《投资协议》的情况下逐步废止双边投资协议。双边投资协议具有的独特优势决定了双边投资协议不仅不能废止，而且更应大力倡导和发展。其优势主要有：一是涉及主体少，谈判更易组织；二是效率高，更易达成结果；三是能够照顾到缔约方的差异性，容易被接受和执行；四是在多边协议无法达成时，可通过双边协议来缓解，并可以作为多边协议正式形成前的过渡性制度；五是能够为多边协议谈判积累经验。

三是东盟自贸区框架下，《服务贸易协议》、《争端解决机制协议》和《投资协议》之间的统一工作。对于东盟自贸区框架下的不同协议，重点做好以下工作：进一步明确各协议的主要内容，尽量减少重复或交叉规定；统一相同语境下不同协议中的同一概念涵义；做好不同协议中就同一问题所订规则的衔接工作，尽量避免疏漏问题的发生。

四是《投资协议》和国际性投资条约之间的统一性、关联性工作。在解决此类问题时应注意做好两方面的工作：一是双边协议、区域性协议的内容不可和对成员方有法律约束力的国际性条约的相关内容相矛盾或产生冲突，并不得减损成员方对后者所承担的义务；二是通过双边协议、区域性协议为国际性条约创造更好的实施条件和环境，从而促进国际投资制度的发展和进步。

3. 完善缔约技术，提高缔约水平

缔约技术会直接影响到条约的时间成本、最终效果等内容。因此，中国和东盟国家在进一步修改和完善自贸区相关协议时，可以充分学习和借鉴欧、美等发达国家成熟的缔约技术经验。灵活针对不同性质的谈判议题，采取相对应的缔约技术，可以达到事半功倍的效果。一些久拖不决的问题，因缔约技术的灵活应用，可及时找到解决方案。譬如，可以采取"先原则，后具体"、"先承诺，后约束"的缔约技术来逐步推进较难达成一致意见的敏感问题；可以采取"框架＋附件"的缔约技术来解决不断变化的议题；可以采取"定义＋列举"的缔约技术解释一些容易产生歧义的关键概念。

4. 提高投资待遇，消除投资限制

增强成员国之间的交流和合作，在投资待遇、开放领域承诺、投资措施限制

等方面作出实质性规定和改善。关于投资待遇问题，重点修改和完善《投资协议》中的有关条款。国民待遇方面，在现有基础上应当逐步增加外国投资者或其外资在市场准入前或准入当时可以享受的国民待遇内容。考虑到不同缔约国之间经济发展程度、法律制度的较大差异性，可允许每一缔约国选择其国内资本市场最为成熟的某一或数个领域部门实施有条件的国民待遇。在缔约技术上，以具体承诺的方式，通过"肯定"或者"否定"式清单的方法列举具体内容。承诺内容可以通过《投资协议》正文方式处理，也可以通过协议附件方式处理。最惠国待遇方面，《投资协议》呈现的最大问题是规定了过多的例外条款。建议删除那些不合理的例外条款，把例外条款尽量限定到国际社会一般所接受的范围。由于《投资协议》第6条不符措施之规定对已有的国民待遇和最惠国待遇条款具有很大的杀伤力，建议采取删除或者对其适用范围加以严格限制的方式来处理。公平、公正待遇方面，建议结合中国和东盟国家的投资实践，明确其基本涵义，并尽量防止其内容被一些国际机构作宽泛解释从而给东道国国家利益造成危害。对于开放领域承诺、投资措施限制这一敏感问题，建议中国和东盟各国可以通过修改和完善双边投资协议的模式，在不同成员国之间根据各自的实际情况作出符合各自利益需求的资本市场开放承诺，并协调和消除对外国资本实施的不合理的限制措施。在试行一段时间后，可以将双边投资协议取得的规则成果逐步转移到《投资协议》中。这样处理将会给不同经济发展水平，不同政治、法律制度的成员方给予充分的准备和过渡时间，提高和增强他们以多边模式接受和履行这种义务的能力。在具体做法上可以借鉴《北美自由贸易区》和《与贸易有关的投资措施协议》的实际经验。

5. 整合现有的争端解决机制

针对上述投资争端解决机制存在的问题，可以结合中国—东盟自贸区投资法制的整体状况采取以下具体措施加以解决。一是关于整合投资争端解决法律规则的措施。具体有两种方案可选择：第一种方案，将《投资协议》中有关争端解决的第13条和14条内容一并归置到《争端解决机制协议》当中，从而形成一个综合、系统的争端解决协议；第二种方案，考虑到投资争端的特殊性，将调整两类投资争端的规则（即投资者母国和东道国间的争端以及他国投资者和东道国间的投资争端）全部规定在《投资协议》当中。这样处理，可以较好地保持投资规则的统一性和完整性。二是建立常设争端解决机构并完善现有的仲裁规则。依照目前《争端解决机制协议》规定，国家间投资纠纷的解决是通过设立临时仲裁机构来完成，这样的机制往往会产生裁决效率低、裁决缺乏连续性、不易形成稳定性的判例等缺陷。因而，结合中国—东盟自贸区的实际状况，尽早设立一个常设争端解决机构是势在必行的。三是修订和完善双边协议中关于争端解决内容的条款，以统一纠纷解决规则。具体修改应结合不同国家双边协议的实际内容来进行。四是对于投资者在一定情况下，可将其与东道国之间的投资争端直接提交于国际投资争端解决中心裁决的规则，需要进一步补充和完善投资者启动这一程序的有关限制条件和内容，以防止仲裁庭具体裁决时过分保护投资者私益，从而造成东道国国家权益的伤害。

第九章

马来西亚仲裁法

2005年马来西亚制定了新的《仲裁法》替代了1952年制定的《仲裁法》。《2005年马来西亚仲裁法》（下文简称《仲裁法》）于2006年3月15日正式生效。《仲裁法》于2011年7月进行了一次修订。《仲裁法》共有四编51条，分别规定了序言、仲裁、仲裁补充条款和附则等内容。

一、序言

《仲裁法》序言部分由法案名称及生效、法律术语解释、仲裁及其裁决在马来西亚的适用、争议标的的仲裁条件和对政府的约束等5部分组成。

（一）《仲裁法》的生效

《2005年马来西亚仲裁法》自部长在政府公报上指定的日期开始生效。

（二）解释

序言部分就《仲裁法》中出现的核心法律术语作了解释。下文就该法中的主要法律术语作一介绍。

"仲裁裁决"是指仲裁庭对争议的实体问题作出的决定，包括终局裁决、中间裁决、部分裁决以及就费用或利益作出的任何裁决，但不包括仲裁庭作出的任何中间令。

"部长"是指负责仲裁事项的部长。

"国际仲裁"是指具有下列情形之一的仲裁：

一是仲裁协议的一方当事人在签订该仲裁协议时，其营业地位于马来西亚之外的其他国家；

二是当事人营业地位于马来西亚，但具有下列情形之一的：

a. 仲裁协议约定的仲裁地位于马来西亚之外的其他国家境内；

b. 任何商业或其他关系实体义务履行地或者争议标的物最密切联系地位于马来西亚之外的其他国家境内；

三是仲裁协议当事人明确同意仲裁协议的标的物和一个以上的国家有关联。

在国际仲裁情形下，当事人如果有多个营业地的，则将其中与仲裁协议具有最密切联系的作为其营业地；当事人如果没有营业地的，则将其惯常居所作为其营业地。

"国内仲裁"是指不属于国际仲裁的仲裁。

"仲裁庭"是指独任仲裁员或者多名仲裁员组成的仲裁庭。

（三）仲裁及其裁决在马来西亚的适用

《仲裁法》适用于马来西亚全境。针对国内仲裁和国际仲裁，《仲裁法》规定不同的法律适用规则。对于仲裁地位于马来西亚境内的国内仲裁，《仲裁法》的第一、二和四编部分应当适用于该仲裁。当事人可以用书面方式全部或部分排除《仲裁法》第三编在国内仲裁中的适用。对于仲裁地位于马来西亚境内的国际仲裁，《仲裁法》的第一、二和四编部分应当适用于该仲裁。在当事人没有以书面方式约定的情形下，不得将《仲裁法》第三编适用于该国际仲裁中。当事人可以约定将《仲裁法》第三编的全部或部分条款适用于其国际仲裁。

（四）争议事项的可仲裁性

当事人之间产生的争议需要通过仲裁裁决时，提交的该事项应具有可仲裁性。在判断提交的事项是否具有可仲裁性时，应当考虑下列两个因素：一是就提交仲裁机构裁决的事项，当事人之间应有相应的仲裁协议。当事人依照该仲裁协议规定，同意通过仲裁机构裁决他们之间就该事项发生的任何纠纷，除非他们之间签订的该仲裁协议与公共政策相矛盾，否则该仲裁协议约定的事项具有可仲裁性。二是成文法就任何事项赋予法院管辖权的事实并不意味着对该事项作出的仲裁裁决本身缺乏可仲裁性。即就是，制定法对法院就某事项赋予的管辖权本身并不影响当事人依照仲裁协议就该事项发生的争议申请仲裁。在仲裁裁决作出后，任何人不得以制定法对法院就该事项赋予管辖权为理由而否认该仲裁裁决的效力。

（五）对政府的拘束力

《仲裁法》对马来西亚联邦政府或州政府作为当事人的任何仲裁同样适用，作出的裁决对他们具有法律拘束力。

二、仲裁

（一）仲裁协议

仲裁协议是指当事人之间签订的同意将其法律关系中发生的或者可能发生的

所有或某些争议通过仲裁解决的协议。仲裁协议是当事人之间就发生的争议开启仲裁解决模式的前提。仲裁协议的形式通常有两种，一种形式是当事人在协议里专门制定仲裁条款，另外一种形式是当事人之间订立专门的仲裁协议。仲裁协议应当采用书面形式。在下列情形下，可以认定当事人之间具有书面仲裁协议：

（1）当事人之间签订的文件中含有仲裁条款或仲裁协议的；

（2）能够证明当事人之间订有仲裁协议的往来信件、电报、传真或者其他通讯方式；

（3）当事人之间相互交换的仲裁申请书和答辩书中含有一方当事人主张的仲裁协议，而另外一方当事人对此仲裁协议没有提出反对意见。

（二）仲裁协议和法院诉讼

如果当事人就互相约定的仲裁事项向法院提起诉讼，在一方当事人申请法院进一步启动其他诉讼程序时，法院应当暂停进行其他程序，并建议当事人就争议事项进行仲裁，除非发现当事人签订的仲裁协议无效或不能操作或实施。法院在暂停进行上述相关程序时，可以附加其认为的任何条件。

在法院暂停进行海事诉讼相关程序的情形下，如果已按照相关程序采取扣押财产、提供保证金或其他担保方式以保全争议财产的，该法院可以发布指令继续扣押该财产或采取其他担保措施以确保将来作出的有关该财产纠纷的仲裁裁决得以执行，或者发布指令暂停相关程序时采取其他担保措施确保将来作出的仲裁裁决得以执行。

（三）仲裁协议和高等法院的临时措施

在仲裁程序开始之前或者进行中，高等法院因当事人的申请就下列事项采取临时措施：仲裁费用担保；证据开示和质证；获得宣誓证据；任命接管人；根据高等法院海事管辖权采取扣押财产、提供保证金或其他担保方式以保全争议财产；对争议标的物采取保存、临时监管或变卖等措施；防止当事人挥霍其财产而使仲裁裁决无法执行；采取其他维护当事人利益的中间禁令或临时措施。

在当事人向高等法院申请采取临时措施的过程中，仲裁庭已经就当事人向高等法院申请采取临时措施的事项作出有关事实认定的，则高等法院应当将仲裁庭已认定的事实作为是否采取临时措施的事实依据。

对于仲裁地不在马来西亚的国际仲裁同样适用上述规则。

（四）仲裁员

1. 仲裁庭仲裁员组成

在组成仲裁庭时，当事人有权自己决定仲裁员的数量和人选。如果当事人无法就仲裁庭仲裁员数量达成一致意见或者没有进行选择时，国内仲裁的仲裁庭应当由1名仲裁员组成，国际仲裁庭应当由3名仲裁员组成。

2. 仲裁员的任命

仲裁员的任命不受其国籍的限制，除非当事人通过书面形式另有约定。当事人有权利自由决定仲裁员及首席仲裁员的选任程序。如果当事人没能就仲裁员及首席仲裁员选任程序达成一致意见的，在仲裁庭由3名仲裁员组成的情形下，由当事人各自选任1名仲裁员，再由选任的两名仲裁员共同任命第3名仲裁员，并由该仲裁员担任首席仲裁员。如果当事人在收到另一方当事人有关选任仲裁员书面请求后的30日内，没有能够选出仲裁员的，或者当事人选任的两名仲裁员自他们选任后30日内或者在双方当事人同意的延期时间内，没有选出第3名仲裁员的，任何一方当事人可以申请吉隆坡区域仲裁中心主任任命仲裁员。在仲裁庭由独任仲裁员组成情形下，如果当事人就仲裁员选任程序或者就仲裁员人选无法达成一致意见的，任何一方当事人可以申请吉隆坡区域仲裁中心主任任命1名仲裁员。在当事人就仲裁员的选任程序达成一致意见的情形下，如果一方当事人没有按照该程序要求去做，或者当事人以及当事人选任的仲裁员按照该程序无法就仲裁员人选达成一致意见的，或者委托的第三方（包括机构在内）没能依照该程序履行义务的，任何一方当事人可以请求吉隆坡区域仲裁中心主任为该仲裁的顺利实施采取必要的措施，除非当事人就仲裁员任命的程序协议中有其他保证该任命顺利实施的方法。

在上述情形下，如果吉隆坡区域仲裁中心主任在当事人提出相关请求或申请后的30日之内，不能或者没有完成该请求或者申请的，任何一方当事人可以申请高等法院完成上述请求事项。

吉隆坡区域仲裁中心主任或者高等法院依照当事人的请求在指定仲裁员人选时，应当考虑以下因素：一是当事人协议中对仲裁员资格条件要求；二是保证任命的仲裁员保持独立和公正应考虑的其他因素；三是在国际仲裁的情形下，建议将具有与当事人不同国籍的人任命为仲裁员。

当事人不得就吉隆坡区域仲裁中心主任或者高等法院在上述情形下作出的任何决定提出上诉。

3. 仲裁员回避制度

可能被任命为仲裁员的人员应当披露其具有的可能会影响保持仲裁员独立性和公正性身份的任何情形。已任命的仲裁员，从任命开始和整个仲裁程序期间，应当毫不迟延地通知仲裁当事人其具有的可能会影响其独立性和公正性身份的任何情形。在下列情形下可以申请仲裁员回避：一是具有引起影响仲裁员独立性和公正性合理怀疑的情形；二是仲裁员不具备当事人所共同要求的任命资格。

当事人可以对自己任命的或者自己参与任命的仲裁员提出申请回避，但此类回避申请仅限于在该仲裁员任命之后，当事人才知道该仲裁员具有回避事由的情形。

除非当事人之间另有约定，否则拟申请仲裁员回避的任何一方当事人，应当在知道组成仲裁庭或者具有上述回避事由之日起15日之内，向仲裁庭提交申请仲裁员回避的书面理由。当事人对仲裁员提出申请回避后，被申请回避的仲裁员可以自愿放弃任命。如果被申请的仲裁员没有自愿放弃该任命或者另一方当事人不同意该申请回避的，应当由仲裁庭对该申请回避作出决定。回避申请失败后，申请回避的一方当事人在收到拒绝回避申请决定通知之日起30日之内，向高等法院申请就该回避申请作出裁定。如果此类申请发生悬而未决的情况时，仲裁庭包括被申请回避的仲裁员可以继续进行仲裁，并作出仲裁裁决。

当事人不得对高等法院作出的上述裁决提起上诉。

4. 仲裁员不能履行职责时的处理

如果被任命的仲裁员因法律或事实原因无法履行其职责的，或者其他原因造成拖延不能履行职责的，该仲裁员可以要求终止其任命，或者当事人同意终止该仲裁员任命。在发生上述情形后，如果一方当事人不同意该仲裁员离职时，任何一方当事人可以向高等法院申请就该仲裁员离职问题作出裁定。高等法院就该事项作出的裁定是终局的，当事人不得提出上诉。

5. 替补仲裁员的任命

在发生下列情形时，应当依照《仲裁法》的规定任命替补仲裁员：一是发生上述申请回避或不能履行职责情形出现仲裁员空缺的；二是仲裁员基于其他任何理由离职的；三是当事人通过协议撤销任命的仲裁员；四是发生仲裁员任命终止的其他情形。

除非当事人之间另有协议，否则在独任仲裁员或首席仲裁员被替代的情形下，先前已进行的庭审应当在新任仲裁员的参与下重新实施；在非独任仲裁员或者首席仲裁员被替代的情形下，由仲裁庭裁量是否在新任仲裁员的参与下再次实施先前已进行的庭审。

除非当事人之间另有协议，否则当事人就仲裁庭组成提出回避申请时，应回避的仲裁员在没有被替换之前，仲裁庭所作的任何裁定或决定应是无效的。

（五）仲裁庭管辖权

对于当事人提请的仲裁申请，仲裁庭可以决定是否行使管辖权，包括对当事人依据现存或者有效仲裁协议提出的仲裁管辖权异议作出裁定。当事人在协议中签订的仲裁条款应当被看作和该协议其他条款相独立的仲裁协议。仲裁庭裁定当事人签订的合同无效的，并不意味着该合同中的仲裁条款也是无效的。仲裁庭管辖权异议的提出不得晚于仲裁答辩状提交的时间。

不得以当事人已经任命了仲裁员或者参与了仲裁员任命活动为理由，从而限制该当事人对仲裁庭就仲裁事项提出管辖权异议。当事人就仲裁庭裁决的事项超出其裁定权限提出异议的，该异议应当在仲裁庭就该事项进行裁决时提出。如果当事人没能在上述规定的期限内提出异议的，但是仲裁庭认为当事人有正当迟延理由的，可以受理该异议。对于当事人提出的上述异议，仲裁庭可以按先决问题处理，也可以将其作为实体问题在裁决中作出判断。在仲裁庭将当事人提出的异议按先决问题进行处理并裁定其有管辖权的情形下，任何一方当事人在收到仲裁庭作出该裁定通知之日起30日内，向高等法院提起上诉。当事人对高等法院作出的裁定不得提起上诉。如果当事人向高等法院提起的上述上诉悬而未决的，仲裁庭可以继续进行仲裁程序，并作出相应裁决。

除非当事人另有书面约定，否则一方当事人可以申请仲裁庭作出下述命令：仲裁费用担保；证据开示和质证；获得宣誓证据；扣押、临时监管或变卖争议标的财产。在当事人向仲裁庭申请采取上述命令时，仲裁庭可以要求该当事人提供相应的担保。

（六）仲裁程序

1. 仲裁程序的确定

仲裁庭应当平等对待仲裁案件当事人，并应当给予每个当事人公平和合理的机会展示案件事实。根据《仲裁法》的规定，当事人对仲裁庭采用的仲裁程序可以通过协商自由决定是否使用。如果当事人无法就仲裁程序达成一致意见的，仲裁庭可以根据《仲裁法》规定，按其认为恰当的方式进行仲裁。此种情形下，

《仲裁法》赋予仲裁庭具有下列各项权力：一是决定是否接受当事人提交的证据，决定证据的关联性、实质性和重要性；二是利用自己的知识和经验实施仲裁行为；三是指令当事人就仲裁诉求或仲裁答辩提供更为详细的内容；四是指令当事人提供仲裁费用担保；五是确定或修订仲裁程序时限，确保仲裁事项在规定的时限中完成；六是指令一方当事人提供或开示其有权掌握的证据或材料；七是指令当事人回答质询的问题；八是指令当事人作出誓言证据；九是发布其他仲裁庭认为合适的指令。

2. 仲裁地

当事人可以通过协商方式自由选择仲裁地。如果当事人就仲裁地无法达成一致意见的，仲裁庭应当在考虑仲裁案件具体情况的前提下，包括仲裁的便利性等因素，决定案件仲裁地。尽管有上述仲裁地选择的规定，除非当事人另有约定，否则仲裁庭可以在其认为有利于咨询仲裁庭成员、听取证人、专家及当事人意见或者调查货物、财产或证据的地方进行会面。

3. 仲裁程序开始和仲裁语言

除非当事人另有约定，否则对特定问题进行仲裁的程序自被申请人收到书面仲裁申请书之日起开始。当事人可以通过协议决定仲裁使用的语言。如果当事人就仲裁使用的语言无法达成一致意见的，仲裁庭应当决定仲裁中使用的语言。在当事人约定或仲裁庭决定仲裁使用语言后，除非在该协议或决定中另有规定，否则上述约定或决定使用的语言应当适用当事人的书面陈述、仲裁庭实施的庭审、裁定、裁决或其他通知等活动。仲裁庭可以命令当事人在提交证据材料时，应当一起提交用当事人协议或仲裁庭决定的语言进行翻译的证据材料。

4. 仲裁申请书和答辩书

仲裁当事人应当在双方约定的时间内（没有此类约定时，在仲裁庭决定的时间内），提交符合规定要求的仲裁申请书和答辩书。申请人提交的仲裁申请书应当符合下列要求：支持当事人请求的事实；对争议持有的观点；寻求的救济措施。被申请人也应当按照上述要求向仲裁庭提交答辩书。另外，双方当事人也可以约定增加申请书或答辩书内容。当事人可以向仲裁庭提交和申请书或答辩书有关的材料，补充有关的参考材料或证据。除非当事人另有约定，否则在仲裁期间当事人可以修正或补充仲裁申请书或答辩书。另外，如果仲裁庭认为允许当事人修正申请书或答辩书会造成不恰当的拖延时，当事人不得修正或补充仲裁申请书或答辩书。

5. 仲裁审理

根据《仲裁法》的规定，仲裁审理的方式主要包括口头审理和书面审理。除非当事人另有约定，否则仲裁庭应当决定是否举行口头证据审理或口头辩论，或者依据书面文件和其他材料进行审理。除非当事人约定不举行口头审理，否则仲裁庭应当根据当事人的申请在合适的阶段举行口头审理。

仲裁庭应当在审理前或举行物品、财产或者其他材料审查会面前的合理时间内，通知当事人有关审理或者审查事项的时间、地点等信息。仲裁庭采用书面方式进行审理时，不要求当事人出庭作口头形式的陈述和答辩，而是由仲裁庭直接根据当事人、证人或专家、鉴定人等提供的仲裁申请书、答辩书、证据、文件等书面材料或其他资料对争议事项进行审理。仲裁庭应当将仲裁一方当事人向其提交的所有陈述、材料或信息转交于另一方当事人。仲裁庭应当将其据以作出仲裁裁决的所有专家报告或证据文件交于所有仲裁当事人。

6. 缺席仲裁

除非当事人另有约定，否则在没有足够理由的情形下，如果仲裁申请人没能按照《仲裁法》第25条第2款规定条件向仲裁庭提交仲裁申请书的，仲裁庭应当终止该仲裁程序；如果被申请人没能按照《仲裁法》第25条第2款规定条件向仲裁庭提交仲裁答辩书的，仲裁庭应当继续仲裁程序，但仲裁庭不应将被申请人没能依法提供仲裁答辩书的行为看作是对仲裁申请人诉求的承认。任何一方当事人没有出庭参加审理或者向仲裁庭提交书面证据的，仲裁庭可以继续仲裁审理，并可以根据仲裁庭具有的证据作出裁决。仲裁庭在申请人没有提请具体仲裁诉求时，可以驳回申请人的仲裁申请，也可以附条件或无条件指导申请人快速确定其仲裁诉求。

7. 专家

在仲裁过程中，如果涉及到专业知识或技术问题时，仲裁庭可以任命有关专家就该专业问题作出解释和说明。马来西亚《仲裁法》规定，除非当事人另有约定，否则仲裁庭可以任命一名或数名专家就仲裁庭应决定的特定问题作出报告。为了便于专家调查特定事实，仲裁庭可以要求一方当事人向专家提供相关信息或者制作或提供能够获取特定事实信息的相关文件、物品或者财产。

除非当事人另有约定，否则因一方当事人要求或者仲裁庭认为必要时，在向仲裁庭提交书面或口头报告后，专家应当参加仲裁庭审。这种情形下，当事人有机会向该专家提出相关问题，并能够提请其他专家证人出庭说明对争议问题的看法。

8. 法院协助取证

任何一方当事人在取得仲裁庭的同意后，可以向高等法院申请帮助当事人获取有关证据。高等法院可以命令证人出庭作证。如果合适的话，高等法院也可以命令当事人在高等法院官员面前或者包括仲裁庭在内的任何其他人面前，作誓言证据或者确认相关证据。

（七）作出裁决和终止仲裁程序

1. 解决争议的法律

除非当事人另有约定，否则对于仲裁地在马来西亚境内的国内仲裁，仲裁庭应当根据马来西亚国内实体法审理案件。

在国际仲裁中，仲裁庭在审理案件时，首先要解决的一个前提问题是依照哪个国家的实体法规则来审理该仲裁案件。实践中对于如何查明适用于案件的实体法主要有两种途径：一是案件当事人在协议中直接约定适用于该案的某国法律；二是在当事人没有约定或者约定不明的情况下，由仲裁庭依照冲突法规则选定适用于该仲裁案的实体法规则。

对于国际仲裁中的法律适用问题，马来西亚《仲裁法》第30条第2、3、4款规定了具体的法律选定规则：对于国际仲裁，仲裁庭应当根据仲裁当事人约定的用于解决实体争议的法律审理案件；除非有明确说明，否则当事人指定的某特定国家的法律应当被解释为是该国的实体法而并非是冲突法规则；在国际仲裁中，如果当事人就解决争议的实体法没能达成一致意见的，仲裁庭应当依照冲突法规则确定解决争议应依据的法律。

在所有案件的审理中，仲裁庭应当根据当事人签订的协议条款，并应当考虑交易中使用的贸易惯例来作出裁决。

2. 裁决

除非当事人另有约定，否则在非独任仲裁庭的情形下，任何仲裁程序阶段的仲裁裁决应当依照仲裁庭成员多数意见作出。仲裁庭首席仲裁员在获得当事人或仲裁庭其他成员授权的情形下，可以单独决定有关仲裁的程序问题。

在仲裁任何阶段，仲裁当事人就争议解决达成协议的，仲裁庭应当终止仲裁程序。如果当事人请求且仲裁庭不反对的话，仲裁庭应当将双方当事人达成的纠纷解决协议做成裁决。仲裁庭应当按照《仲裁法》第33条规定的要求制作此种裁决，并应当指明该决定是仲裁裁决。该裁决和仲裁庭作出的解决争议实体问题的其他裁决具有同等效力。

仲裁庭作出的裁决应当采取书面形式，并依照《仲裁法》规定由仲裁员在裁决书上签名。非独任仲裁庭作出裁决时，应当由持有多数意见的仲裁庭成员在裁决书上签名，如果没有签名的，应当说明没有签名的理由。裁决书应当写明作出裁决的理由，除非属于下列情形：一是当事人约定不需要写明裁定理由；二是仲裁庭因当事人要求就当事人之间达成的纠纷解决协议作成的裁决。裁决书应当写明裁决书作出的日期和仲裁地点。仲裁裁决书制作完毕后，应当将仲裁员签名的裁决书副本送达给各方仲裁当事人。除非仲裁协议另有约定，否则仲裁庭应当写明从仲裁裁定规定一方当事人应当向另一方当事人支付一定金额之日起到实际支付该金额期间所产生的利息，并写明计算该利息的利率。

3. 仲裁程序的终止

仲裁庭应当通过终局裁决终止仲裁程序，或者在下列情形下，由仲裁庭签发命令终止仲裁程序：一是仲裁申请人申请撤销仲裁申请，除非被申请人反对该撤销，并且仲裁庭认识到被申请人的合法权益需要通过最终争议解决才能得到保护；二是仲裁双方当事人同意终止仲裁程序；三是仲裁庭发现因其他原因没有必要或者不可能继续进行仲裁程序。除非其他成文法另有规定，否则仲裁程序或仲裁庭享有的权力不因任何一方当事人的死亡而终止。

4. 仲裁裁决的纠正、解释、补充和效力

除非当事人另有约定，否则一方当事人在收到仲裁裁决的30日之内，在通知另一方当事人后，可以请求仲裁庭纠正仲裁裁决中出现的有关计算、书写、打印或者其他类似错误；并在取得另一方当事人同意后，可以要求仲裁庭就仲裁裁决中的观点或某些部分作出解释。仲裁庭在收到当事人的上述请求后，认为当事人的请求合理的，应当在收到该请求之日起30日之内予以纠正或者作出解释。仲裁庭作出的解释是整个裁决的一个组成部分。仲裁庭可以在该裁决作出之日起30日之内自行纠正裁决书中出现的书写、打印错误。

除非当事人另有约定，否则仲裁一方当事人在收到仲裁裁决之日起30日之内，并在通知对方当事人后，可以请求仲裁庭就当事人先前提请仲裁庭裁决但却在裁决书中遗漏的诉求作出补充裁决。仲裁庭在收到当事人的补充裁决请求后，认为该请求合理的，应当在收到该请求之日起60日之内作出补充裁决。仲裁庭认为需要时，可以延长根据上述规定由仲裁庭进行纠正、解释或补充裁决的期限。

仲裁庭依照当事人签订的仲裁协议作出的仲裁裁决是终局裁决，对双方当事

人具有法律约束力。对仲裁双方当事人而言，该仲裁裁决具有司法诉讼效力和其他抗辩效力。除非仲裁庭依照《仲裁法》规定对仲裁裁决进行纠正、解释和补充，其他任何人不得改变、修正、审核、补充或撤销仲裁裁决。

（八）仲裁裁决的撤销

撤销仲裁裁决的方式有两种：一是高等法院依照当事人的申请撤销某一仲裁裁决，二是高等法院根据《仲裁法》的规定自行撤销某一仲裁裁决。

仲裁当事人能够证明具有下列情形之一的，可以申请高等法院撤销仲裁庭已作出的仲裁裁决：一是仲裁协议的一方当事人在签订仲裁协议时没有行为能力；二是依照当事人选定的法律规定，认定该仲裁协议无效；或者在无法确定当事人所选法律时，依照马来西亚法律规定，认定该仲裁协议无效；三是申请撤销仲裁裁决的一方当事人未能获得适当任命仲裁员或参加仲裁程序的通知，或者具有其他未能陈述其案情情形的；四是仲裁裁决解决的争议不属于仲裁范围或者不符合仲裁条件；五是仲裁裁决含有对超出双方当事人约定仲裁范围的事项作出裁决的内容；六是仲裁庭组成或仲裁程序违反了当事人之间签订的仲裁协议，除非当事人签订的该仲裁协议内容和当事人必须遵循的《仲裁法》某一条款相矛盾或没有签订这样的协议，或者签订的仲裁协议不符合《仲裁法》的规定。

高等法院发现下列情形之一的，可以撤销仲裁庭已作出的仲裁裁决：一是依照马来西亚法律规定，争议标的不能通过仲裁解决；二是已作出的仲裁裁决和马来西亚公共政策相冲突。

如果仲裁裁决是在受到欺诈或腐败影响下而作出的，或者在仲裁程序中或作出裁决时违反了自然正义规则的，则该裁决被认为是和公共政策相冲突的。

仲裁裁决含有对超出双方当事人约定仲裁范围的事项作出裁决的内容时，如果能够将该超出仲裁范围的事项分离出来的，则分离出的这部分裁决可以被撤销，其他没超出仲裁裁决范围的部分仍然有效。

撤销仲裁裁决的申请应当在申请人收到仲裁裁决书之日起90日之内提出。在申请撤销因受到欺诈或腐败影响而作出的仲裁裁决时，不受该期限的限制。

当事人提出撤销仲裁裁决申请后，高等法院根据一方当事人的请求并认为合适的情形下，可以中止撤销该裁决的相关程序，并给予作出该仲裁裁决的仲裁机构重新作出仲裁或者采取能够消除撤销该裁决事由的其他措施的机会。

（九）裁决的承认和执行

1. 裁决的承认和执行

对于仲裁地在马来西亚境内的仲裁裁决或者来自外国的仲裁裁决，当事人应当向高等法院提出书面申请要求承认或执行该仲裁裁决。当事人在申请承认或执行仲裁裁决时，应当提交经认证的原仲裁裁决书或经认证的裁决书复件以及仲裁协议原件或经认证的仲裁协议复件。如果申请人提交的裁决书和仲裁协议不是以马来西亚国语或者英语做成的，申请人应当提交一份经认证的翻译成英语的裁决书和仲裁协议。

上文所述"外国"是指1958年《外国仲裁裁决的承认和执行公约》的成员国。

2. 拒绝承认和执行裁决的理由

仲裁裁决因具备法律规定的不予承认和执行的特定情形，并对一方当事人产生不利时，因该当事人的申请，可以拒绝承认和执行该仲裁裁决。在拒绝承认和执行仲裁裁决时，不考虑该仲裁裁决作出的国家。拒绝承认和执行仲裁裁决的情况有两种：

一种是当事人能够向高等法院提供证据证明该裁决具有下列不予承认和执行情形的：一是仲裁协议的一方当事人在签订仲裁协议时没有行为能力；二是依照当事人选定的法律规定，认定该仲裁协议无效；或者在无法确定当事人所选法律时，依照马来西亚法律规定，认定该仲裁协议无效；三是提出申请的一方当事人未能获得适当任命仲裁员或参加仲裁程序的通知，或者具有其他未能陈述其案情情形的；四是仲裁裁决解决的争议不属于仲裁范围或者不符合仲裁条件；五是仲裁裁决含有对超出双方当事人约定仲裁范围的事项作出裁决的内容；六是仲裁庭组成或仲裁程序违反了当事人之间签订的仲裁协议，除非当事人签订的该仲裁协议内容和当事人必须遵循的《仲裁法》某一条款相矛盾或没有签订这样的协议，或者签订的仲裁协议不符合《仲裁法》的规定；七是该裁决还没有生效或者已被作出该裁决的法院或者被该裁决准据法所在地法院撤销或者中止该裁决。

另一种是高等法院自行发现该裁决具有下列不予承认和执行的情形：一是依照马来西亚法律规定，争议标的不能通过仲裁解决；二是已作出的仲裁裁决和马来西亚公共政策相冲突。

主要参考文献

一、著作类

［1］王贵国. 国际投资法. 北京：法律出版社，2008.

［2］陈安，刘智中. 国际经济法资料选编. 北京：法律出版社，2005.

［3］杨慧芳. 外资待遇法律制度研究. 北京：中国人民大学出版社，2012.

［4］米良，周麒. 东盟国家公司法律制度研究. 北京：中国社会科学出版社，2008.

［5］上玉梅. 中国的外国直接投资法律制度研究. 北京：法律出版社，2003.

［6］陈志叔，米良. 东盟国家对外经济法律制度研究. 云南：云南大学出版社，2006.

［7］米良主编. 东盟国家经济法律法规选编. 云南：云南大学出版社，2005.

［8］张晓君主编. 中国—东盟法律评论. 厦门：厦门大学出版社，2012.

［9］呼书秀. 中国与东盟发展相互投资的法律机制研究. 北京：北京大学出版社，2005.

［10］何勤华，李秀清. 东南亚七国法律发达史. 北京：法律出版社，2002.

［11］汤树梅. 国际投资法的理论与实践. 北京：中国社会科学出版社，2004.

［12］程信和. 中国—东盟自由贸易区法律模式研究. 北京：人民法院出版社，2006.

［13］常永胜. 马来西亚社会文化与投资环境. 广州：世界图书出版公司，2014.

［14］龚晓辉，等. 马来西亚概论. 广州：世界图书出版公司，2014.

二、论文类

［15］汪智刚. 外资准入和投资自由化. 商业研究，2009（21）.

［16］李满枝. 中国与东盟国家外资准入制度比较研究. 东南亚纵横，2007（2）.

［17］汪慕恒. 潮起潮落：马来西亚的外商投资. 东南亚研究，1994（2）.

［18］魏艳茹．中国—东盟框架下国际投资法律环境的比较研究——以《中国—东盟投资协议》的签订与生效为背景．广西大学学报（哲学社会版），2011（1）．

［19］王贵国．略论晚近国际投资法的几个特点．比较法研究，2010（1）．

［20］刘才涌．马来西亚银行业的外资参与历程及其影响分析．东南亚纵横，2007（8）．

［21］鲁学武．中国—东盟自由贸易区投资法制评析．广西社会科学，2013（11）．

［22］鲁学武．中国与东盟各国双边投资条约的修订和完善．特区经济，2010（4）．

［23］汪慕恒．90年代马来西亚外资投资的新趋势与新特点．亚太研究，1993（5）．

［24］Nazauddin HJ．Mohd Jali Marof Redzuan．马来西亚的主要政策．法治湖南与区域治理研究，2011（4）．

［25］刘正良，刘厚俊．马来西亚工业化进程中外资影响及其借鉴．亚太经济，2005（1）．

［26］武斌，等．多边投资规则中的市场准入与投资白由化．法学研究，2010（6）．

［27］列春．马来西亚出台进一步吸引外资政策．工程机械，2010（1）．

［28］聂槟．试析东南亚各国投资环境及中国企业对东南亚的投资．东南亚纵横，2009（9）．

［29］骆金龙，等．马来西亚"多媒体超级走廊"发展的实证分析．高科技与产业化，2005（12）．

［30］贺水金．泰国与马来西亚汇率制度的比较研究．上海经济研究，2005（12）．

［31］单强．外汇管理促进贸易投资便利化研究．北京金融评论，2013（1）．

［32］胡听蕾．论国际投资白由化．法制与社会，2009（5）．

［33］樊莹．后金融危机时期的东亚贸易投资便利化合作．国际经济合作，2011（3）．

［34］熊若岚．CAFTA投资自由化及便利化方面的问题分析．国际商贸探索，2010（6）．

［35］李青．中国与东盟国家外资立法原则比较研究．改革与战略，2006（9）．

［36］中国信保公司．马来西亚投资与经贸风险分析报告．国际融资，2012（12）．

［37］许利平．解析马来西亚的伊斯兰金融系统．东南亚研究，2004（1）．

三、网站类

［38］马来西亚总理府．www.pmo.gov.my．

［39］马来西亚财政部．www.treasury.gov.my．

［40］投资发展局．www.mida.gov.my．

［41］人力资源部．www.mohr.gov.my．

［42］国家银行．www.bnm.gov.my．

［43］马来西亚国际贸易与工业部．www.miti.gov.my．

［44］马来西亚外贸促进局．www.matrade.gov.my．

［45］中国驻马来西亚大使馆经济商务参赞处．http：//my.mofcom.gov.cn

［46］商务部．对外投资合作国别（地区）指南马来西亚（2015版）[EB/OL]．http：//fec.mofcom.gov.cn/gbzn/gobiezhinan.shtml．2016年3月访问．